本书受中央高校基本科研业务费专项资金资助，为"中国共产党百年体育理论和实践研究"（2022YB004）项目成果。

本书系 2023 年度北京高校思想政治工作研究课题一般项目"中华体育精神融入北京市大中小学思想政治教育一体化建设研究"（BJSZ2023YB24）阶段性研究成果。

强国体育新征程

邹秀春　等◎著

九州出版社 JIUZHOUPRESS｜全国百佳图书出版单位

图书在版编目（CIP）数据

强国体育新征程 / 邹秀春等著. -- 北京 ：九州出
版社，2024.6. ISBN 978-7-5225-3100-7

Ⅰ. G812

中国国家版本馆CIP数据核字第2024M8E418号

强国体育新征程

作　者	邹秀春等　著	
责任编辑	李　品	
出版发行	九州出版社	
地　址	北京市西城区阜外大街甲 35 号（100037）	
发行电话	(010)68992190/3/5/6	
网　址	www.jiuzhoupress.com	
印　刷	北京星阳艺彩印刷技术有限公司	
开　本	710 毫米 ×1000 毫米　16 开	
印　张	17	
字　数	230 千字	
版　次	2024 年 12 月第 1 版	
印　次	2024 年 12 月第 1 次印刷	
书　号	ISBN 978-7-5225-3100-7	
定　价	68.00 元	

前　言

　　"国之大者"在思想领航，"国之希望"在接力奋进。我国体育的发展也经历了几代体育人的奋进与传承。本书突出史论结合的特色，以呈现中国体育人的家国情怀，理清中国体育的发展脉络，探寻中国体育繁荣发展的主流本质为目的。深入挖掘了中华体育精神内涵真谛，突显了体育在传承文明、实现人在全面发展本质中的价值与意义，突出了体育是时代之需、强国之基和科研之要。

　　第一，时代之需。中华体育精神展现的是从健体救国到"更高、更快、更强——更团结"的卓越追求，其中蕴含着不变的爱国拼搏精神，代代传承。体育人要秉持"使命在肩、奋斗有我"的精神，向社会传递更多正能量；在应对新时代的诸多挑战时，需要传承先辈精神，发扬顽强拼搏的体育精神，以史为鉴，开创未来。

　　第二，强国之基。体育强国是现代化强国的排头兵和先遣队。《中华人民共和国国民经济和社会发展第十四个五年规划和2035年远景目标纲要》在对2035年远景目标的展望中首次提及实现体育强国目标，这意味着体育强国的目标将要比21世纪中叶要实现的现代化强国目标提前15年实现。"行百里者半九十。"中华民族伟大复兴，绝不是轻轻松松就能实现的。要实现体育强国也一样，必须准备付出更为艰巨、更为艰苦的努力，我们需要更完善的体育理论，需要更好地总结体育发展的经验和规律。

第三，科研之要。本书通过对经典体育案例的研究，深入挖掘体育领域的思政教育资源。加强对习近平总书记关于体育的重要论述的研究，有利于推动广大青少年全面提升思想综合素质和实践对标能力，以更好地服务体育强国战略，回应社会关切。

本书呈现给读者们的体育成就，是将体育作为一扇窗，跳出体育自身发展的视域，突出体育在中华民族伟大复兴征程中的地位与价值，即通过体育的发展助力国家经济社会的全面发展和时代的全面进步，并积累和传承体育领域宝贵的精神财富。体育发展的成果在国家的政治影响力、经济生产力、社会亲和力、文化传播力和全民健康力服务方面都有着举足轻重的作用。中国体育伴随着中国共产党百年奋斗历程，曾经的坚守与磨砺不应因当今的盛况而被遗忘。不忘初心，牢记中华体育精神倡导的家国情怀，从中汲取前进的勇气和力量，方能助力祖国构筑更加出色的未来。

值此付梓之际，特向关心支持本书的朋友们致以最衷心的感谢！时间仓促，能力所限，加之体育领域理论与实践成就非凡卓越、精彩纷呈，难免挂一漏万，不足之处敬请读者理解和斧正。

邹秀春

2024 年 5 月

目录 COTENT

——发展篇

改革开放新时期体育理论与——
实践（1978—2012）

第一章　新时期开放办体育

1978 年底，党的十一届三中全会的召开标志着中国社会进入改革开放的新时期。中国体育也在改革开放的时代背景下迎来新的发展机遇。中国体育以开放的中国为基石，以不断创新的思想战略为引领，迎来了自新中国成立以来发展最蓬勃的时期：体育组织管理体系的恢复为中国健儿攀登体育高峰夯实了基础；"建立社会主义市场经济体制"目标的提出为体育事业的发展指明了前进的方向；北京奥运会的成功举办让竞技体育与社会体育都登上了新的高峰。随着时代的发展，体育不但向世界展现了中国的现代化水平和民族复兴进程，也为中国社会主义现代化建设和人民生活质量的普遍提高做出了巨大贡献。

第一节 新时期体育发展的时代背景

20 世纪 70 年代以来，"和平与发展"日益成为时代主题。世界各国不约而同地将维护世界和平力量寄望于体育领域，希望用体育这把钥匙开启国与国之间的多边外交。在改革开放各项政策的推动下，我国在各领域都取得了长足进步，中国人民也通过体育这一视角向国际社会展现了改革开放的发展成就。

一、世界的和平期盼中国体育

改革开放以来，中国体育以开放包容的姿态，追求人与人之间的友好交往、国与国之间的平等对话、人类与自然之间的和谐共生。世界各国在通过体育平台达成的对话与合作中，谋求共存与共赢，不同国家的文明与文化价值，不论冲突与否都呈现在体育的场域中，形成一种兼容并济的和谐氛围，促使各国逐渐通过双赢、多赢、共赢的方式维护共同的国家利益，推动世界各的共同发展。此外，体育也有助于促进国际紧张局势的缓和。

进入 21 世纪以来，世界经济全球化、世界格局多极化进程加快。全球化将人类社会带入多元国际环境的同时，也带来了逆全球化、核武器威胁、贸易保护等危机。热爱和平的人们不约而同地将和平的期待寄托在体育领域，越发希望尽可能地以体育公平、公正、公开竞争的方式实现世界的沟通与和解。中国作为世界和平的建设者、全球发展的贡献者和国际政治经济新秩序的坚定维护者，始终坚定不移地走和平发展的道路，为世界和平贡献中国智慧和中国方案。如何在世界各国之间，在不同文化之间架起友谊与合作之桥，构建一个多彩、平等、包容的地球村，是世界人民，也是世界奥林匹克运动孜孜以求的时代使命。

1979 年 10 月 25 日，国际奥委会执委会通过了著名的"名古屋决议"，标志着中国在国际奥委会中的合法席位得以恢复。国际奥委会经过全体委员的通讯表决，批准了奥委会执委会 10 月在日本名古屋做出的关于中国代表权的决议，将中华人民共和国奥林匹克委员会的名称定为"中国奥林匹克委员会"。这一决议不仅标志着中国在国际奥委会恢复了合法席位，而且对 20 世纪 80 年代中国体育的全面发展产生了重大影响。可以说，"名古屋决议"是新中国体育发展史上的一道分水岭，具有里程碑意义。

这一决议的到来与批准之路十分艰辛。在 1954 年的国际奥委会第四十九届会议上，尽管中华人民共和国在国际奥委会的合法席位终于得到了承认，但伴随着中国台湾地区的体育组织以"中华民国"的名义也被列入国际奥委会所承认的各国奥委会名单，我们的国家尊严受到了挑战。为维护祖国统一，在多次抗议无效之后，中国奥委会于 1954 年 11 月 6 日正式宣布将不参加第十六届奥运会，并于 1958 年 8 月 19 日声明与国际奥委会断绝关系。此后，为恢复中华人民共和国在国际上的合法体育地位，我们与相关国际组织进行了漫长的谈判与斗争。

1978 年，中国开始实行改革开放，中国体育工作也适时做出调整，提出"冲出亚洲，走向世界"战略。1979 年 1 月 1 日，中美正式建交，美国承认中华人民共和国中央人民政府是中国唯一合法政府，标志着中美隔绝状态的结束和关系正常化进程的开始。随后国际和国内形势发生了新变化，中国在解决台湾问题上逐步提出新构想。邓小平在 1979 年初访问美国时首次提出"一国两制"的构想，即在坚持一个中国的原则下，采取更灵活的策略方针。在这一背景下，国家体委提出一个重返国际奥委会的大胆设想，即：在坚持一个中国的原则下，允许台湾作为中国的一个地区，在改名、改旗、改徽之后，继续留在国际体育组织中，这个新方案得到了邓小平等党和国家领导人的支持。1979年4月，在国际奥委会举行的全会上，中国奥委会代表何振梁明确表达了国家体委提出的解决海峡两岸合法席位的设想，得到了国际体育界的广泛支持，为"名古屋决议"的最终出台奠定了基础。时任中国奥委会秘书长宋中表示，世界上只有一个中国，台湾是中华人民共和国的一部分。国际奥委会承认中国奥委会为全中国的代表、承认中国台北奥委会为中国的一个地方机构。"名古屋决议"以文件纲领的形式，使国际奥委会正式恢复了中国奥委会的合法权利，并决定台湾以中国台北奥委会的名义参加。这为中国重返国际体坛，走向世界大舞台，全面参与国际体育事务扫清了障碍，也为海峡两岸的中国运动员都能参加体育比赛创造了良好的条件，为中国体育事业的腾飞注入了良好的催化剂。

世界对中国体育充满期待。奥林匹克运动会是聚焦世界各国人民目光的盛宴。中国作为人口数量最多、发展速度最快的发展中国家，不应该缺席奥林匹克的盛宴。1982年3月，萨马兰奇曾向邓小平提出，中国应该把过去在国际体育组织中失去的东西赢回来，在国际奥林匹克运动中发挥更大的作用。他甚至提到了中国在某个时刻举办奥运会的可能性。[①]承载上下五千年源远流长文化的中国，在新世纪焕发出欣欣向荣的生机，是神秘的、难以了解的、又最具有吸引力的国际关注点。2008年北京奥运会向世界揭开了这神秘的面纱，向世人昭示中国正以稳健的步伐求发展、谋共赢，逐步成为维护世界各国和谐共处的中坚力量，为人类的和平、友谊和进步事业做出了突出的贡献。因此，"奥运会在拥有世界1/5人口的中国举办，是世界对中国的信任，也是中国对世界的奉献。北

---

① 汪大昭、许立群等：《总设计师的奥运情怀》，《人民日报》2008年7月14日，第5版。

京奥运会属于中国人民，更属于世界各国人民"①。

二、开放的中国期盼融入世界

20 世纪 70 年代末，党的十一届三中全会做出改革开放的伟大决策，体育组织管理体系逐一恢复，开始正常履行职能和作用，为中国体育事业的全面恢复和迅速步入正轨提供了重要保障。

改革开放以来，中国社会急剧转型，从一个发展中的贫困国家，一步一步实现温饱，走向小康。经济上，多年来一直保持高速发展；政治上，在"一国两制"构想指引下取得了丰硕的成果；外交上，中西方坚冰逐步打破，与众多国家建立起友好与合作的外交关系，不断提升自身的国际地位。"国际承认，对一个国家尤其是大国来说，是仅次于民族和国家生存的核心国家利益。"② 同时，世界体育体系、重大赛会更加深刻地影响着中国体育，给中国体育增添了无穷活力，推动中国体育走向体育现代化的道路。奥林匹克的介入，使得中国的传统文化与现代文化之间、东西方文化之间，形成了一种强大的黏合力。中国文化良好的兼容性增强了其对奥林匹克的兼收并蓄。这些都有助于中国走向世界，让世界了解中国，向着日益强盛的方向大步迈进。

改革开放以来，人民群众一边积极投入社会建设，一边重新找回民族自信。中国体育在国际赛事上取得优异成绩，是中国人民在国际舞台检验自身努力的有力证明。体育成就的取得既增强了人民群众的民族自信心和民族自豪感，也大大鼓舞了人们的爱国热情。在这样的背景下，"办体育—取得好成绩—办更好的体育"成为一种对社会有益的良性循环，

① 《胡锦涛主席接受外国媒体联合采访》，《光明日报》2008 年 8 月 2 日，第 8 版。
② 阎学通：《国际政治与中国》，北京大学出版社，2005，第 38 页。

成为这一时期鼓舞全中国人民"团结起来，振兴中华"，建设社会主义现代化强国的号角和旗帜。

一方面，改革开放为中国体育的发展提供了良好的经济基础与社会环境。统计数据显示，改革开放后，我国国内生产总值每年的增长率由改革前（1953—1978）的 6.1% 增长到改革期间（1979—1999）的 9.1%，[1]城乡居民消费水平由改革前平均每年增长 2.2% 提高到改革以来的 6.1%，[2]经济发展成就为体育事业发展提供坚实的物质保障。中国的国际化发展需求为体育发展指明了方向，全社会的思想解放与良好的政策环境释放了人们的体育需求，人们开始更多地关注体育、学习体育和参与体育。中国体育事业飞速发展，取得了令世人瞩目、令国人自豪的成绩。奥运会赛场上许海峰实现了中国奥运会金牌"零的突破"；中国女排"五连冠"让世界看到巾帼不让须眉的坚毅；中国飞人刘翔的夺冠让"人种论"不攻自破……另一方面，从积极参与国际重大体育赛事，到成功举办地区性、世界性的国际体育盛会，体育文化的交流与传播日益发展，在向世界展示中国改革开放的成就的同时，也获得了世界的更多关注，获得了更高的国际地位。

进入新世纪，世界也向逐渐融入国际社会的中国提出了更高的要求。现代奥林匹克运动会既是体育的盛会，又是文化的盛会，是促进世界文化交流与融合的盛典。每逢奥运会举办之时，世界各国的朋友在奥运会举办地相聚，全世界各种文化在这里交汇。中国人民在北京奥运会上大力弘扬中华优秀传统文化，有效地促进了东西方文化的融合，促进了古

---

[1]　王小鲁、攀纲等:《中国经济增长的可持续性——跨世纪的回顾与展望》，中国经济科学出版社，2000。

[2]　王小鲁、攀纲等:《中国经济增长的可持续性——跨世纪的回顾与展望》，中国经济科学出版社，2000。

老传统文化与现代文明的交流，结出了丰富多彩的文化硕果，为世界文化的融合发展做出了巨大贡献。

第二节　新时期体育发展历程

党的十一届三中全会以来，在中国特色社会主义理论的指引下，中国人民团结奋战，取得了社会主义现代化建设的巨大成就。这一时期中国体育大体经历了从战略部署到纵深发展，到北京奥运会的全面发展，再到后奥运时期新发展等阶段，中国体育事业始终着力于提高运动技术水平，普遍增强人民体质，推动我国由体育大国向体育强国迈进，努力为建设中国特色社会主义服务，并取得了显著成就。

一、新时期体育战略部署

1978 年召开的全国体育工作会上，党中央明确了体育发展的奋斗目标，提出到 20 世纪末使我国体育发展达到世界一流水平，成为世界上体育最发达的国家之一。这也奠定了中国 20 世纪 80 年代体育发展的基本主题。

（一）以"侧重抓提高"为中心，以竞技体育发展为重点，带动体育事业全面发展。1978—1980 年召开的三次全国体育工作会议，肯定了省级以上体委继续在普及与提高相结合的前提下"侧重抓提高"的战略方针，这也标志着中国以竞技体育为中心、"思想一盘棋，组织一条龙，训练一贯制"①的举国体制正式形成。同时,完善和强化竞技体育举国体制,落实奥运战略,发挥社会主义制度的优越性,迅速提高竞技运动水平,在奥运会等国际重大赛事中取得优异成绩,方能向全国人民交上一份满意答卷。

(二)两个战略协调发展方针。体育是关系着亿万人民健康的大事。这一时期群众体育与竞技体育事业相比,发展相对落后。20世纪80年代中期,在"发展体育运动,增强人民体质"方针的指引下,国家体委提出了"以青少年为重点的全民健身战略和以奥运会为最高层次的竞技体育协调发展"的指导方针。为了不让体育事业跛脚而行,广泛动员社会各界根据各自的特点积极开展体育运动,各级体委也加强与其他部门的协调与合作,推动了群众体育的发展。

(三)推进体育体制改革。改革开放以来,体制改革是关系到全社会现代化建设全局的一个重大问题,也是体育战线的一项重要任务。党的十一届三中全会以后,我国的经济体制改革、政治体制改革、各项文化体制改革迈出了新步伐。20世纪80年代初期,在"举国体制"的助推下,我国代表团在1984年的洛杉矶奥运会上取得优异成绩、大放异彩,但也让我们看到了自身与世界体育强国之间的差距,中国体育事业在社会化和科学化上推进缓慢,因此,继续推动体育体制改革迫在眉睫。在体育外环境改革逐步深化和内环境弊端日益显露的情况下,国家体委吸纳了以往体育改革的历史经验和教训,于1986年4月15日下发了国家体委《关于体育体制改革的决定(草案)》以下简称《决定(草案)》,使我国体育体制改革踏上了正轨。《决定(草案)》总结了"六五"期间我国体育事业取得的成就和存在的问题,系统地分析了体育体制改革的必

---

① 国家体委政策研究室:《1978年全国体育工作会议纪要、体育运动文件选编》,人民体育出版社,1982,第129页。

要性和迫切性，提出了以社会化为突破口、以竞赛和训练改革为重点的改革思路，确立了"以革命化为灵魂，以社会化和科学化为两翼，实现体育腾飞"的战略指导思想。其中最核心的是完善领导管理体制，进行训练和竞赛体制改革以及进行体育科技体制改革。

《决定（草案）》的下发，使我国体育改革的步伐明显加快，并取得了较为显著的成就，特别是在运动训练、竞赛和体育场馆建设等方面更加突出。截至 1992 年，我国的体育场馆由新中国成立前的近 5000 个，发展到 53 万个；总面积由不到 500 万平方米，发展到 6 亿多平方米，其中五分之二是改革开放这十几年内建成的。在群众体育方面，已有 7 亿人次达到体育锻炼标准，90% 是改革开放后达标的。[1]

（四）全面加入国际体育大家庭。改革开放为中国体育解除了思想枷锁，社会经济的快速发展，为中国体育全面参与世界体育事务创造了条件。20 世纪 80 年代以来，中国以崭新的面貌积极参加国际体育事业，全面参与国际体育竞赛活动，承办各类赛事与国际体育会议等，为中国的改革开放和体育事业开辟了更好的国际发展空间。随着当代体育全面走向世界，中国在国际体育事务中也开始发挥越来越重要的作用。原中国奥委会名誉主席何振梁在 1981 年当选为国际奥委会委员后，又先后担任国际奥委会执委和副主席，为奥林匹克运动的发展做出了重要贡献。

二、新时期体育的纵深发展

自 1992 年邓小平同志发表南方谈话后，在党的十四大精神的指引下，我国体育事业发展进入了一个崭新的发展阶段：在经济快速发展的社会

---

[1] 伍绍祖主编：《中华人民共和国体育史（1949—1998）综合卷》，中国书籍出版社，1999，第 294 页。

条件下，着力推进体育体制改革，推进以法治体的基本方略，推动体育产业化、社会化发展，建立顺应时代发展的新体制。同时，更加重视增强人民体质，坚持竞技体育和群众体育协调发展。

（一）体育改革深化。相比 20 世纪 80 年代的体育改革是在原有体制上修补完善，90 年代时更需要解决体育体制中深层次的矛盾："关系不顺，机制不活，经费不足，效益不好，人才流动不畅等问题。"[1] 深化体育改革的任务仍然十分艰巨。在 1993 年全国体委主任会议上，国家体委公布了《关于深化体育改革的意见》，将实现由计划经济体制下的体育体制向与社会主义市场经济相适应的体育体制转变，逐步建立符合现代体育运动发展规律、国家调控、依托社会、自我发展、充满生机与活力的体育体制。[2]

（二）体育法治化推进。20 世纪 80 年代初，在邓小平同志倡导的法治思想的指引下，我国提出制定《中华人民共和国体育法》的设想，并由专人着手起草。20 世纪 90 年代初，经广纳良策、反复商讨后，《中华人民共和国体育法（草案）》完成。1995 年 8 月 29 日，第八届全国人民代表大会常务委员会第十五次会议上，《中华人民共和国体育法》以全票获得通过。《中华人民共和国体育法》的颁布和实施，结束了我国体育事业发展无高层次法律可依的历史，这标志着我国体育事业走上了"依法行政、依法治体"的法治化轨道，具有非常重要而深远的历史意义。

《中华人民共和国体育法》的颁布与实施，使体育事业的地位进一步提高，社会各界的体育意识获得更广泛的普及，体育工作者的法制观进一步增强，体育事业的法治化建设得到进一步重视，为发展体育事业，

---

① 国家体委政策研究室：《体育改革文件选编（1992—1995）》，北京体育大学出版社，1996，第 42 页。

② 谭华：《体育史》，高等教育出版社，2005，第 312 页。

增强人民体质、促进体育运动的普及与提高做出了积极贡献。

（三）体育产业化发展的推进。体育改革的深化与体育法治化的推进意味着中国体育开始向社会化、市场化、产业化方向全面发展。体育曾在很长一段时间里被大众认为是由国家包揽的福利性事业，但实践证明体育全面发展需要调动更多的社会资源来支持。体育产业化发展的明确提出，既有利于大大减少政府对发展体育事业承担的无限责任，又可以为体育经济功能的开发和利用释放空间。正如国家体委副主任张发强指出的，"发展体育产业是适应建立社会主义市场经济体制，深化体育改革、拓宽体育筹资渠道、增强自我发展能力的一项重大战略举措，对于促进本世纪末下世纪初我国体育事业持续、健康、稳定发展具有十分重要的意义。"[1]20 世纪 90 年代，随着我国改革开放步伐的加快，特别是将建立社会主义市场经济体制作为我国经济体制改革的目标后，体育产业化、市场化进程大大加快。1995 年 6 月 16 日，国家体委下发《体育产业发展纲要》，阐明了发展体育产业的重要意义，统一了社会对体育产业化的认识和目标，有力地推动了体育产业化的进程。多年以来，体育产业从无到有，从小到大，从较为单一的发展方向向更广泛的领域延伸，在构建和谐社会和促进体育事业改革与发展中的地位与作用日益突出。它已不再局限于体育领域直接相关的产业中，还作为社会经济生活的一部分，成为我国第三产业的重要组成部分。

（四）群众体育与竞技体育齐步走。1995 年，国务院颁布实施《全民健身计划纲要》（以下简称《全民健身》）。《全民健身》是国家发展社会体育事业的一项重大决策，是 20 世纪末和 21 世纪初我国发展全民健身事业的纲领性文件。为解决自 20 世纪 80 年代以来竞技体育和群众体

---

[1]　张发强：《对我国体育产业化的战略思考》，《体育文史》1997 年第 2 期。

育发展不平衡的问题，国家体委明确表示在群众体育工作上要抓全民健身这个事关国民体质的大事。《全民健身》的颁布与实施，对于提高中华民族整体素质，帮助人们建立科学文明、健康有序的生活方式，促进社会安定团结，推动社会主义物质文明和精神文明双丰收，都有具有重要意义和深远影响。另外，《全民健身》的颁布也顺应了世界体育发展终身化、休闲化的大趋势，在一定程度上改变了中国体育"偏重竞技"的国际形象。

党的十一届三中全会以后，中国竞技体育在世界体坛上逐步崭露头角，1992 年巴塞罗那第 25 届奥运会上，中国体育代表团夺得了 16 枚金牌、22 枚银牌、16 枚铜牌，共计 54 枚奖牌，金牌位次从世界第 11 位上升至世界第 4 位。但随着科学化和职业化正引领着世界竞技运动水平飞速提升，如何使全民健身和竞技体育协调发展，如何让中国在 1994—2000 年要面对的 7 个综合性世界大赛和洲际大赛中取得优异成绩，是当时中国体育面临的全新挑战。因而国家体委在 1995 年 7 月 6 日发布实施了《奥运争光计划纲要》（以下简称《奥运争光》）。《奥运争光》的制定和施行，巩固了竞技体育改革的成果，落实了奥运战略，在竞技体育发展资源相对短缺的情况下成功保证了奥运项目的发展，在促进竞技体育科学化、社会化、产业化和可持续发展方面，产生了积极的推动作用。

三、奥运带动全面发展

自 2001 年 7 月我国获得第 29 届夏季奥林匹克运动会举办权之后，全国人民对办一届"最出色"的奥运会给予了极大的热情。2002 年 7 月 13 日，《北京奥运行动规划》正式发布。党和国家对体育事业发展给予力度空前的政策支持，对体育事业基础设施的投资逐年增加。国家体育总局不失时机地抓住这百年一遇的发展契机，提出了体育各项工作与奥运同行。通过筹办和举办 2008 年北京奥运会，中国体育进入了前所未有的发展快车道，推动了体育各项工作的开展，全面提升了中国体育的总体实力。

（一）奥运三理念，北京绽光彩。根据奥林匹克的宗旨，我国提出了"绿色奥运、科技奥运、人文奥运"的举办理念。贯彻"绿色奥运"的理念，以环境保护作为奥运设施规划和建设原则；响应"科技奥运"的号召，用科学的方法和先进的技术组织奥运，支持奥运；发扬"人文奥运"的精神，以人为本，促进民族与体育文化的友好交流。2008 奥运理念不仅是文化理念，更是具有可持续发展的文化发展战略。[①]

在奥运三大理念指引下，中国在北京奥运会上获得 51 枚金牌、21 枚银牌、28 枚铜牌，创造 10 项世界纪录，获得了优异的体育成绩，向世界展现了体育大国高超的竞技水平和积极的体育精神。同时，和谐有序的组织、周到热情的服务、世界一流的场馆设施，为北京奥运会，也为中国赢得了国际社会的高度评价和诸多赞誉。北京作为 2008 年奥运会的举办城市，不仅成为世界体育的狂欢中心，和世界人民一道共享欢乐，还作为中国向世界打开的一扇窗，大方热情地向世界展示了中国人民文明好客、开放包容的良好形象，并与世界文明进行了友好和谐的沟通与交流，大大提高了我国的国际地位和国际声望。

（二）《课标》新体育，学校重健康。进入 21 世纪，我国学校体育为了更好地与时代同步，与国际体育教育接轨，于 2002 年 9 月试行推出了新的《体育与健康课程标准》，简称新《课标》。新《课标》使学校体育改革贯彻全民健身理念，呈现出与社会生活紧密相连的趋势。在新《课

---

① 左海燕：《2008 奥运理念对新时期高校体育教学改革的影响》，《甘肃科技》2010 年第 2 期。

标》的指引下，学校逐步进行了以下改革：将初中以上（含初中）学段的"体育课"改称为"体育与健康课"，突出"健康"的主题，要求学校引导学生认识到强身健体的重要性；在课堂教学中，学校要改变传统教学模式，坚持"因材施教"，坚持学生的主体地位；在制度建设上，确定将体育作为中考必考科目。同时结合"以人为本"的理念，使各地学校不断结合实际出现的教学问题，出台各类改革新方案。例如，杭州学生可自愿选择项目进行考试；为了对学生体质健康进行更有效的监督，体质测试制度在全国推行；提倡学生进行课余锻炼的阳光体育运动也作为一种新的学校理念在全国贯彻落实，为学生体质健康的提升起到了积极作用。

（三）奥运展实力，外交融世界。改革开放以后，中国体育事业在全面融入全球体育治理方面稍显落后。[1] 举办 2008 年北京奥运会，为中国体育打开了一扇前所未有的融入世界的大门，极大提高了我国对体育外交的认同与支持。[2] 自此，中国更主动地扮演国际角色，承担大国责任，努力成为国际事务规则制定的参与者，国际体坛公平的促进者，国际多元体育文化发展的推动者。[3]

四、后奥运新发展时期

改革开放 30 年来，中国体育在为社会主义物质文明与精神文明建设服务的同时，自身也得到了长足发展，取得了突出的成就。2008 年北京

---

[1] 钟秉枢、张建会、刘兰：《新时代中国体育外交面临的问题与对策》，《北京体育大学学报》2018 年第 4 期。

[2] 王莉：《新时期中国体育外交话语体系构建研究——基于传统文化视角》，《体育研究与教育》2021 年第 3 期。

[3] 邹月辉：《当代中国体育的国际角色与国际责任》，《武汉体育学院学报》2008年第 10 期。

奥运会以其"无与伦比"的盛景完美谢幕。这场世界体育的盛会，不仅展示了中国高超的体育竞技水平、经济社会的良好发展和人民群众较高的文化修养，更展示了中华民族在发展与复兴中重建的包容与自信。中国人民以友好开放的态度来欢迎世界各国宾朋，在赛场上为各国运动员的优异表现喝彩呐喊。从 1908 年张伯苓先生对中国举办奥运会的祈盼预言到 2008 年的百年奥运梦圆，中国人对金牌的渴求也逐渐回归理性，开始关注"人"本身。2008 年奥运会在中国的举行，改变了我国民众的体育观、为我国体育改革提供了创新动力、调整了体育发展格局和方向。

北京奥运会作为中国体育发展史上的一个里程碑，标志着中国体育迎来了新的历史发展期。中国体育要坚持以增强人民体质、提高全民族身体素质和生活质量为目标，高度重视并充分发挥体育在促进人的全面发展、促进经济社会发展中的重要作用，实现竞技体育和群众体育协调发展，继续发展群众体育事业，继续提高体育运动技术水平，继续推进体育改革创新，进一步推动我国由体育大国向体育强国迈进。以人为本，推动群众体育与竞技体育协调发展，加快建设体育强国，是后奥运时代中国体育事业发展的主要目标和任务。

第二章　新时期体育的理论建构

思想是行动的指南，理论是实践的先导。在中国特色社会主义体育事业发展的新时期，体育理论研究聚焦于管理体制、竞技体育、学校体育、群众体育等各领域，体育研究更加科学化，体育领域的理论探索、理论成果与新时期体育事业的发展相适应，这些都成为新时期体育事业改革开放的重要理论支撑。

第一节　新时期的体育理论

进入改革开放新时期，体育体制改革的深化、体育思想的变迁、竞技体育水平的提升、群众体育的发展、学校体育的推进以及体育经济的兴起等，都是体育事业新发展的关键要素，它们是中国特色社会主义体育迈上新台阶的重要动力。改革开放以来我国体育各领域的发展，展现出新时期体育事业的新进展与重要成就，也显示出改革中存在的问题。体育科研工作者们在实践演进中淬炼理论成果，共同推动我国体育改革战略的制定和实施，推动体育事业向着科学化、规范化方向迈进。

一、新时期体育体制改革研究

在改革开放伟大决策的指引下，新的社会环境推动着体育事业开始走向改革和快速发展的轨道，学者们始终站在体育改革的最前沿，对体育改革的战略目标、发展方向等不同维度的研究，成果纷纷涌现。

聚焦体育改革开放的演进历程。王家宏、鲍明晓等认为体育改革在"穷则思变"中积极探索，时而波澜壮阔，创造成就与辉煌，时而艰难推进，涉足重点领域的深化改革，时而惩办体育贪腐遇到一波又一波的回头浪。在国家之力与体育之力的良性互动下，从"以改革促开放""以开放促改革"的"文化学徒"中感知体育，到不对西方体育亦步亦趋的文化自信；从困于体育自治与政府监管的关系，到突破体育治理困境的筚路蓝缕的创业史，体育领域经历了"拨乱反正"与恢复阶段、优先发展竞技体育与奥运战略形成阶段、体育法治化和管理体制改革阶段。[①]经济体制与政治领域的改革开放，为体育发展的变革提供了物质基础和制度保障。马德浩、季浏提出，在经济体制、社会体制、行政管理体制改革的驱动下，新时期中国体育的发展应该从人民的体育需求出发，实现由竞技体育优先到各领域全面发展、由政府"划船"管办不分向政府"掌舵"市场操办转变，这是新时期我国体育事业走向成熟、迈向体育强国、可持续发展的关键出路。[②]

体育改革开放释放出前所未有的能量。杨桦从五个重点领域总结了

---

　　① 王家宏、鲍明晓等：《聚焦改革开放 40 年：中国体育改革与发展的思考》，《体育学研究》2018 年第 6 期。

　　② 马德浩、季浏：《新时期的三大改革对中国体育发展方式改革的影响》，《体育科学》2011 年第 5 期。

体育改革的成就：在群众体育方面，全民健身成为国家战略、全社会共同参与的全覆盖格局初步形成、全民健身服务体系与组织网络基本形成、全民健身指导队伍与活动模式不断壮大；在竞技体育领域，举国体制有力保障了竞技体育发展、重返奥运并成功举办北京奥运会、竞技类运动的竞争力显著提高、运动训练的科学性和有效性整体提升；在体育产业方面，确立了体育产业的地位并获得了有力的政策支持、体育产业规模持续扩张、产业结构不断优化、新模式与新业态涌现、居民体育消费呈现快速升级的良好态势；在体育文化领域，体育精神在实践中不断形成、民族传统体育文化持续发展、体育事业的发展开始以人民群众为中心；在体育外交方面，体育外交成为交往合作的重要部分、在全球体育治理中具有关键地位和话语权、积极进行体育援助等。同时也提出体育改革中仍然存在管理模式与激烈复杂的国际竞争不相适应、体育事业发展的整体水平达不到人民群众的需求与期望、体育改革的内生动力和人才不足等需要突破的问题。[1]

体育体制改革成为体育界关注的焦点。体育体制中存在的矛盾与冲突、改革的攻坚点等问题，都引发学者们的思考。李克华强调，应该将市场机制引入体育体制改革，用市场经济手段来配置体育资源，借鉴深圳市体委的经验，逐步找到实现政事分开、政企分离的可行途径，同时要逐步完善体育的法律法规。[2] 王家宏、鲍明晓等认为，体育改革未能真正实现管办相分离和政企相分离是体育改革步履维艰的关键，体育发展规律应该在体育改革中发挥更大的作用，不能过度依赖行政推动。[3] 鲍

---

① 杨桦：《体育改革：成就、问题与突破》，《体育科学》2019 年第 1 期。

② 李克华：《社会主义市场经济与体育改革开放》，《中国体育科技》1994 第 4 期。

③ 王家宏、鲍明晓等：《聚焦改革开放 40 年：中国体育改革与发展的思考》，《体育学研究》2018 年第 6 期。

明晓针对体育行政管理体制、训练体制、竞赛体制、科教体制、经营体制等方面的突破性进展进行分析，认为体育行政管理体制改革围绕抓机构改革、抓职能转变和抓机制转换，取得"三定"方案基本落实、多形式多层次的体育组织网络初步形成、拨款制度、人事制度、分配制度改革获得显著进展；训练体制改革中，协会制开始形成、俱乐部制逐渐规范化、国家队的选拔制度和拨款制度不断完善、体教结合促进人才良性流动取得突破性进展；竞赛体制改革的成就集中在实行各类别分级管理办法、梳理协调各类竞赛关系、改革参赛办法、完善竞赛承办与招标制度四个方面；体育科教体制上，鼓励体育院校依据自身情况与社会需要改革办学方式；体育经营体制实现了从无到有，体育经营体制也基本形成。① 郑宇回顾体育体制改革从"试水"到"深化"的历程，分析在改革中面临的传统体育功能与现实要求不相适应、"精英体育"引发结构性失衡、资源垄断阻碍社会体育组织实体化进程等问题，提出了在管理体制、竞赛体制、人才培养方面的改革策略。② 此外，众多学者从微观领域出发进行研究，李敏华分析中国足球管理体制改革的成就与问题，提出体育管理体制改革观念将不断更新等发展趋势。③ 肖力提出竞技体育管理体制改革存在着办事效率低、管理模式单一等弊端，提出了关于教练员、科研与管理人员、项目建制权等方面的改革设想。④

在经济体制改革与国际竞技体育快速发展的大背景下，通过引进国际关于体育职业化的研究，我国体育研究者开始对体育职业化的可行性

---

① 鲍明晓：《中国体育体制改革综述》，《北京体育师范学院学报》1997 年第 2 期。

② 郑宇：《新时期我国体育体制改革的现实冲突与路径选择》，《成都体育学院学报》2014 年第 8 期。

③ 李敏华：《从足球体制改革分析我国体育管理体制改革的趋势》，《浙江体育科学》2006 第 4 期。

④ 肖力：《竞技体育管理体制改革设想》，《山东体育科技》1993 年第 3 期。

与发展趋势进行实践与理论探讨。龙斌、唐文进等提出，体育职业化改革要经历社会化、实体化、市场化、产业化四个阶段，其中社会化是前提、实体化是基础、市场化为关键、产业化是目标，这是一个有序且复杂的过程。① 梁晓龙认为，体育职业化改革的主要目标是提高运动员的竞技能力和水平、增强我国竞技体育的国际竞争力。他结合国际现有的模式和我国的实际情况，针对体育职业化过程中各方的基本权利、经济利益与资本进入职业体育的双重性等问题，提出我国体育职业化改革中，要处理好社会主义初级阶段与市场经济的关系，在二者的结合中探寻改革的路径。② 唐炎、卢文云等分析了制约我国体育职业化改革的系列问题，认为在指导思想上，顺时而动和患得患失都会导致对改革的认识和决心不足；在产权关系上，专业队体制仍存在"双轨"并行的局面，回避了利益与责任之间的关系，导致矛盾频发；在市场地位上，市场的主体地位未得到明确，会引发市场混乱和发展失范；在法治建设上，俱乐部内部管理制度的不健全和外部监督的不规范导致经营和运行上缺乏成熟有效的机制……他们提出应加快落实协会实体化改革进程，以深化体育职业化改革。③

面对体育改革不断出现的新问题和新情况，学者们提出要在改革实践中寻找新的发展出路。杨桦认为，体育改革是行政体制改革的重要内容，坚持"先立后破、不立不破"的原则，敢于改革；在整体谋划与统筹中抓住体育管理体制改革的重点，以人民的根本利益为出发点、站在

---

① 龙斌、唐文进等：《我国竞技体育职业化"四步曲"——社会化、实体化、市场化与产业化的思辨》，《武汉体育学院学报》1999 年第 2 期。

② 梁晓龙：《我国体育职业化（市场化）改革中几个基本理论问题的思考》，《体育文化导刊》2005 年第 4 期。

③ 唐炎、卢文云：《制约我国竞技体育职业化改革的相关问题探究》，《北京体育大学学报》2010 年第 3 期。

实现体育强国的战略高度善于改革；积极稳妥地实现由点到面、由浅入深、把控风险的精准改革。① 李克华认为，体育改革开放中需要注意转变体育的政府职能，对市场经济带给体育的负面影响应及时发现并具备清醒的认识，既要积极与社会主义市场经济的发展相适应又要遵循体育发展的客观规律。② 谢雪玲、毛进红分析了后奥运时代中国体育进一步协调发展、整体规模扩大并向市场化和社会化发展的整体趋势，提出改革的动力和阻力，将政府推动改革和利用社会力量推进改革相结合，协调体育行政主管部门的渐进性改革与竞技体育社会化的突破性改革，建立、完善不同利益群体的表达机制和分配体系的改革路径。③

二、新时期体育文化发展研究

新时期体育事业发展过程中产生的具有中国特色的体育思想、体育文化，在一定程度上展现了体育改革取得的巨大成就，它不断推动着体育文化的革新，也成为体育改革与实践不可或缺的动力。崔乐泉认为，在"解放思想、实事求是、团结一致向前看"思想的指引下，体育思想在新时期得到了充实与丰富，体育改革进程中，群众体育始终是核心；竞技体育理论对于体育价值一元性与多元性的认识以及"多元治理"，为体育改革实践提供了新的发展思路和空间；在关于体育与经济之间关系的探讨与相关文件、政策的出台中，体育产业的地位逐渐确立；学校体育教育，在教育系统的改革与调整中经历了从"增强体质""快乐体育"

---

① 杨桦：《体育改革：成就、问题与突破》，《体育科学》2019 年第 1 期。

② 李克华：《社会主义市场经济与体育改革开放》，《中国体育科技》1994 年第 4 期。

③ 谢雪玲、毛进红：《我国体育改革路径思考》，《体育文化导刊》2009 年第 3 期。

到"健康第一"的转变；体育外交，为我国以良好的形象与姿态面向世界，为让世界各国更好地了解中国奠定了基础。[①]

人文体育是新时期中国体育发展的新领域，突出体现了体育的人文内涵以及人自由、全面发展的重要性。胡小明运用人类学理论，通过分析人类发展不同阶段对体育的认识，提出体育对于人健康生活与精神文化需求的重要作用。[②] 他从人文视角研究体育功能转变的动因，引发了人们关于体育的本质和内涵的重新探讨。胡晓风指出，体育活动作为社会生活的组成部分，是人类生活方式的重要内容。[③] 体育承担着塑造人、丰富人等功能。[④] 体育人文价值的实现，要求体育以"以人为本"作为核心的发展理念。[⑤] 刘雁、刘错认为，影响体育价值观的主要因素有家庭的教育方式、同辈的体育观念、学校的体育教学、社会的体育氛围与舆论、个人的体质需求与兴趣等。自中国运动员在洛杉矶奥运会获得 15 枚金牌以及女排获得五连冠后，我国的体育价值观重心逐步偏向竞技体育并呈现膨胀趋势，由此进入了体育价值多元化时期。[⑥] "非典"之后，全国人民意识到体育对强身健体的重要性，北京奥运会的举办使民众的健康意识进一步增强。陈琦、鲁长芬认为，新时期体育价值观发生了转变，

① 崔乐泉：《百年中国体育思想的演进及其特征》，《成都体育学院学报》2020 年第 1 期。

② 胡小明：《新世纪——中国体育的理论创新》，《体育文化导刊》2002 年第 1 期。

③ 胡晓风：《人的全面而自由的发展是体育的根本目的》，《成都体院学报》1987 年第 1 期。

④ 惠蜀：《体育活动是人类特有的一种改造自身的活动》，《成都体育学院学报》1992 年第 3 期。

⑤ 裴立新：《"以人为本"——新世纪体育发展的基本理念》，《天津体育学院学报》2001 年第 1 期。

⑥ 刘雁、刘错：《体育价值观研究综述》，《搏击（体育论坛）》2011 年第 4 期。

人们对体育价值的关注开始转向其人文价值。① 这一转变主要体现在：群众对体育促进人身心发展作用的重视、人与体育的发展在社会生活中高度统一、体育使命与人的健康发展相契合等。体育的价值观，在很大程度上制约着对体育目的的建构。新时期体育功能结构的多元性与全面性，要求更全面地将发展体育的目的呈现出来，重点是加强体育的本质、内涵、功能结构与战略目标等方面的研究。

　　体育事业的发展，应该积极地为改革开放做出应有的贡献。胡小明认为，体育改革在经历了对外开放、对内搞活、与社会发展相促进后生成的竞争意识、规则意识，共同体现了体育精神，为民族自信心的树立和爱国热情的激发做出了重要贡献，培养了对契约精神的重视，是时代精神的重要内容。② 体育文化的丰富发展是建设体育强国的重要内容。田野认为，改革开放以来，体育文化发展取得了大格局逐步形成、体育文化供给日益丰富、体育文化自信日益增强等成就。③ 胡小明认为，体育运动的发展，由工具性到以人为本位、从增强体质到追求健康、"新型举国体制"、人文精神与可持续发展，都是体育改革实践与人们追求自由全面发展时不断进行的新的理论探索。④

---

① 陈琦、鲁长芬：《新时期体育价值观转变与体育本质、功能和目的》，《体育学刊》2006 年第 2 期。

② 胡小明：《体育精神与改革开放》，《华南师范大学学报（社会科学版）》2002 年第 3 期。

③ 田野：《改革开放以来中国体育文化成就与发展战略》，《体育文化导刊》2019 年第 3 期。

④ 胡小明：《新世纪——中国体育的理论创新》，《体育文化导刊》2002 年第 1 期。

三、新时期竞技体育研究

伴随我国竞技体育的飞速发展，竞技体育的理论研究也不断深入，并获得了丰富的理论成果。学者们在对竞技体育的长期研究中，取得了竞技体育改革的重大突破和成功经验，如奥运战略以及有中国特色的"举国体制"等。刘大可指出，竞技体育在体育系统中具有先导作用，其发展必然会带动体育科技、体育产业、全民体育的发展。[①] 王衡认为，我国要成为世界体育强国，必须更好地发展竞技体育，具备世界一流的体育队伍、场地设施和科学技术。他分析了我国乒乓球、羽毛球、竞走运动的提升历程，指出竞技体育改革中应扬长、补短、填缺，提出提高队伍的理论水平、推动体育事业发展的科学化进程、善于运用"活"的方针等。[②] 北京申奥成功后，我国对竞技体育的研究更加繁荣，奥林匹克运动、竞技体育可持续发展、体育强国以及完善"举国体制"，都成为新时期新阶段的研究热点。孙葆丽、孙葆洁等认为，发展奥林匹克运动是我国改革开放和现代化建设中稳固国际形象与地位、增强民族凝聚力、与国际体育接轨融合的需要，国际奥林匹克运动的发展也需要中国体育的融入与助力。[③] 改革开放后，中国积极参加国际奥林匹克运动的重要赛事并取得了重大成绩，同时积极参与奥运会的申办，在价值取向、文化机制等因素作用下，呈现出中国体育与奥林匹克运动平等交流、充分融合、互补互促的特点。崔乐泉认为，奥林匹克运动能引领我国体育的健康发

---

① 刘大可：《论竞技体育与全民健身协调发展》，《体育文史》1997 年第 5 期。

② 王衡：《谈我国竞技体育发展的道路》，《辽宁体育》1988 年第 5 期。

③ 孙葆丽、孙葆洁等：《80 年代以来中国奥林匹克运动的新发展》，《北京体育大学学报》2000 年第 3 期。

展。进入新时期人们十分关注奥林匹克运动，现代体育意识与奥运参与意识不断增强，通过梳理奥林匹克运动传入中国、在中国曲折发展再到重返奥运的艰辛历程，明确了办好北京奥运会的重要意义。①

　　然而，竞技体育的异化现象不断涌现，学者们分析异化现象及其产生的原因，努力探寻有效的化解途径。古文东认为竞技体育培育的错位和人文精神价值的欠缺、相关体制与法律法规的不健全、对名利的过度追求与道德的丧失以及过度的商业化所造成的冲击，是竞技体育出现异化现象的原因。②此外，孙志还认为，对体育成绩的要求和媒介的宣传鼓动也是我国竞技体育异化的重要原因。③针对我国竞技体育出现异化的原因两位学者提出，要改变竞技教育的现状、健全管理体制和监督机制、加强职业道德教育、防止过度商业化、弱化竞技体育指标的考核比重等建议，并期望竞技体育回归本真的切实途径。白喜林、左伟等分析了我国竞技体育后备人才的现状，认为存在培养方式过于单一、结构不合理、效益过低、文化素质偏低和管理体制滞后等问题。受世界大学生运动会和奥运会的启发，他们提出改革管理体制、推进职业化改革、深化体教结合，多元化培养，旨在提高后备人才培养的水平、质量与效益。④关于竞技体育可持续发展问题的研究，张亚荣、张剑杰等认为，教育是竞技体育可持续发展的基本载体，要对运动员进行全面教育，将科学训练与人文教育相结合，整合竞技体育的价值性与工具性，落实后备人才培养

①　崔乐泉：《奥林匹克运动在中国的发展（一）》，《武汉体育学院学报》2007年第4期。

②　古文东：《当下竞技体育中异化现象的致因探析》，《体育与科学》2011第1期。

③　孙志：《我国竞技体育异化的致因及回归之路》，《成都体育学院学报》2011年第9期。

④　白喜林、左伟等：《新时期我国竞技体育人才培养模式探索》，《体育文化导刊》2013年第10期。

战略，推动竞技体育的可持续发展。[①]

四、新时期群众体育研究

改革开放以后，我国群众体育发展迅速。常华、周国群将新时期中国群众体育的发展分为恢复、适应调整和改革三个阶段：恢复阶段，以学校体育发展为重心，同时加强对职工体育的引领。适应调整阶段，对群众体育管理体制做出调整；社区体育活动开始出现，群众参与体育活动呈现目标多极化、内容多样化趋势；争创体育先进县促进了农村体育设施的改善，基层竞赛日益活跃、第一届全国农民运动会举办、全国农民体育协会成立并不断扩大规模。改革阶段，群众体育实行"国家办"和"社会办"相结合并以社会化为突破口，调动社会多渠道、多层次、多形式办体育的积极性，群众体育组织网络逐步形成；家庭和个人体育健身消费渐成时尚；健身娱乐体育项目成为社会投资的热点等。他们还认为，建场地、建组织、建法规、开展活动、引导消费将是今后一段时间群众体育工作的主要任务。李宁研究三次全国群众体育调查后得出结论：在参与体育锻炼的人数与结构方面，我国民众参与体育的热情持续高涨、年龄结构呈两端高中间低、参与人口与受教育程度成正比；在体育锻炼频度、时间、场所、项目、形式、消费上都呈现出积极向好的趋势。[②]

群众体育发展与体育强国建设密不可分。王智慧、丁学龙等认为，群众体育的深化能够提升国民体育的参与规模与程度、营造良好活跃的体育文化氛围、提高民众体质等方面产生直接影响，同时在推动竞技体

① 张亚荣、张剑杰等：《我国竞技体育可持续发展分析》，《体育文化导刊》2010年第5期。

② 李宁：《我国群众体育发展趋势研究——基于全国三次群众体育调查结果的比较分析》，《体育学刊》2012年第1期。

育发展、促进体育消费与产业发展、扩大体育资源开放等方面产生间接影响。[①] 严华基于对人口红利理论与群众体育发展趋势的分析，认为在人口红利窗口期关闭阶段，群众体育的发展要将"促进国民健康"作为战略重点，要完善运行机制以逐步适应人口结构的转变。针对具体的人群制定特定的策略，有利于充分发挥群众体育促健康、增体质的作用，完善社会体育指导人才的培养体系、扩大人力健康资本的投入、促进体育公共服务人人享受的战略取向。[②] 闻涛针对后奥运时代我国群众体育发展面临的管理体制问题、设施与指导人才的落后以及体育消费意识淡薄，提出从多层次多渠道丰富群众体育锻炼的项目和设施、大力挖掘和发展民族传统体育文化、完善农村体育和社区体育的基础建设、树立以人为本的群众体育发展理念等发展策略，更好、更持久地引导群众参与体育、发展体育，将体育融入社会，成为体育强国建设的有力一环。[③]

五、新时期学校体育研究

新时期的学校体育发展，趋向专门化和多样化。刘纯献、刘盼盼认为，新时期学校体育发展经历了由开创中招体育考试、试办高水平运动会、推行《国家体育锻炼标准》的体育教育阶段，到学校体育课程改革、助推立德树人、实施《国家学生体质健康标准》、开展阳光体育的健康教育阶段的转变。他们还提出学校体育要以学生体质健康仍需有力增强、重智育轻体育的现象依然泛滥的"最后一公里"为改革突破口，在师生

① 王智慧、丁学龙等：《群众体育发展对体育强国建设影响的研究》，《体育文化导刊》2012 年第 7 期。

② 严华：《当今群众体育发展的路径选择与战略取向》，《体育与科学》2011 年第 3 期。

③ 闻涛：《我国群众体育发展策略研究》，《体育文化导刊》2010 年第 9 期。

与社会合力中推动学校体育发展。[①] 刘宁、刘静民等对学校体育政策和法规的演进历程进行整理研究。研究发现，我国每年都有新政策和法规出台，呈现数量变化小和阶段性明显的特征，反映了国家对于学校体育的高度重视、总体战略稳定的发展趋向。不同时期的政策、法规，有其阶段特点，可分为拨乱反正调整发展期、平稳发展期和新世纪发展期。在拨乱反正调整发展期，政策内容呈现教育化、竞技化、军事化导向；进入平稳发展期，在三大导向的基础上，教育化导向有所增强并增加了学校体育安全的内容，竞技化导向相对下降；新世纪发展期，教育化与竞技化导向均有提升，军事化导向则降低。[②]

体育教育专业承担着培育体育后备师资的重要责任。王晓东梳理了体育教育专业的演进历程，指出体育教师数量的欠缺逐渐被填补，年龄结构合理的教师队伍逐步形成，体育相关专业的设置日益丰富。[③] 王树宏、李金龙研究指出，开设体育教育专业的高校持续增多，在一定程度上带动了更多体育人进入高等教育，但也存在部分高校盲目建设、不合理招生等现象。[④] 包茑通过数据调查得出，体育教育专业的毕业生，从事对口行业比例低，就业压力大，体育教育专业发展模式需要不断地探索和改革。[⑤] 在基础教育中，关于体育课程改革的探究、关于体育与健康之间关系的讨论、关于传统教学方式向现代教学方式的转变等，都是新时

[①] 刘纯献、刘盼盼:《学校体育改革的成就、问题与突破》,《北京体育大学学报》2020 年第 2 期。

[②] 刘宁、刘静民等:《改革开放以来我国学校体育政策、法规演变脉络之研究》,《体育科学》2009 年第 12 期。

[③] 王晓东:《师范类体育教育专业面临的问题及今后发展趋势研究》,《天津体育学院学报》2006 年第 1 期。

[④] 王树宏、李金龙:《社会体育专业发展速度、布局与规模态势及其存在问题的研究》,《北京体育大学学报》2006 第 10 期。

[⑤] 包茑、刘海元:《我国体育教师队伍现状及加强建设对策》,《体育学刊》2009 年第 5 期。

期改革中的热点问题。

六、新时期体育经济研究

体育经济问题，涉及对体育产业、体育市场等的探讨。随着社会主义市场经济的发展，体育界对体育经济开展了活跃且深入的探索与讨论。孙汉超、秦椿林等将体育产业阐释为：满足人们健身健美的需要和娱乐休闲的精神需求，开展体育商品生产、服务与经营的体育部门、企业等组织的总称。[①] 胡笑寒、张志美认为，体育产业是市场经济下满足人们体育需求的一切生产与经营活动的总称。[②] 韦华提出，体育产业可按主体产业、相关产业和辅助体育发展的其他产业来分类。[③] 侯晋龙则认为健身休闲娱乐业、体育用品制造业、体育旅游业不属于体育产业的范畴，学界在这一时期对体育产业的分类仍然存在较大分歧。[④] 李松梅、李福泉回顾体育产业自改革开放以来的发展历程，认为体育产业是市场经济发展的必然结果，也是体育事业发展的关键。他们还认为体育产业发展中存在人才匮乏、发展不平衡不稳定、加入 WTO 后面临严峻挑战、缺乏规范化的管理与运行机制等问题，而我国产业政策的协调、经济快速发展带来的市场需求激增，为体育产业的发展提供了广阔前景。[⑤] 余兰指出，新时期，我国体育产业仍然存在规模小、集群度低、管理创新性不足、人

---

① 孙汉超、秦椿林主编：《体育管理学》，人民体育出版社，1999，第 239 页。

② 胡笑寒、张志美：《北京市体育产业共生能力分析》，《西安体育学院学报》2012 年第 9 期。

③ 韦华：《30 年来我国体育产业的发展及其相关理论研究》，《广州体育学院学报》2012 第 5 期。

④ 侯晋龙：《体育产业：概念及其构成的质疑与讨论》，《体育科技文献通报》2007 第 1 期。

⑤ 李松梅、李福泉：《试论中国体育产业发展（综述）》，《哈尔滨体育学院学报》2000 年第 2 期。

才缺乏等问题，并从政府管理者、体育产业经营者的角度分别提出了对策：政府管理者和决策者需要树立发展新理念、转变政府职能、加大管理与经营人才的培育、完善政策与配套设施；体育产业经营者应该着重在产品质量和服务上发力、及时捕捉市场导向与需求、吸收各方力量提升竞争力，两个主体协同发力共同推进体育产业的发展。①

体育消费拉动体育产业的繁荣发展。马宇峰认为，发展体育消费对于拉动经济增长具有重要意义。②郑和明、赵铁龙通过分析样本指出，随着改革开放的深入发展，人们逐渐开始意识到体育的经济价值。③20 世纪 80 年代末，学者们集中探讨了体育消费的内涵、影响因素、消费观念和发展趋势等问题，为体育消费研究奠定了基础。经济的发展促进了居民消费水平的提高，对于体育消费的研究促进了体育消费的发展。进入新世纪新阶段，随着体育产业改革步入平稳发展期，体育消费增加，理论研究中出现了从消费者满意度出发等新视角，并提出了体育消费中值得反思的问题和未来展望。

七、中华体育精神谱系研究

（一）中华体育精神研究

中华体育精神蕴含在中国体育的生动实践中，新时期学者们开始对中华体育精神进行系统研究，中华体育精神谱系逐步完善。

1.关于中华体育精神历史渊源的研究。学者们大多认为中华体育精

---

① 余兰：《改革开放 30 年来我国体育产业发展进程研究》，《北京体育大学学报》2008 年第 10 期。

② 马宇峰：《新形势下体育消费的战略思考》，《体育函授》1996 年第 3 期。

③ 郑和明、赵轶龙：《改革开放 40 年我国体育消费研究：演进、成就、反思与展望》，《北京体育大学学报》2019 年第 3 期。

神是"中西结合"的产物,它既根植于中华优秀传统文化的沃土之中,又吸收了西方体育精神。武学军认为,中华体育精神"是在中华民族的沃土中孕育而成的、具有民族特色的体育精神"①。黄莉整理和分析了大量体育文化史料后总结出:中华体育精神生长在中华民族传统文化的土壤中,同时,又大量吸取了西方文化,它既是引进消化吸收西方文明之后的创新型文化,也是我国社会和中华民族共有的宝贵精神财富。②

2.关于中华体育精神科学内涵的研究。中华体育精神的内涵经过多年来国家体育总局和学界的研究总结,逐渐规范和科学。1996 年,伍绍祖曾引用《中华体育报》的表述将中华体育精神概括为"祖国至上、敬业奉献、科学求实、遵纪守法、团结友爱、艰苦奋斗",并在第八届全国人民代表大会常委会第二十次会议上做报告③;2000 年,时任国家体育总局政策法规司司长谢琼桓在《中华体育精神是全民族的精神财富》一文中,将中华体育精神凝练为"为国争光、无私奉献、科学求实、遵纪守法、团结友爱、顽强拼搏"。④2007 年,时任国家体育总局局长刘鹏将中华体育精神概括为"为国争光、无私奉献、科学求实、遵纪守法、团结协作、顽强拼搏"。⑤黄莉将中华体育精神的内涵概括为爱国主义、英雄主义、乐观自信、公平竞争、团队精神和实用理性。⑥

---

① 武学军:《中华体育精神的儒家文化溯源》,《河北北方学院学报(社会科学版)》2010 第 1 期。

② 黄莉:《中华体育精神的文化内涵与思想来源》,《中国体育科技》2007 第 5 期。

③ 伍绍祖:《关于体育工作情况的报告:1996 年 12 月 28 日在第八届全国人民代表大会常务委员会第二十次会议上》,《中华人民共和国全国人民代表大会常务委员会公报》1996 年第 9 期。

④ 谢琼桓:《中华体育精神是全民族的精神财富》,《求是》2000 年第 21 期。

⑤ 刘鹏:《充分发挥体育在和谐社会建设中的作用》,《人民日报》2007 年 5 月 21日,第 9 版。

⑥ 黄莉:《中华体育精神的文化内涵与思想来源》,《中国体育科技》2007 第 5 期。

对中华体育精神时代价值的研究。王清芳等认为，中华体育精神蕴含的国家集体荣誉感、拼搏精神，同建设社会主义和谐社会所需要的社会共同理想相契合，是我国构建和谐社会必不可少的精神财富。[1] 孙大光认为，中华体育精神是爱国主义最具活力的载体和最鲜明的表现；爱国主义是中华体育精神的核心和思想源泉；中华体育精神与爱国主义是体育文化永恒的主题。[2] 赵高彩认为，以中华体育精神为特色的校园文化建设，对弘扬和培育民族精神具有的重要作用。[3]

综上所述，学界对中华体育精神形成过程、内涵、价值等方面的研究成果较为丰富，但也存在三个方面的不足：第一，改革开放以来中国体育事业发展十分迅速，但对支撑其发展的精神动力，在研究层次、系统性、丰富性研究仍有许多不足；第二，对于中华体育精神的实证性研究尚有不足；第三，对中华体育精神的应用研究仍有不足。在应用方面对中华体育精神的研究，更强调其对体育领域的作用、价值，对于其产生的辐射影响的研究还比较薄弱。新发展阶段，对于中华体育精神内涵的新诠释、新实践、新弘扬路径、手段与方法等也有待进一步深入研究。

（二）北京亚运精神研究

以"亚运精神"为主题搜索相关文献发现，新时期的北京亚运精神研究，多是理论宣传类文章，以学术研究视角进行分析的文献较少。

在概念界定方面，北京亚运精神是指 1990 年在北京举行的第十一届亚洲运动会上中国人所表现出来的一种精神风貌。基本内涵被概括为：爱我中华，为国争光；顽强拼搏，争创一流；团结协作，无私奉献；放

---

① 王清芳、李成蹊等：《论体育精神对构建和谐社会的意义》，《成都体育学院学报》2007 第 6 期。

② 孙大光：《中华体育精神与爱国主义》，《光明日报》2012 年 4 月 4 日，第 1 版。

③ 赵高彩：《中华体育精神：高等体育院校弘扬和培育民族精神的切入点》，《武汉体育学院学报》2004 年第 1 期。

眼世界，博采众长。

王寿文认为，北京亚运精神的核心是团结、拼搏、爱我中华，亚运精神源于中国人民伟大的爱国热情，与社会主义制度的优越性紧密相关，是改革开放以来我国经济建设取得伟大成就、人民精神面貌发生根本变化的结果，应积极发扬亚运精神。[①] 宗树认为，亚运精神是我们的民族精神，是中华民族在新时代中的革命精神，是社会主义精神文明新的构成部分，是更具时代特色的精神珍宝。[②] 黄学荣认为，亚运精神是时代的产物，是中华民族优秀传统的集中体现，具有鲜明的实践特征、雄厚的群众基础和巨大的能动作用。[③] 曹士云提出要弘扬亚运精神，促进以青少年为重点的全民健身战略和以奥运会为最高层次的竞技战略协调发展，为把我国建设成世界体育强国而努力奋斗。[④]

（三）北京奥运精神研究

以"奥运精神"作为关键词搜索相关文献时发现，学界对奥运精神的研究主要集中于其内涵和构成要素上，如爱国、和谐、包容、志愿精神、科学精神等方面。

在爱国内涵方面，学者们多从"人文奥运"这一视角出发，将爱国主义与中华体育精神有机融合。吴潜涛、郑小九在《北京奥运会、残奥会的珍贵精神遗产》[⑤] 一文中指出，爱国主义是中华体育精神的核心。刘

---

① 王寿文：《北京亚运精神与大学生思想政治工作》，《盐城师范学院学报（人文社会科学版）》1990 年第 4 期。

② 宗树：《亚运精神耀神州》，《道德与文明》1990 年第 6 期。

③ 黄学荣：《亚运精神的哲学思考》，《学习与研究》1991 年第 1 期。

④ 曹士云：《弘扬亚运精神 建设体育强国》，《黑龙江高教研究》1990 年第 4 期。

⑤ 吴潜涛、郑小九：《北京奥运会、残奥会的珍贵精神遗产》，《中国人民大学学报》2009 年第 2 期。

海燕在《北京奥运精神的研究》①一文中对北京奥运会进行全面分析，挖掘北京奥运精神的深刻内涵，旨在诠释北京奥运精神对后奥运时代产生的影响。学界普遍认为，爱国主义是中华民族的光荣传统，是中华民族精神的核心，是团结中华民族应对各种困难艰险的精神支柱，是中华民族屹立于世界民族之林的重要精神力量。

北京奥运精神中的和谐内涵，是学术界关注的一个重点。尤其是北京奥运三大理念之一的"绿色奥运"理念所彰显的天人和谐精神，更是学者们积极探索的方向。黄宏主编的《北京奥运精神》②、许启贤和郑小九合著的《北京奥运之魂》③等著作，都有专门章节论述这方面的内容，如"多管齐下践行诺言，构建天人和谐自然环境""绿色奥运的生态关怀"等。相较于上述成果，吴潜涛与郑小九合作的《北京奥运会、残奥会的珍贵精神遗产》对北京奥运精神之和谐精神的阐发更为深入。该文提出，北京奥运会、残奥会的珍贵精神遗产之一是：它们是中国和谐文化的时代体现，具体包括人内在的身心和谐、人与人之间的人际和谐、国与国之间的国际和谐以及人与自然之间的天人和谐。

"开放包容"是与"和谐"密切相关的另一种北京奥运精神。中外文明的和谐共处、求同存异，恰恰需要"开放包容"的成熟心态。这方面的学术著述较多。黄宏主编的《北京奥运精神》一书中有一节为"开放的奥运，透明与自信"，许启贤和郑小九合著的《北京奥运之魂》一书中有一章为"中国体育文化与西方体育文化的交流与融合"，吴潜涛在《北京奥运会、残奥会的珍贵精神遗产》一文中也将"开放包容大国胸怀的展示"作为北京奥运会、残奥会的珍贵精神遗产之一。

---

① 刘海燕：《北京奥运精神的研究》，《辽宁体育科技》2009 第 5 期。
② 黄宏主编：《北京奥运精神》，人民出版社，2008，第 232 页。
③ 许启贤、郑小九：《北京奥运之魂》，2005，第 172 页。

　　关于北京奥运精神中的志愿精神，2002 年开始出现相关研究，在 2008—2009 年达到顶峰，随后相关研究就处在停滞期。由于赛事活动对研究本身的影响比较大，对于志愿服务精神的研究尚不够深入、不够全面，研究数量不多。

　　关于北京奥运精神中的科学精神，科技日报社主编的《走进科技奥运》^①中的"环境保护篇"、叶子主编的《光与火的撞击——百集广播故事〈科技奥运之光,燃亮百年梦想〉》^②中的"奥运之城 科技之城"都对这一部分做了论述。舒莉萍所著的《我在北京奥组委》^③也有专门章节对北京奥运场馆建设、运行中的节能减排措施进行详细介绍。刘明辉、贺战冰等合著的《诠释北京"科技奥运"》^④中认为，"数字奥运"是适应全球进入信息社会，实现"科技奥运"的系统工程。运动科研是科技奥运在竞技赛场上最为直接的体现，科技日报社主编的《走进科技奥运》和赵致真所著的《科技与奥运》^⑤等书均用较大篇幅对这一部分进行了详细介绍。

　　国外媒体界和学术界也不乏对 2008 年北京奥运会的报道和研究，但是针对北京奥运精神的研究相对较少。在和谐精神和开放包容精神方面，韩国学者 KyuTeak Lee 和강진석有相关论述。前者在 "Creating a Harmonious Society and Continuously Economic Development of China"^⑥一文中提出，北京奥运会作为一个世纪机遇使中国成为世界强国之一。因

---

　　① 科技日报社主编：《走进科技奥运》，2006，第 179 页。

　　② 叶子主编：《光与火的撞击——百集广播故事〈科技奥运之光，燃亮百年梦想〉》，中国广播电视出版社，2008，第 162 页

　　③ 舒莉萍：《我在北京奥组委》，中国文联出版社，2008。

　　④ 刘明辉、贺战冰：《诠释北京"科技奥运"》，《武汉体育学院学报》2005 年第 2 期。

　　⑤ 赵致真：《科技与奥运》，湖北科学技术出版社，2018，第 1 页。

　　⑥ KyuTeak Lee, "Creating a harmonious society and continuously economic development of China", *Journal of Sinology and China Studies*, Vol.44, 2008.

此，他把"和谐"作为对中国宏观经济政策的理解。后者在"A Study on the Cultural Geography of China after Beijing Olympic 2008"[1]一文中提出，北京奥运会成功举办后，信心在中国社会蔓延；绿色奥运是北京市民最珍视的奥运遗产，比人文奥运和科技奥运重要得多。

总体而言，学者们对北京奥运精神的系统研究和凝炼概括尚有不足，很多研究集中于北京奥运会召开前后几年，近年来进一步总结和梳理北京奥运精神的文献数量较少，有待开展进一步的总结性研究。

第二节 新时期体育人的理论建树

改革开放为中国体育带来生机，党和国家领导人对体育事业的关心与指示，为新时期我国体育事业的理论研究提供了科学指引和根本遵循，从"摸着石头过河"的探索尝试到初见成效的酣畅淋漓，再到迈入改革深水区的稳扎稳打，体育界在思想碰撞与理论争鸣中取得了丰硕的理论成果。

一、总设计师的体育情结

我国改革开放的总设计师邓小平，有着深厚的体育情结。他是体育运动的长期爱好者和参与者，更是新时期我国体育发展的指导者。他对我国体育事业改革与发展的理论指导和规划部署构成了邓小平体育思想的主要内容。

1. 发展有中国特色的社会主义体育事业

---

① 강진석, "A Study on the Cultural Geography of China after Beijing Olympic 2008", *Journal of Sinology and China Studies*, Vol.51, 2011.

以邓小平为核心的党中央第二代领导集体坚持在马克思主义理论的指导下，提出马克思主义与中国具体实践相结合的体育发展理论。以什么样的思想来指导我国体育事业的发展是一个根本性问题。党的十二大上，邓小平提出要建设有中国特色的社会主义，这一论述指明了中国各项事业的指导思想问题。随后，在1984年党中央发出的《中共中央进一步发展体育运动的通知》中，明确提出要建设有中国特色的社会主义体育事业。正是在这一思想的指导下，我国体育事业立足国情，制定了符合中国实际的面向现代化、面向世界、面向未来的体育发展战略，开启了迈向体育强国的发展之路。

2. 体育是精神文明建设的重要方面

改革开放新时期，对于体育在我国社会主义建设中处于什么样的地位这个问题，邓小平创造性地提出了"体育是社会主义精神文明建设的重要方面"①的重要论断，明确了体育是提高国民身体素质、创造精神财富的途径，对于社会主义精神文明建设起着重要作用。邓小平多次倡导全社会各行各业充分发扬运动员为国争光、顽强拼搏的精神品质，并认为乒乓球队和女排的精神是不可低估的精神力量，是对社会主义精神文明的贡献。邓小平还认为，体育对于群众的吸引力是很大的，具有鼓舞作用，指出体育运动是一个国家文明的表现，通过体育活动，人们能够在磨炼、锻炼与竞争中展现活力，创造积极的精神风貌和良好的社会风气，提高民族自尊心、自豪感和自信心，具有精神文明建设的属性。

3. 学校体育为培养中国特色社会主义的合格建设者和接班人服务

在学校体育方面，邓小平继承和发展了毛泽东的学校体育思想，其强调的学校培养人才的标准，正是毛泽东同志所讲的德育、智育、体育

①　中共中央文献研究室编:《邓小平年谱（1981—1997）》第5卷，中央文献出版社，2019，第109页。

都应得到发展的观点。邓小平为景山小学所题的"三个面向"为新时期学校体育改革指明了方向，他十分关心学校体育工作和青少年的健康问题，重视学校体育在全面发展"四有"新人中起到的重要作用。1980年，邓小平为《中国少年报》的题词明确把"有体力"①作为全国少年儿童成长、成才的基础，并多次嘱咐国家体委应搞好学校体育工作。这都充分体现了邓小平始终把体育与青少年培养紧密结合在一起，对于我国发展学校体育事业、培养社会主义建设者和接班人具有重要的指导意义。

4. 竞技体育与群众体育相互促进

党中央对我国竞技体育的发展曾做出"打出风格、打出水平""提高水平、为国争光""奥运模式"等指示。在党中央的领导与推动下，我国竞技体育运动在改革开放后取得了优异成绩，向全国人民和国际社会展现了实力。在极力推动竞技体育发展的同时，邓小平在竞技体育与群众体育的辩证关系上做了精辟且全面的分析。他指出，不开展广泛的群众体育，就没有雄厚的基础，好的选手就无法被选出来；而整个国家体育水平的提高，要在专业人员的指导下改善，两者是对立统一的。②竞技体育具有特殊性，群众体育则具有基础性和广泛性，群众体育和竞技体育是普及和提高、基础与尖端的辩证关系，两者是紧密结合、相互促进、协调发展、共同提高的。这些思想为我国普及群众体育、提高竞技体育水平提供了战略指导。

---

① 《邓小平文选》第2卷，人民出版社，1994，第369页。

② 国家体育总局政策法规司编：《毛泽东邓小平江泽民论体育》，人民体育出版社，1998，第33页。

二、体育改革先锋的推动

从不太懂体育的"外行"，到中国体育改革的推进者，新中国最后一任国家体委主任、首任国家体育总局局长伍绍祖在我国体坛任职的十一年中，始终站在广大人民群众的立场上，逐步在推动我国体育事业改革和发展的实践中形成了重要且独特的体育思想。

1. 各类体育共同推进、协调发展

改革开放政策正式实行以后，我国的竞技体育、群众体育、学校体育、体育产业等都发生了变革，经历了从局部到整体的发展过程。1988 年，伍绍祖担任国家体委主任，他多次强调竞技体育与学校体育要协调发展，并指出体育工作要同我国经济、文化系统内各项事业相互促进协调发展，体育事业的发展应该是以青少年为重点、以全民健身为主要形式的群众体育，同以奥林匹克运动会为最高层次、以训练竞赛为主要形式的竞技体育的协调发展，而且国家办体育和社会办体育要协调发展。在这些思想的指导下，我国竞技体育蓬勃发展，学校体育与群众体育逐步受到重视，体育产业逐渐发展起来。

2. "六化六转变"的体育改革观

伍绍祖提出的体育改革思路经历从"四化、四转变"到"五化、五转变"，又继续补充为最终的"六化、六转变"[1]，这成为他开展体育改革工作的基本思路和具体目标。"六化"包括将体育作为人民生活方式的生活化、使全社会普遍参与体育活动的普遍化、以科学方式和手段进行体育运动的科学化、体育活动由政府主办和社会组织的社会化、大力发展

---

[1]　古柏:《20 世纪最后十年中国体育改革回顾——伍绍祖同志采访记》,《体育学刊》2007 年第 1 期。

体育产业的产业化、体育事业发展遵循依法办事的法律化。"六转变"指我国体育发展要向体育组织社会型、体育事业大家办、体育工作"法治"化、体育场馆市场管理经营型、体育消费社会型、管理人员科学型转变。伍绍祖指出，推动"六转变"是实现"六化"的前提，应统筹好二者之间的关系，开展具体工作时要适应我国经济发展的实际情况，切忌急于求成。

3. "四个基本"与"八个功能"

伍绍祖结合我国体育实践，总结提炼了我国体育工作以增强人民体质为基本任务、普及和提高相结合为基本方针、改革和发展为基本思路、宪法和体育法为基本依据的"四个基本"。配合"四个基本"又进一步提出体育在社会和人的发展中具有的八个功能。这"八个功能"分别是：直接为发展社会生产力服务；振奋精神，陶冶情操；凝聚人心，增进团结；促进沟通、推动开放；体育是一种很好的教育方式；体育是一种很好的生活方式；体育是一种很好的生产方式；体育是一种很好的艺术形式。这些都为我国体育工作的开展提供了科学的理论指引。

三、体育科学研究的助力

田麦久是我国第一位体育学博士。他四十余年的体育学教学和科研实践，对我国运动训练理论和竞技体育发展战略等领域进行了深入系统的研究，得出了许多原创性研究成果，做出了开拓性的贡献。

1. 运动训练学体系构建与竞技体育发展战略

运动训练学是研究运动训练规律、有效组织运动训练活动行为的科学，是有助于运动员提高能力的科学。20世纪80年代，我国体育训练面临极大困难，应国家体委的要求，田麦久教授负责构建我国高水平运动员科学训练的理论框架并主持编著《运动训练科学化探索》一书。针对如何快速提高运动员竞技水平、延长运动员运动生涯等问题，田麦久在参与科学体系构建的同时，提出了运动训练理论体系的核心概念群，创立了"项群训练理论""翼项系数理论"、绵缓健身运动理论等。田麦久认为，运动训练学研究主要包括对运动训练规律的研究，还有探索如何在遵循规律的基础上提高运动员的竞技能力。运动训练理论不仅要向竞技体育理论扩展，也应结合社会文化因素和现代科技进行深入研究。在竞技体育发展方面，田麦久提出不同项目的分类原则和方法，以及设立弹性参赛目标的构想，这些研究都为我国运动训练的科学化和竞技水平的提升做出了重要贡献。

2. 推进体育科学研究以促进体育事业发展

田麦久认为，体育科学是一门融合人体生命科学、自然科学和人文社会科学的综合性学科。一方面，通过运用运动生理学、运动医学、运动力学等提升运动员的竞技水平、促进人的健康，另一方面体育与每个人的全面发展息息相关，这又涉及诸如社会学、教育学等相关理论。因此，体育科学研究兼具自然科学和人文社会科学的属性。田麦久指出，体育科学研究的目的是推动体育事业的发展和进步，通过体育科学的研究推进我国体育发展战略规划的科学制定，既创造了出色的竞技体育成绩，又能以此带动群众体育的发展，推动我国体育事业的可持续发展。

四、现代体育理论的研究

熊斗寅作为我国第一个全面、系统介绍现代奥林匹克运动发起人顾拜旦的学者，是近百年来中国体育曲折发展历程的见证者，也是一位直接投身其中并付出了艰辛努力和做出了重要贡献的体育工作者，他先后荣获新中国体育开拓者奖章和体育工作贡献奖。熊斗寅从 20 世纪 70 年代开始从事体育理论研究，在现代体育、体育情报、比较体育、奥林匹克运动等方面提出了诸多新思考、新观点和新见解，在不断的探索和论述中取得了丰硕的具有前瞻性的理论成果。

1. 现代体育与体育现代化

熊斗寅通过梳理国际体育界对现代体育之源起的研究以及各国对现代体育的贡献，概述了现代体育由西方传入我国并逐步发展的历程。他认为现代体育包括体育教育、竞技体育和群众体育，三者属于不同范畴，并在各自的普及与提高中相互促进，共同推进现代体育的发展。熊斗寅认为大众体育的兴起是现代体育发展的重要特征，电子计算机、光学、电子学和空间技术等现代科学技术在体育中更广泛地应用是现代体育发展的必然要求和趋势。对于如何实现体育现代化，促使我国体育达到世界先进水平，熊斗寅提出了加强理论研究、改革体制、提高体育在教育中的地位等十条设想，着力探讨如何在四个现代化的基础上，早日实现具有中国特色的社会主义体育现代化问题。

2. 奥林匹克运动是体育、文化与教育的集合

熊斗寅始终认为顾拜旦体育思想是研究奥林匹克运动的前提，奥林匹克运动不只是比赛和金牌，体育竞技是其载体，而教育才是它的核心。奥林匹克运动是在现代社会发展中形成的国际文化现象、重大社会活动，它受国际政治的影响，与经济发展相互促进，和国际文化交流息息相关。21 世纪的世界体育进入新时代，奥林匹克运动场上的竞争实质上是各国科技水平的竞争。随着奥林匹克大家庭的不断壮大，奥林匹克运动的发展必须抑制和清除过分商业化、政治干预等不良现象。

五、奥林匹克在中国的传播

张彩珍是最早获得奥林匹克勋章的中国女性，在四十多年的体育工作中，她深度参与了我国体育改革方针的制定和实施，发表了很多优秀的体育研究论文，是体育界的智囊人物。张彩珍认为，体育运动的竞争日益表现为科技的竞争，高科技在体育发展中的作用越来越突出。我国体育科技发展基础十分薄弱，加快体育科技化具有重要性和迫切性，要从建设完备的体育科技队伍、制订体育科技发展规划、改善科技人员的工作和生活条件、加强科学管理等方面推进体育发展的科学化、科技化，为体育发展注入新的活力，助力我国体育事业腾飞。

李梦华是新时期体育事业改革开放、创新发展的重要领导人，被国际奥委会授予奥林匹克银质勋章。他从实际出发，注重制定体育发展战略与政策法规，提出"体育强国"的奋斗目标，创造性地推动体育全方位改革，为我国成为体育大国、迈向体育强国奠定坚实基础。李梦华着重提出从体育社会化、竞赛、训练体制三方面进行改革。在探讨体育与政治、经济的关系时，他认为体育是反映一个国家、一个民族国际地位和形象的标志和窗口，体育事业发展的规模和速度归根结底取决于国民经济的发展。他还深刻意识到奥林匹克运动会的规模和影响之大，所以要带领中国体育走出国门、走向世界。此外，我国接连在国际赛事上取得好成绩，也促进了奥林匹克精神的弘扬和传播。

钟师统是中国体育教育事业的开拓者，曾担任新中国第一任奥委会主席、中华全国体育总会主席，为体育教育和奥林匹克运动在中国的发展做出了重要贡献。1984年他获得了国际奥委会授予的奥林匹克银质奖章。1953年10月，钟师统根据国务院副总理兼国家体委主任贺龙同志的指示，到国家体委报到，就任中央体育学院院长（即现北京体育大学首任校长），直到 1996 年离休。他在 43 年的体育教育实践中，不断钻研，及时总结经验教训，形成了丰富的办学经验。20 世纪 70 年代，根据当时国家建设需要，他的思考更为深入和长远。对许多人把体育学院混同于运动队来培养运动员的做法提出质疑，一再强调体育大学的任务不仅仅是为国家培养运动员，更是要培养有训练运动员能力的高水平的教师和教练员；同时，他也反对单纯追求学生在校期间出单项运动成绩的做法，主张教学一定要突出对学生理论水平和教学实际能力的培养；他把体育当作一门科学，把教育规律当作体育教学工作的准则，以"又红又专"和"一专多能"作为体育人才的培养目标，为新中国体育事业和体育教育事业的发展做出了卓越贡献。

第三章　新时期体育的实践成就

改革开放以来，我国经济社会迅速恢复，全面发展，体育事业也在党的领导下迈向新的发展轨道，开创了中国特色社会主义的体育事业，实现了体育事业的整体腾飞。在这一时期，随着我国体育体制改革与战略规划的突破与深化，颁布了多项体育政策并不断完善，承办了举世瞩目的世界重大赛事，竞技体育与群众体育得到充分发展，体育产业实现跨越式腾飞，体育对外交流日益活跃，我国体育事业在新时期迈上新台阶，在科学化、规范化、制度化方面取得诸多突破性成就。

第一节　重大赛会　举世瞩目

新时期，中国体育事业在统筹规划中坚持对外开放，充分发挥"举国体制"优势，调动一切可以调动的力量积极申办、筹办、举办第 11 届亚运会与第 29 届奥运会等国际性体育赛事，为世界人民奉献了无与伦比的盛会，更彰显了我国的体育实力与综合国力，激发了中华儿女的自信心与自豪感。

一、北京亚运会

1990 年，开放的中国首次举办地区性重大赛事——第 11 届北京亚运会。9 月的北京燃起了来自"世界屋脊"——青藏高原的熊熊圣火，这是中华人民共和国成立后在自己土地上第一次承办这样大规模的国际体育盛会。作为超大型的亚洲体育盛会，第 11 届亚运会有 37 个国家和地区的体育代表团共 6578 人参加，代表团数和运动员人数都超过了前十届亚运会。这也是中国台北时隔 12 年后，作为中国的一个地区代表队重返亚运大家庭。中国体育健儿在这次盛会上共夺得 183 枚金牌、107 枚银牌、51 枚铜牌，位居金牌榜和奖牌榜首位，从而奠定了中国在亚洲体坛的霸主地位。

亚运会的圆满成功向世界展示了中国改革开放的新形象和超强的组织能力。1990 年的中国，作为成长中的"东方巨人"[1] 已扔掉了"东亚病夫"的帽子，进入了社会主义改革与建设的伟大时代，中国的体育也由此获得了新生。

除了优异的竞技成绩，第 11 届北京亚运会留给我们的还有许多文化遗产。"我们亚洲，山是高昂的头；我们亚洲，河像热血流；我们亚洲，树都根连根；我们亚洲，云也手握手；莽原缠玉带，田野织彩绸，亚洲风乍起，亚洲雄风震天吼。"作为亚运会的宣传曲和闭幕式主题曲，这首由韦唯和刘欢演唱的《亚洲雄风》广为流传，唱响南北。高亢雄厚、激情澎湃的《亚洲雄风》，有力展现了炎黄子孙的强大富足、豪迈热情以及同亚洲各国的深厚友情，极大地振奋了中国人的爱国心、报国愿，深得

---

[1] 紫晓：《从"东亚病夫"到东方巨人——写在第 11 届亚运会开幕之前》，《思想政治课教学》1990 年第 8 期。

中国人民的青睐。此曲经北京亚运会一炮唱响,风靡大街小巷,穿越 30 多个春秋的时空隧道,其强劲的旋律至今依然在神州大地经久不衰。给世人留下深刻印象的还有第 11 届亚运会的吉祥物——熊猫"盼盼"。熊猫是中国的国宝,在"盼盼"身上更有拭之不去的"长春"记忆。它的设计者是来自长春电影制片厂的国家一级美术师刘忠仁,以福州熊猫馆的熊猫"巴斯"为原型设计,取名"盼盼",寓意盼望和平、友谊、盼望迎来优异成绩。可爱的形象让吉祥物"盼盼"风靡全国,各式各样的百货商品上都能看到它可爱的身影。

亚洲雄风唱响世界,吉祥物"盼盼"家喻户晓,亚运会是中国首次举办国际大型综合性赛会。在"全国人民都是东道主""亚运为国争荣誉,我为亚运添光彩"等口号的热情号召下,人民群众的参与热情也随之高涨,甚至可以称之为"全民参与"。在北京,有近 4 万名大学生以"雷锋精神,为亚运奉献"主题,承担了亚运会大量的宣传准备、环境整治、会务服务、文体表演等志愿服务工作;还有 40 余万名青少年在全市开展维护交通秩序和环境卫生活动,4 万多青少年组织起 116 支啦啦队,创造了亚运史上的奇迹。

北京亚运会也是近代中国人首次与顶级竞技赛事近距离接触。在努力锻炼身体,争取为国争光的荣誉感与自豪感的号召下,人民心中参与体育运动的想法开始萌生。更多的群众参与到体育运动中来,老大爷们开始打乒乓球,老奶奶们开始健身散步,小伙子们踢足球、打篮球挥汗如雨,小姑娘们身姿婀娜跳着健美操……全民健身的热潮自北京亚运会开启后,一时间席卷华夏神州。

二、圆梦莫斯科

2001 年 7 月 13 日晚，在莫斯科进行的国际奥委会第 112 次全会上，国际奥委会主席萨马兰奇宣布北京成为第 29 届奥运会的主办城市。历经百年沧桑，中华民族的奥运梦在这一刻成真，全世界为此而沸腾。江泽民、李鹏、朱镕基等党和国家领导人前往天安门和中华世纪坛，参与人民群众自发组织的庆祝活动，现场一片欢腾，庆祝北京申奥成功。

举国上下酣畅淋漓的欢呼，是亿万中华儿女从心中爆发出的狂喜。被称为"东亚病夫"的压抑与耻辱，在国际奥委会主席萨马兰奇宣读"北京"那一刻得以释放。1908 年发表在《天津杂志》的"中国何时才能举办奥运会"的祈盼得到了回应，我们的强国梦又迈上了新的台阶。第 29 届奥运会刚好是在 2008 年举办，整整一百年的跨越承载了中国人民深厚的期盼与梦想。1990 年北京亚运会召开前夕，86 岁高龄的邓小平第二次视察国家奥林匹克中心和亚军村的建设和准备情况，当他站在体育场的高架桥上，满意地环视体育场的设施和建筑，对伍绍祖和张百发语重心长地问道："你们办奥运会的决心下了没有？"这个问题是对未来体育事业的期望，更是对体育工作方向的指导，树立了各界对于申办奥运会的动力和决心。

申奥的足迹从蒙特卡洛到莫斯科，经历了曲折又艰辛的过程。随着 1990 年第 11 届北京亚运会的成功举办，中国在国际奥林匹克运动中的地位和话语权大大增强。1991 年 4 月 11 日，由北京市提交的《主办 2000 年第 27 届奥林匹克运动会申请书》在中国奥委会全体会议上得到一致通过。经国务院批准，北京 2000 年奥运会申办委员会正式成立。国家体育运动委员会主任伍绍祖担任委员会执行主席，以"开放的中国盼奥运"为口号。1991 年 12 月，中国正式向国际奥委会递交了承办 2000 年奥运会的申请书，北京成为竞争申办奥运会的五个城市之一，中国由此进入了第一次申奥的征程。在申奥过程中，我国受到重重阻挠，经历了很多波折。1993 年 6 月，美国众议院外交关系委员会的人权小组委员会通过一个口头决议，假以人权之名反对在北京以及我国其他任何城市举办奥运会。9 月在摩纳哥的蒙特卡洛，陈述报告会那日下起了罕见的大雨，何振梁代表我国在会上进行了一段完美且动人的申奥陈述。经过层层投票淘汰，北京和悉尼进行最终角逐。在前三轮投票中，北京的票数均领先于悉尼，千千万万的中国人民同何振梁先生一样激动又不安地期盼着这个承载了无数人努力的圆梦时刻。国际奥委会主席在台上感谢了各个申奥城市后，最后宣布悉尼为 2000 年奥运会举办城市。北京以两票之差落选，没有赢得 2000 年奥运会的主办权。尽管失落和难过的情绪瞬间袭来，何振梁在现场依然微笑着祝贺澳大利亚代表取得举办权，而我国的努力和展现出的实力在这次申办奥运会中也得到了国际体育界的肯定和支持，奥林匹克的种子也由此开始在国人的心中扎根、生长。

经过几年的积累，1998 年北京申办 2008 年奥运会的序幕拉开。1999 年，申办委员会正式成立，以"新北京、新奥运"为申办口号，确定"绿色奥运、科技奥运、人文奥运"为 2008 年奥运会的主题。这时我国的相关设施、经济环境以及国际舆论都有了很大的改善，具备成功申奥的巨大优势。此次申奥，我们面临的是巴黎、多伦多、大阪、伊斯坦布尔这些强劲的对手。在压力中，所有筹备人员仔细斟酌每一个细节，以高昂的斗志夜以继日地进行申奥准备工作。2001 年，国际奥委会在莫斯科召开，我国以绝对的优势获得了 2008 年第 29 届奥运会的举办权。当国际奥委会主席萨马兰奇宣布这一消息时，笑容出现在嘴角。那时，会场内的我国代表相拥而泣，电视机前的中国人民欢呼雀跃，何振梁也在现场，心愿成真的他落下了热泪。

两次申奥，跨越十余年，凝聚了体育人的心血与汗水以及中华儿女自强不息、顽强拼搏的精神。从申办奥运会到成功举办奥运会，是我国改革开放成就的体现，更推动了我国经济发展和精神文明建设。中国人民在申奥中体现出来的不屈不挠、胜不骄败不馁的品格，进一步升华了中华民族的凝聚力和向心力。

三、无与伦比的奥运会

2008 年，中国成功举办了第 29 届夏季奥运会、第 13 届夏季残奥会，这场历史上规模最大的、无与伦比的奥运盛会在奥林匹克运动史上留下了光辉的一页，被萨马兰奇称为"历史上最好的一届奥运会"。

2001 年 12 月北京奥组委正式成立，在党中央的领导下，全国体育系统、各界人士团结一致，为办一届历史上最出色的奥运会进行积极的规划与筹备工作。在长达七年的筹办过程中，各行各业凝心聚力、攻坚克难，共同推动北京奥运会的战略规划、设施建设等工作。

奥运圣火传递活动是向全世界传播奥林匹克精神的窗口。2008 年北京奥运会火炬传递活动包括国内 31 个省、自治区和直辖市，以及境外 19 个国家的 19 个城市，在 130 天里走过 13.7 万公里的旅程，是奥林匹克运动史上火炬传递人数最多、范围最广、路线最长的一次圣火传递活动。在火炬走过的每一个城市，强烈的民族凝聚力和向心力都被点燃。北京奥运会共使用了 37 个比赛场馆，这些场馆分布在北京、青岛、香港、天津、上海、沈阳、秦皇岛等地，每一个场馆建设都充分考虑到技术保障、生态环境、人文理念、赛后利用等方面。随着奥运圣火传递活动的进行与竞赛场馆的逐渐落成，备受瞩目的北京奥运会拉开帷幕。

　　2008 年 8 月 8 日，北京奥运会在"鸟巢"（国家体育场）盛大开幕。有着两千多年历史的奥林匹克文明，与五千多年的中华文化在国家体育场交相辉映。来自世界各国的一百多位贵宾出席观看了开幕式，这是奥运会历史上开幕式出席人数最多的一届。同时，北京奥运会更是奥运史上规模最大的一届奥运会，有来自 204 个国家和地区的 16000 多名运动员参加比赛，共有 43 项世界纪录被打破。作为东道主，我国以科学的组织、一流的设施为世界各地体坛健儿服务，举办了一场高水平、有特色的奥运会，赢得了运动员和国际社会的高度肯定。这是中国运动员首次在自己家门口参加的奥运会，中国代表团精彩地完成了参赛任务，共获得 48 枚金牌、21 枚银牌、28 枚铜牌，创造了 10 项新的世界纪录，取得了我国参与奥运会以来的最佳成绩。

　　中国为世界奉献了一场无与伦比的奥运会，中国人追逐奥运梦的艰辛和波折在这一年也终成正果。2008 年北京奥运会的成功举办，鼓舞着广大人民群众，团结中华儿女在中国体育与各项事业的前进路上积聚力量、凝聚共识、共同奋进。这是中华民族伟大复兴征程中的盛世与里程碑，也是奥林匹克运动史上的光辉篇章。

第二节　竞技体育　彰显国力

　　竞技体育是指在全面发展身体，最大限度地挖掘和发挥人（个人或群体）在体力、心理、智力等方面的潜力的基础上，以攀登运动技术高峰和创造优异运动成绩为主要目的的一种运动活动过程。[①]竞技体育因其具有的公平规范、有序竞争、娱乐性与不确定性等特点备受世界人民青

---

① 全国体育学院教材委员会：《运动训练学》，人民体育出版社，1990，第 5 页。

眜。随着世界竞技体育训练水平的整体提升，想要在竞技体育中获得优异成绩常常需要优秀的团队、强大的经济、科技实力的有效支持。同时，一个国家或地区的竞技水平和竞技能力也成为彰显其实力的一个重要侧面。改革开放后的中国，以集中力量提高竞技体育成绩目标为指引，不断探索竞技体育的改革之路，并在诸多体育项目竞赛中实现了突破，在众多世界体育赛事中崭露头角，成功开拓出了一条高水平的竞技体育发展之路。

一、女排"五连冠"

1976 年中国女排重新组队，在主教练袁伟民的带领下，中国女排在 1984 年洛杉矶奥运会决赛中击败东道主美国女排，首次获得奥运会金牌。1986 年中国女排在世锦赛上夺冠，成功获得世界女子排球史上首个"五连冠"的骄人战绩，谱写了一段辉煌的历史，鼓舞着亿万国人积极投身改革开放的伟大事业。

20 世纪 50 年代中后期，苏联和东欧国家的女排队伍包揽了世界女排大赛的前五名。苏联女排历史悠久，是一支老牌世界劲旅，曾获得 8 次世界冠军。1962 年，日本女排在大松博文的带领下战胜了蝉联三届世界排球锦标赛冠军的苏联女排，成为世界排球史上第一支获得世界冠军的亚洲球队，并且创造了空前绝后的 118 场国际赛连胜纪录，震惊世界。1978 年，古巴女排以全胜的成绩获得世界排球锦标赛冠军。美国作为排球运动的发源地，在 20 世纪 70 年代末迅速崛起，1980 年美国女排打进莫斯科奥运会女排决赛。

此时的中国正需要一场胜利为在摸索中前进的中国人民指明方向，坚定人民的信心。当时的女排姑娘们怀揣着这份"为国争光"的志气与

决心，她们将这句话写在训练场上，付诸实践。中国女排的第一个训练
基地在福建漳州。由于经费不足，训练场馆是用竹子临时搭建起的一座
竹棚。场馆内用黄土、石灰和盐水混合铺成的地板，也经不住踩踏，经
常是凹凸不平。更别说南方多雨，每逢雨季，地面就变得泥泞不堪，防
护装备十分有限的女排姑娘们在上面滚过后，不仅身上会沾满污泥，更
是会留下血肉模糊的伤口，疼到她们难以入睡。但女排姑娘们并没有因
此放弃，她们坚定"为国争光"的信念，刻苦训练，顽强拼搏。在湖南
郴州训练基地的竹棚馆中，地面是破旧的木地板，虽然平整了许多，但
不免有许多毛刺。女排姑娘们训练时有许多翻滚、扑倒和摔跤的动作，
每次训练结束后，姑娘们的腿上、胳膊上都会扎着毛刺。闲暇之余，大
家还会忍痛互相"挑刺"。正是在这样的环境和条件下，女排姑娘们形成
了"要球不要命"的"竹棚精神"："无论训练场上还是比赛场上，一个
球哪怕你接不住，也要拼尽全力冲过去。"

尽管条件如此艰苦，中国女排的教练员和运动员还是以高标准、严
要求作为训练准则。发球、拦网等技术动作她们每天都要练习成百上千
次，即使比赛训练造成了伤病痛苦，姑娘们也从不叫苦不叫停。正是凭
着这份坚韧的毅力，她们练就了过硬的技术本领，形成了以快速多变为
主体、兼备高打强攻的独特风格。就是这样的一群姑娘，哪怕练得满身
擦伤也甘之如饴，把不可能都变成了可能。

当时的中国女排，无论是身高、体质还是训练条件都远远落后于欧
美国家队伍。1981 年 11 月 16 日，中国女排在大阪迎来第三届女排世界
杯的最后一个对手——东道主日本女排。中国女排前两局轻松获胜，根
据规则已经提前获得世界冠军。姑娘们难掩喜悦之情，精力分散，被日
本女排趁机连扳两局。主教练袁伟民在决胜局前严肃地对队员们说："我
们是中国人，你们代表的是中华民族。祖国人民在电视机前看着你们，

要你们拼，要你们搏，要你们全胜。这场球拿不下来你们会后悔一辈子！"女排队员们及时警醒，调整心态，最终以七战全胜的战绩斩获世界杯冠军，我国"大球"项目首次在世界体坛取得了最高荣誉，也开启了 20 世纪 80 年代中国女排"五连冠"的荣耀之路。

1982 年，中国女排远赴重洋参加在秘鲁举行的世界女排锦标赛。作为新科世界冠军，中国女排毫不意外地成了当时世界排坛万众瞩目的焦点，更担负着亿万国人的热爱和期望。成千上万的中国人守在电视机和收音机前，期待着女排姑娘们能够再夺一个世界冠军回来。但是谁也没有想到，在此次世锦赛的第一场预赛上，中国队就以 0∶3 的比分惨败美国队。比赛结束后，女排姑娘们被巨大的失利重挫，个个神情沮丧、泪水在眼眶里打转。面对此情此景，时任中国女排主教练的袁伟民知道，作为队伍的统帅，自己必须"骨头要硬起来，要顶住"。他沉静地用平和而坚定的语调说："大家把头抬起来，有泪往肚子里咽，不能哭。哭，不是中国人的形象。要赢得起，也要输得起，在哪里跌倒就在哪里爬起来。我们要笑着走出球场。"时隔多年，当袁伟民再次回忆起这一幕时，说道："话是这么说，可要知道在当时这种情况下，强行控制住自己的情感有多不容易，这滋味实在是很不好受啊。"

袁伟民和女排姑娘们之所以这么伤心，是因为这场比赛的失利将中国队逼到了绝境。它意味着如果中国队想进入决赛，就必须在复赛中的所有比赛中取得全胜，不能输掉任何一局。在如此被动的局面之下，袁伟民的当务之急就是如何让队员们尽快摆脱输球的阴影，重新树立信心。更为雪上加霜的是，世锦赛的赛程很紧凑，从复赛到决赛不过六天六夜的时间，这就意味着留给袁伟民和中国女排的时间只有六天六夜。在这么短的时间里能否冲破黑暗，夺得祖国和人民期待已久的第二块金牌，其艰难程度可想而知。面对如此巨大的压力，袁伟民暗暗地对自己说：

"决不能一输球自己就觉得矮三分。中国队还是中国队！眼前的失利，并不意味着已经完全失去夺冠的可能，只要还有一线希望，就要坚定不移地去做最好的争取！"

调整心态和战术后，中国女排以3战2胜1负积5分成绩排名小组第二，进入12强。但是，袁伟民深知，接下来的每一场比赛都是如履薄冰的硬仗，一脚踩不好，就有可能掉进冰窟窿。如何帮助队员尽快抹去失败的阴影，坚定夺取胜利的信心？如何既把严酷的形势给大家分析透，又使她们在下面的比赛中不背包袱、不紧张？如何在技战术上拿出最佳方案，保证场场打3∶0？一个又一个棘手的问题摆在了袁伟民的面前，亟待他去解决。后来，他回忆道："我们平时训练和比赛时很少在晚上失眠，可这六夜里好几个主力队员和教练都失眠了。睡不着我就干脆思考问题。一个一个队员剖析，一场一场比赛准备。晚上将方方面面的问题都想细了，白天尽力一一去解决。"除了思考问题、解决问题之外，他还必须当好"演员"，要显得乐观自信，以积极的情绪去鼓舞队员，丝毫不能让内心的苦涩、焦虑和不安流露出来。当时，美国队主教练塞林格曾在采访中立下豪言："美国队光荣的时刻是在预赛中打败了世界冠军中国队，金牌已经在望。"但袁伟民知道塞林格的话后笑着说："上一场球输给你，我认了。但是，说冠军就是你的了，我还不服哩。"中国队进入复赛后所面对的对手就是老牌世界强队——古巴队。在去往比赛场馆的路上，车上的气氛十分压抑，女排姑娘们个个默不作声，表面平静，内心却是波涛汹涌。忽然，一阵歌声打破了沉闷的空气，在场的所有人都将目光投向袁伟民。谁会想到，平时作风硬朗的袁指导会在这种情形下哼起歌。在车上，袁伟民强忍着劳累与晕车，与每个队员交流谈心，为姑娘们加油打气。在与周晓兰交流时，他说："晓兰，我不和你谈了，我想你知道我要跟你谈什么的。"刚说完，他就捂住嘴回到自己的座位。周晓兰看着辛苦的袁指导，坚定地点了点头。袁伟民的歌声不仅打破了令人郁闷的气氛，更使姑娘们的心态开始放松下来。袁伟民这种"万水千山只等闲"的气魄仿佛一颗定心丸，让姑娘们的心安稳了下来，头脑灵活、作风顽强的他犹如一剂强心针，给姑娘们带去了巨大的鼓舞和动力。

袁伟民的苦心努力终于收获了巨大的成果。在接下来的复赛中，姑娘们以 3∶0 的比分先后战胜了上届冠军古巴队、奥运会第四名匈牙利队、多次世界冠军得主苏联队和澳大利亚队进入半决赛。在与苏联队对战之前，袁伟民与郎平谈话，问她感觉怎样，郎平说："没说的，逼上梁山，拼了！"袁伟民说："谁都想拼，但怎么才能保证拼出来。你不要过多地考虑比分，这样会分散精力。我要求你一条，就是要丢掉比分的包袱，把全部精力集中在球上，可不能急于求成啊！"在半决赛中，中国队以 3∶0 战胜曾 6 次夺得世界冠军、7 次获得世界亚军的日本队，终于获得了决赛权。在决赛中，中国队又以 3∶0 战胜秘鲁队，夺得第九届世界女子排球锦标赛冠军，并取得了参加 1984 年奥运会排球比赛的资格。这是中国女排继 1981 年夺得世界杯女子排球赛冠军以来又一次获得世界冠军称号，也是她们辉煌"五连冠"征程上的第二座金奖杯。

万众拼搏奋进的时代，一枚金牌的意义，早已超出了体育的范畴。中国女排队员在赛场内外团结拼搏、永不言败的身影，让更多国人看到：我们中国人行！完全有能力达到甚至超过世界一流水平！女排夺冠再次敲响了"团结起来，振兴中华"的战鼓，激发起一代人滚烫的爱国热情，聚合起拥护改革、投身改革、建设国家的磅礴合力。比赛结束第二天，时任全国妇联名誉主席的邓颖超在《体育报》上发表了题为《各行各业都来学习女排精神》的文章。她在文中写道："各行各业的人民群众都要学习中国女排的精神，树立远大的志向，发扬脚踏实地、苦干实干的作风，把自己的工作做好，更快地将我们的社会主义事业推向前进。"①

为国争光——这是中国女排的初心和使命。对祖国发自内心的热爱，为国争光的自豪与幸福，激励着中国女排姑娘创造辉煌。

二、篮球"黄金时代"

改革开放新时期，我国篮球界严格训练、严肃管理，在继承传统风格打法、走自己的发展道路的基础上，倡导积极创新，强调"积极主动、勇猛顽强、快速灵活、全面准确"的训练指导思想和贯彻"三从一大"的科学训练原则，篮球运动很快得到了恢复与发展。中国女篮在 1983 年第 9 届世界女子篮球锦标赛上和 1984 年第 23 届奥运会上均获得了第三名；在 1992 年的第 25 届奥运会上获得亚军；在 1993 年的世界大学生运动会上获冠军；在 1994 年的第 12 届世界锦标赛上获亚军。中国女篮进入了世界强队行列，先后涌现出宋晓波、柳青、邱晨、郑海霞、丛学娣等在国际上具有较高声誉的著名运动员。中国男篮在连居亚洲榜首的基础上，于 1994 年第 12 届世界男子篮球锦标赛上获第八名，第一次进入世界前八名，表明我国篮球运动竞技水平正向世界最高水平冲击，跨入了百年发展的黄金时代，这也可以说是我国篮球运动史上的第二个高峰。

提起中国女篮的"黄金一代"，就绕不开其代表人物——女篮运动员郑海霞。作为中国女篮的主力队员，她出战过四届奥运会、四届世锦赛、四届亚运会和八届亚锦赛，帮助中国女篮创造了历史最好成绩，获得世锦赛亚军，奥运会亚军，不断刷新中国女篮的历史纪录。我国篮球专家称她为："中国女篮前所未有的最佳中锋。"外国记者称赞她为"中国的

---

① 苏杭：《苦练技战术　立志攀高峰》，《机关党建研究》2023 年第 8 期。

长城"。同时，她还是第一位赴美打职业联赛的中国女篮运动员。2021年，她入选了 FIBA 篮球名人堂，成为第一位获此殊荣的中国篮球运动员。而这一切荣耀的背后，是一位伟大女性心怀赤忱，为梦想而努力，为祖国而奉献的奋斗历程。

1967 年，郑海霞出生于河南省商丘市柘城县的一个农民家庭。年仅12 岁时，郑海霞就凭 1.72 米的身高成了班级里的"小巨人"、村民眼中的"怪闺女"。高大的身材既是村民眼中的异类，也是郑海霞的天赋所在，很快她便凭借身高优势入选了商丘业余体校。在体校时，郑海霞从不因自己是经济条件差的农村人而自卑，她相信凭借着自己的天赋与努力，一定能取得好成绩。经过持之以恒的训练与过人的天赋，郑海霞入选并成为武汉部队篮球队队员。在部队期间，郑海霞长得更快了。她的脚长超过了部队鞋码的最大范围，有段时间只能光着脚训练。部队的木工看着心疼，于是用淘汰的篮球皮钉在一块木板上，为她制成了一双木鞋，这双鞋郑海霞一穿就是许多年，陪伴她到了国家队。16 岁时，因表现突出，身高 2.06 米的郑海霞成功入选国家队。尽管年纪小、天赋高，但她没有因此骄傲自满，每天早上出早操，上午八点半训练，下午三点再和球队合练，一天三练。作为一名大中锋，郑海霞的训练量完全不输小个子球员。当时国家队的女篮教练杨伯庸为了训练郑海霞的手感、触感和反应，让她练习足球运动员扑球的动作，从不同角度将篮球踢向郑海霞，训练她倒地接困难球。除此之外，为了保证在赛场上的灵活性，郑海霞还要严格控制饮食。训练结束后，队友们偶尔会买个冰激凌解馋，郑海霞却咽着口水坚持不吃零食。功夫不负有心人，就这样练了将近半年的时间，郑海霞克服了体量大不够灵活的弱点，很快成长为身材高大而又敏捷的优秀中锋。她既可以在内线牵制，又可以打快攻，即使面对欧美球员也毫不逊色。1984 年的洛杉矶奥运会上，17 岁的郑海霞成为中国女篮的主力中锋，她身高体壮技术全面，是中国女篮史上第一个得分能力极强的高大中锋。郑海霞投篮命中率高达 59%，高居全队第一位。在洛杉矶奥运会上，郑海霞帮助中国女篮获得了本届奥运会第三名。在 1986 年的第 10 届篮球世锦赛，她场均得分为 18.1 分，投篮命中率为 58.1%，帮助中国女篮拿到了那届世锦赛的第五名。同年，在汉城亚运会上，她率领中国女篮夺得冠军，那一年她 19 岁。1992 年巴塞罗那奥运会，郑海霞的内线牵制使得中国队在外线打得风生水起，虽然中国女篮最终没能夺冠，但是获得了亚军也是中国篮球的最好战绩。"如果你能听到篮球击打地面的声音，那种声音就能让你的心跳更加强大；一定要相信自己，为梦想付出努力，也许有一天，你的努力足以改变自己的生活。"郑海霞一直这样告诉自己。

1997 年，郑海霞凭借良好的对抗技能与攻防节奏，以及 61.8% 的投篮命中率被洛杉矶火花队选中，进军美国职业女篮联赛 WNBA。当时郑海霞将近 30 岁，已经不属于年轻球员了，但她仍然决定加入 WNBA。她既是为了证明自己，更是带着一种责任感与使命感向世界宣告中国球员一样可以在美国联赛占据一席之地。虽然在美国打球的日子十分辛苦，但是郑海霞从未想过放弃，排除万难刻苦训练，最终她在 WNBA 中取得了很出色的成绩，向世界证明了自己。

1998 年，被伤病困扰的郑海霞正式退役，她坦然道："作为一个身材高大的运动员，拥有这么长时间的运动生命，为中国篮球在世界上取得这多好成绩，我觉得老天对我已经非常仁慈了。"退役后的郑海霞执教八一女子篮球队，继续为国家奉献光和热。从曾经的农村"大力士妞"到载入中国体育史册的体育运动员，郑海霞将自己的半生奉献给了党和国家的篮球体育事业。在篮坛征战多年，郑海霞始终保持着一份初心与热爱，她曾说："篮球是我的全部，是中国篮球成就了海霞。当五星红旗在世界赛场升起的时候，我很自豪，我很感恩这个时代。"时光荏苒，郑海霞对中国篮球事业所做出的贡献，绝不会因时间的冲刷而黯淡，我们永远会记住她。

三、射击"零"突破

进入改革开放新时期，我国射击运动快速发展，在跨入 20 世纪后迎来了辉煌阶段。1979 年，国际射联恢复中国射击协会的合法席位，在党中央对体育项目的布局调整中，射击项目被列为我国首批竞技体育 13 个重点发展项目之一。1980 年，全国射击教练员进行了为期时间最长、内容量最大、考核最严格的脱产培训，这次培训有效提升了我国射击教练员和训练理论专家的各项水平。20 世纪 80 年代到 90 年代，我国举行多次全国业余体校射击竞赛和全国青少年射击比赛，为在青少年群体中普及和开展射击运动创造了机会和平台，也为射击竞赛储备了人才。20 世纪 90 年代末，国家射击队与清华大学合办的高水平射击运动队成立，解决了射击运动员的教育保障问题，也极大地推动了射击运动在高校中的发展，大学生射击协会也相继成立。为推进射击运动市场化，我国陆续举办了各种射击竞赛，地方射击协会也积极组织开展多样的射击比赛，推动了射击运动在全国的普及和开展。自 1984 年许海峰获得我国奥运史上的首枚金牌后，我国射击运动员勇攀高峰，打破数十项次世界纪录。截至 2008 年北京奥运会，中国射击队在奥运征程中已获得 19 枚金牌。

翻开中国体育射击史，你一定不会错过一个人，那就是许海峰，前中国男子射击队运动员，中国奥运第一枚金牌获得者。许海峰是中国体育射击史上第一个集奥运会冠军、世锦赛冠军、亚运会冠军、亚锦赛冠军等多项荣誉于一身的运动员。1957 年，许海峰出生于福建省漳州市的一个军人家庭,小时候他父亲送给他的自制木枪成了他射击梦的开始。1979 年,许海峰参加了安徽巢湖地区的射击集训。集训后的许海峰便逐渐在安徽省射击比赛中崭露头角,在多次比赛中获得奖牌并打破多项省运动纪录。1982 年,许海峰凭借优异的成绩调入安徽省射击队,成了一名职业运动员。在 1983 年举行的第五届全运会射击比赛中,第一次走上全国赛场的许海峰,取得了自选手枪慢射和气手枪两块银牌的优异成绩,同年 11 月,他成功入选国家射击队。

为了备战 1984 年美国洛杉矶第 23 届奥林匹克运动会,中国射击运动员进行了三个月的集训。经过 5 场选拔赛,王义夫以 1 环的优势排在第一名,许海峰排名第二名,与第三名相差 6.5 环。然而,能代表国家参加奥运会的运动员名额只有两个,排名第一的王义夫可以确定下来,但资历尚浅,比赛经验不那么丰富的许海峰需要再一次证明自己。随之而来的洛杉矶奥运会热身赛就是个好机会,许海峰抓住这个机会夺得了比赛冠军,成功获得另一个为国出征的名额。

1984 年 7 月 29 日上午,许海峰身穿红色运动衣站在了奥运会男子手枪 60 发慢射项目比赛场上。随着比赛的激烈进行,王义夫和斯堪纳克尔的最终总成绩分别是 564 环和 565 环,这时许海峰还差最后五枪。最后一枪了,他站在 40 号靶位上,四次举枪,却都未射击。此时比赛时间已经过去了 2 小时 15 分,还剩下最后 15 分钟,所有的记者都围了过来,教练也在焦急地踱步。经过短暂休息,许海峰调整了一下状态,左手插兜,右手缓慢地举起枪,瞄准、扣动扳机。只听"砰"的一声,子弹正中靶心,10 环!他在最后一枪打出了 10 环!全场瞬间沸腾起来,在场的中国观众和华人华侨欢呼雀跃。这是具有决定性意义的一枪,它不仅带来了许海峰的第一枚奥运金牌,带来了洛杉矶奥运会会场上第一枚金牌,更是带来了中国奥运史上的第一枚金牌。它打破了中国奥运金牌史上"零"的突破，翻开了中国奥运之路的崭新篇章。颁奖仪式上，萨马兰奇赶到射击场亲自为他颁奖，并激动地说："今天是中国体育史上伟大的一天，我为能亲自把这块金牌授予中国运动员而感到荣幸！"①

在 1984 年美国洛杉矶第 23 届奥林匹克运动会中崭露头角的不仅有许海峰，还有在国内选拔赛中成绩第一的王义夫。不同于许海峰的一鸣惊人，韧性十足的王义夫是令人敬佩的奥运"六朝元老"。从 1984 年到 2004 年，王义夫连续参加了 6 届奥运会，是中国唯一一位参加了 6 届奥运会的运动员，也是迄今为止中国最年长的奥运金牌得主，被誉为"中国射击教父"。

在 1984 年的洛杉矶奥运会上，第一次参加奥运会的王义夫在 50 米手枪慢射项目上夺得铜牌。1992 年巴塞罗那奥运会，王义夫在男子 10 米气手枪项目中夺得人生中的第一枚奥运金牌。不过，随后的奥运之旅，王义夫的金牌之路并不平坦。

1992 年巴塞罗那奥运会后，王义夫患上了静脉血管萎缩、脑部供血严重不足等疾病。在训练场上，他经常会因此头晕、四肢酸痛。但即便病魔侵袭，他依旧没放下手中心爱的枪。1996 年出征亚特兰大奥运会前夕，王义夫病发。"当时乘坐的是美联航的飞机，美国机长一看我的情况，说你必须下飞机。后来我让翻译跟他讲，我要去参加奥运会不能下去，责任我自己担。"在王义夫的坚持下，机长表示，如果王义夫能当场站起身，就不会被请下飞机。于是，王义夫咬着牙，抓住前面座椅，在妻子的推力下成功起身并站了十几秒，这才得以顺利来到亚特兰大的奥运赛场。这场奥运之旅，从启程便伴随着艰辛与磨难。1996 年 7 月 20 日，在亚特兰大射击决赛场内，在最后一枪射出前，王义夫以 3.8 环的优势

---

① 扶满：《中国奥运的历史突破》，《解放军报》2018 年 6 月 20 日，第 9 版。

暂列第一。然而，王义夫却眼前一片漆黑，这是颈动脉供血不足带来的身体症状。他凭借着惊人的毅力与上万次训练换来的肌肉记忆，艰难完成了最后一击。王义夫把心爱的赛枪高高举起，之后轻轻地放下，然后就昏倒在地上。最终，他以 0.1 环的微弱劣势错过蝉联奥运金牌的机会。多年后，回忆起决赛的那一天，王义夫仍然记忆犹新："当时去赛场的时候，我是被别人抬上车的，但是再怎么样，我知道自己必须上。"

"那次奥运会结束以后，很多人都认为我因为年龄和伤病的原因可能该退役了。就我个人来讲，那时退役也比较合适，但我没有退。我并不是不想退，主要是退不下来，而且退下来心里也不安。从一个不懂事的顽皮少年，到一个成熟的世界冠军，祖国培养了我这么多年，在祖国还需要我的时候，我怎么能够安心退役呢？我必须继续打下去。"再严重的病痛也没法阻挡王义夫为祖国争光的步伐和决心。

在 2004 年雅典奥运会上，当中华人民共和国国歌再一次在异国赛场上奏响，44 岁的王义夫登上奥运会男子 10 米气手枪的最高领奖台。从 1992 年到 2004 年，王义夫足足等待了 12 年。当中华人民共和国国歌再一次在奥运会赛场奏响时，王义夫心潮澎湃，禁不住掩面而泣，他以自己的拼搏精神为我们上演了"王者归来"的圆满结局。

四、乒乓显身手

新时期，我国乒乓球运动在竞技体育、群众体育、职业化的协调、共同发展中不断进步，竞技乒乓球运动水平不断提高，大众乒乓球运动重新走进大众视野。同时，我国乒乓球竞赛市场化运作在这一时期也进行了大胆的尝试和探索。

我国乒乓球队创新打法技术，提出了包括意志、技术、身体在内的

"三大训练任务"。在20世纪80年代的五届世界乒乓球锦标赛中，我国获得了绝大多数金牌，运动员的技战术能力不断提升。运动员们结合自身特点，通过训练形成了独特鲜明的打法特点。20世纪90年代，面对世界乒联为制约我国乒乓球优势而开展的大规模规则修改，国家乒乓球队在第41届世乒赛后及时进行经验总结，通过开展思想教育，提高运动员的心理素质、增强运动员的拼搏精神，同时做出正确的战略部署，在战术提升方面下功夫。在第43届世乒赛上，我国斩获7项世界冠军，重新回到高峰。第44届世乒赛，在取得优异比赛成绩的同时，球队成功进行了新老队员的交替。在第45届世乒赛上，刘国梁夺得男子单打冠军，成为我国第一个男子"大满贯"得主。进入21世纪后，我国乒乓球队持续包揽各大比赛的金牌榜，保持着明显的竞技水平优势，屹立于世界乒坛之巅。

我国乒乓球在竞技比赛中取得了优异成绩，为祖国赢得了荣誉，也使得人民群众对乒乓球的关注度和参与度不断提高，逐渐成为深受群众欢迎和喜爱的体育运动。中国队连创佳绩，将乒乓球运动一次次带入更高的境界，但也不可避免地让球迷产生了"审美疲劳"。面对人们的"审美疲劳"，2004年湖南卫视创办的乒乓球大赛节目——《国球大典》取得了巨大成功，密切了竞技乒乓球与大众乒乓球之间的联系。20世纪90年代，为适应我国市场经济发展浪潮，体育职业化发展成为必然趋势，乒乓球俱乐部赛在这一时期开始起步。同时，如何走出一条具有中国特色的乒乓球职业化发展道路也在持续探索。

中国男乒在历经低谷后，又重新回到了世界乒坛的巅峰。1992年，在四川成都举行的乒乓球大奖赛中，初出茅庐的小将刘国梁以摧枯拉朽之势击败了风头正盛的瓦尔德内尔、金泽洙等世界名将，直板快攻这一中国乒乓球的传统打法回到世界乒坛的舞台。

随着欧洲男乒逐渐崛起，中国乒乓球队遭遇了困境。1988年汉城奥运会之际，尽管已经预见到此次比赛的艰难，但三名选手未进入四强的境况仍然出乎意料。自此，中国男乒开始逐渐走下坡路。1989年多特蒙德世乒赛上，中国乒乓球队男单、男双全部无缘决赛，男团决赛连败五局，被瑞典队剃光头横扫，而混双也未夺取金牌，中国男乒队遭遇了滑铁卢。1991年在日本千叶举办的第41届世乒赛上，球迷们期望中国男乒在此打一个翻身仗。然而事与愿违，中国男乒跌入了谷底。在男团八进四的比赛中，中国队输给了并不能算得上强敌且将会遭遇解散的捷克斯洛伐克队，之后又以0∶3输给韩国队，取得第七名，没有进入半决赛。此次失利后，乒乓球作为中国的"国球"，如何重返世界顶峰成为摆在中国人面前必须思考的难题。这时刘国梁的出现和他所赢得的佳绩无疑给正处于低谷期的中国乒乓球队打了一剂强心针。

1996年亚特兰大奥运会上，中国男乒向单打冠军发起冲击，在胜利会师中，刘国梁遇到自己在球场上的师兄王涛。人们戏称王涛是在10次比赛中可以击败刘国梁11次的"克星"，然而，经过五场激烈对决，最终刘国梁笑到了最后，以3∶2赢得了胜利，成为中国首位乒乓球奥运会男单冠军。1999年，在荷兰埃因霍温举办的第45届世乒赛上，刘国梁一路过关斩将，与马琳在男单决赛中进行了一场传奇对传奇的对决。此时两人都是乒坛的顶级运动员，常常一个球就要打很多个回合，这代表着两人的对战会非常焦灼，是公认的鏖战。刘国梁苦战五局，在最后时刻扭转逆境，以24∶22险胜马琳，夺得男单冠军，为观众和球迷呈现了一场载入史册的世纪大战。刘国梁仅用四年的时间就实现了"大满贯"，成为中国首位乒乓球"大满贯"获得者。这本是他最自豪的时刻，却在赛后被告知自己的兴奋剂检测结果异常。此后的半年，刘国梁备受折磨。他要随时接受国际乒联的突检，承担着巨大的心理压力。在状态极差的情况下，他接连在两场比赛中输给瓦尔德内尔。最后，国际乒联调查结果表示表睾酮超标是自身分泌的结果，刘国梁最终证明了自己的清白。为了彻底甩掉这段阴暗时日，刘国梁决心从头开始。在随后的巴西世界乒乓球公开赛上，刘国梁一举赢得男单和男双两个冠军，酣畅淋漓中宣泄了自己对不公遭遇的情绪。这就是百折不挠，在逆境中勇往直前的刘国梁。

2002 年刘国梁做出退役的决定，2003 年正式退役。退役后，刘国梁担任中国乒乓球男队主教练。在 14 年的执教生涯中，刘国梁培养出 9 个奥运冠军、29 个世界锦标赛冠军和 25 个世界杯冠军。中国乒乓球队的光辉与刘国梁分不开，他用自己的青春、智慧和汗水推动了中国乒乓球运动的发展，是无可争议的中国乒乓球的统帅与代表。

五、女足露头角

中国女子足球从 20 世纪 70 年代末开始出现，到 80 年代中期达到高潮，初步建立了从"业余—半专业—专业"的三级梯次训练体系，并在训练实践中摸索出了一套系统、实用、有效的训练指导思想和方法，基本形成了中国女子足球特有的技战术风格。借助于我国体育举国体制优势，依托于专业化竞训形式，通过全体女足工作者长期艰苦不懈的努力，中国女足从 1986 年到 2001 年一直雄踞亚洲女足盟主地位。在 1991 年、1995 年和 1999 年的女足世界杯上，中国女足分获第五、第四名和亚军，并在 1996 年奥运会上获得银牌，成为 20 世纪世界女子足坛具有强大国际竞争力的一支球队。从 1986 年到 2002 年，中国女子足球队共获得亚洲锦标赛冠军 7 次、亚运会冠军 3 次、奥运会和世界杯亚军各 1 次。

2007 年 9 月 20 日，天津"水滴"体育场上女足世界杯八分之一决赛正在如火如荼地进行。中国女足的姑娘们奋力拼搏，在赢下两球后顺利出线。当全体队员向看台的观众鞠躬致谢时，"风雨彩虹，铿锵玫瑰……"的歌声在球场响起，全场 6 万名球迷挥舞着手中的五星红旗，不约而同地齐声合唱，久久不愿离场。球迷们以这样的方式赞美这群热忱努力、平凡又伟大的女足姑娘们，为她们加油和庆祝。

20 世纪 90 年代是中国女足的黄金时期，女足姑娘们在世界赛事中崭露头角，在奥运会和世界杯上冲击冠军的势头正猛。1996 年的亚特兰奥运会上，中国女足为世界观众呈现了一场接一场精彩比赛。在与巴西队对战的半决赛中，中国女足上演了令人印象深刻的逆转。在半决赛中，中国队与巴西队对阵。然而，要想取得这场比赛的胜利并不容易。回顾两队交战的历史，尽管中国女足占优势地位，但巴西女足同男足的风格相似，她们更擅长进攻、脚法细腻、善于短传渗透，是一支不容轻视的劲敌。比赛开始不到五分钟时，中国队以 1∶0 暂时领先。随后，巴西队开始发动猛烈的进攻，同时尽力加强防守力度，14 号球员塔尼肯由于连续犯规被罚下场后，中国队继续保持领先一人一球的优势。上半场中，中国队尽管形势有利且得到了几个好机会，但没有再次进球，以领先一球的优势进入下半场。

下半场的形势却突变，中国队的主力后卫温丽蓉因为防守犯规被罚下。这时两方场上人数持平，巴西队士气大增。比赛进行到第 21 分钟时，巴西队趁中国队解围失误攻进一球，追平场上比分，5 分钟后中国队员水庆霞因受伤下场，此时巴西队发起进攻。在我方措手不及的情况下，巴西队连进两球实现比分反超。面对从领先到落后的不利形势，中国队承受着可能会被淘汰的压力。在比赛进行到 83 分钟时，替补出场的韦海英攻入一球，给了中国球迷们一个惊喜。在随后的 10 分钟中，她两次接到队长孙庆梅的传球，冷静面对门将起脚劲攻破门，用珍贵的进球

助力中国队实现逆转闯进决赛。中国女足提前三年完成了原本制定的在
1999 年冲入世界前三的目标，这一经典大战被永远载入了中国足球的史
册。尽管在最后的决赛中，中国女足以 1∶2 的比分遗憾输给美国队，摘
得银牌，但中国女足通过这次奥运会进入了"黄金一代"的辉煌时期，
走上世界舞台。

1999 年 7 月 10 日，对于许多中国球迷来说都是记忆深刻的一天。原
本不被看好的中国女足一路披荆斩棘闯进世界杯的决赛，同东道主美国
队进行交锋。在长达 120 分钟的苦战中双方都未能进球，最终只能在点
球大战中决出胜负。然而，中国队以 4∶5 惜败美国队，与冠军奖杯失之
交臂。赛后女足姑娘们流下了伤心、遗憾和不甘的泪水，成为中国女足
历史上永远铭记的时刻。尽管女足最终未能夺冠，但祖国和人民都充分
肯定了她们在决赛夜的精彩表现，热情欢迎队员们凯旋。

7 月 11 日，党中央、国务院以及社会各界都向中国女足表示热烈
的祝贺和亲切的慰问。国家体育总局表示，中国女足在举世瞩目的第三
届世界杯女足赛上不畏强敌、勇敢拼搏，越过重重困难圆满完成比赛夺
得亚军，为我们祖国赢得了荣誉，实现了我国足球发展史新的突破。全
国妇联发来贺电，充分赞扬了女足所有队员、教练员和工作人员的辛
勤工作和刻苦努力，为了足球事业的腾飞投入一代又一代人的宝贵青
春，不计辛苦、不计名利，以汗水和泪水为祖国和人民争得了无上荣誉。
7 月 13 日，在北京举办的中国女足凯旋的庆功会上，国家领导人和中共
中央政治局常委在人民大会堂亲切会见了这支"铿锵玫瑰"队伍。在会
上，江泽民同志代表党中央和国务院对女足队员们表达了衷心的祝贺与
慰问。他讲到，在这次比赛中，大家在全国人民的关注下不负众望，在
赛场上展现了中华儿女自信自强的民族气概和团结奋进的集体主义精神，

在不断进取和艰苦付出中赛出了风格和水平，是祖国和人民的骄傲。^① 会上，中国女足获得了国家体育总局授予的"体育运动荣誉奖章"，团中央授予的"新长征突击队标兵"称号等，勉励她们再接再厉，争取更大的荣光。

在铿锵前进的征程中，女足姑娘们披荆斩棘、战果丰硕，亿万中国人民在女足精神的激励下备受鼓舞、倍感振奋。

六、田径见风采

1976 年，文化大革命结束，各项工作开始拨乱反正。在体育工作中，首先恢复了竞赛规章制度和裁判员、教练员、运动员的等级制度，其次制订了以田径内容为主的《国家体育锻炼标准》，逐步扩大"田径传统学校""田径之乡"的数量，建立和健全了训练衔接体系，并通过各级竞赛活动，有力地推动了田径运动的迅速恢复和发展。1978 年 6 月 10—14 日在保定举行的全国田径运动会上，有 10 人打破了 7 项全国纪录；1978 年 12 月 9—20 日，第 8 届亚洲运动会在泰国曼谷举行，中国田径健儿夺得 12 枚金牌、9 枚银牌、13 枚铜牌，并有 10 人打破 7 项亚运会纪录；在 1979 年举行的第 4 届全运会上，有 51 人打破 16 项全国纪录。20 世纪 80 年代，中国田径运动员冲出亚洲，走向世界，逐渐在世界级比赛中取得优异成绩。20 世纪 90 年代，中国田径在 1990 年第 11 届亚运会、1992 年巴塞罗那奥运会、1996 年亚特兰大奥运会上均取得优异成绩，创造了 90 年代中国田径的三大辉煌，成为亚洲田径霸主。21 世纪初，中国田径被称为"刘翔时代"。在 110 米栏项目上，刘翔独占据鳌头。2003

---

① 薛剑英、杨振武：《江泽民等中央领导亲切会见中国女足》，《人民日报》1999 年 7 月 14 日，第 1 版。

年刘翔在世锦赛上获得铜牌，2004 年他在奥运会上以追平世界纪录并创奥运会纪录的成绩勇夺金牌。刘翔成为中国运动员在奥运会田径赛场上第一个获得奥运会金牌的男子选手，同时也是第一个在径赛直道项目上获得奥运金牌的亚洲选手。2005 年刘翔获得世锦赛银牌，又在上海田径黄金大奖赛上以 13.05 秒的成绩力克美国名将阿兰·约翰逊。2007 年刘翔又获得世锦赛金牌。

刘翔从 7 岁起便与田径结缘，最初以训练跳高和短跑为主。在 1996年参加的 100 米短跑比赛中，他凭借出色的表现吸引到田径教练方水泉的注意，回到体校后开始训练跨栏项目。由于年龄小，刘翔在体校的生活并不顺利，经常会被年龄大一点的学生欺负，所以刘翔逃回家中不愿再去体校。孙海平教练出差回来后，发现刘翔不在体校时，十分诧异。在了解原因之后，孙海平反复上门与刘翔沟通，最后重新带他回到体校训练。在孙海平教练的指导下，刘翔在跨栏训练中提高很多，在多次比赛中获得了优异成绩。1999 年，刘翔加入国家队。2000 年 10 月，在世界青年锦标赛 110 米栏的比赛中，刘翔以 13 秒 87 的成绩获得第四名，在随后 11 月法国里昂举行的室内锦标赛中，刘翔获得第三名。2001 年，在全国田径锦标赛上，刘翔跑出 13 秒 32 的成绩，获得职业生涯的第一个 110 米栏的冠军。这一年里，刘翔又相继夺得了世界大学生运动会和第九届全运会的 110 米栏冠军。

刘翔开始逐渐采用以赛代练的方式，在后来的几年中接连参加国际比赛，通过同国外选手的较量，不断提升自己的技术水平。刘翔在国际赛场初露锋芒并获得跨栏界的认可。在 2002 年瑞士国际田联大奖赛上，刘翔打破了亚洲 110 米栏的纪录，同时他刷新了保持 14 年之久的世界青年纪录，2003 年他打破了亚洲室内锦标赛 60 米栏纪录。

2004 年雅典奥运会，距离男子 110 米栏的比赛开始还有 10 分钟时，赛场上的刘翔正静静地坐在起跑线前，面对着一排排的栏架，也面对着110 米外的终点线。预备口号响起，全场顿时安静，刘翔做好预备姿势。枪声响起，他像闪电一般冲出。最终，他以绝对领先的优势呐喊着冲过终点线，全场响起震耳欲聋的欢呼声！刘翔以 12 秒 91 的成绩获得第一名，追平了由英国选手保持了 11 年之久的世界纪录，成为第一个在田径直道上夺冠的亚洲人和第一个在男子田径项目上夺冠的中国人，是中国乃至整个亚洲的骄傲！可贵的是，刘翔并没有在获得巨大荣誉后停止前进的步伐。2006 年 7 月，在瑞士洛桑田径超级大奖赛中，刘翔以 12 秒88 打破了男子 110 米栏保持了 13 年的世界纪录。同年 9 月，在德国斯图加特举行的国际田联田径大奖赛上，刘翔打破赛会纪录。2007 年 8 月，刘翔夺得第 11 届世界田径锦标赛男子 110 米栏的冠军。自此，刘翔成为包揽奥运会冠军、世锦赛冠军和世界纪录保持者的大满贯得主。

2008 年，刘翔接连在西班牙和日本举行的国际大赛上摘得金牌。2008 年 8 月 18 日北京奥运会男子 110 米栏预赛上，刘翔因为右脚跟腱伤复发中途退出了比赛，开始进行治疗康复。2009 年 1 月，刘翔被授予体育荣誉奖章。经过 13 个月的休整后，刘翔在上海黄金大奖赛上回归赛道，以亚军的战果顺利复出。在随后的第 11 届全运会上，刘翔在全场瞩目中夺冠，实现了全运会三连冠。接下来，刘翔相继参加了多次国际大赛，尽管脚伤不稳定，但他依然取得了优异的成绩。2012 年 6 月，刘翔在时隔五年后重新回到世界男子 110 米栏的榜首。

然而，在两个月后的伦敦奥运会上，不幸再次上演。在男子 110 米栏预赛赛场，当刘翔冲出起跑线跨向第一栏时，他摔倒在地，意识到这可能是自己最后一次踏上奥运会的赛场，他拖着跟腱断裂的右脚一步步跳向最后一个跨栏，在沉重的压力与突然的打击中，刘翔告别了赛道。比赛后，党中央、国务院向刘翔表达了关心、慰问和肯定，充分称赞了他的竞技精神，并嘱托代表团尽力为刘翔提供最好的治疗。2015 年 4 月，与跟腱伤斗争长达七年之久的刘翔发布了正式退役的消息。在 12 年的职业生涯里，刘翔参加了 48 次国际大赛，获得 36 次冠军，拿下 45 枚奖牌。刘翔的退役也意味着属于他的田径辉煌时代的落幕。

虽然刘翔离开跑道并渐渐淡出公众的视野，但赛道上的激情与艰辛从未退散。刘翔的田径成就和辉煌激励着年轻选手们为我国的田径事业奔跑。我国田径运动员的整体成绩逐渐提高，谢震业在 2018 年跑出 9 秒 97 的成绩，创造了新的全国纪录，苏炳添屡创纪录成为亚洲之光。刘翔在田径运动上的成就吸引了越来越多的人了解田径、热爱田径。刘翔打破了世界对亚洲人的轻视，他为增强中华民族的自信心和自豪感发挥了关键影响力。刘翔是中国飞人，更是中国人的英雄和骄傲，无论是在跑道上挥洒的汗水，还是创造的辉煌成就都为中国的田径事业打下了坚实的基础。

七、冰雪夺金牌

冰雪运动在新时期迎来了新的发展契机，获得了长足的发展。20 世纪 80 年代末，国家体委提出了"北冰南展，北雪南移"的发展战略，推动我国冰雪运动往南扩进。1980 年第 13 届冬奥会，我国冰雪健儿首次走出国门，开启了奥运征程。1983 年，我国第一个室内冰场——首都体育馆滑冰馆正式投入使用，推动了冰雪运动大众化的发展。1996 年，第 3 届亚冬会在哈尔滨成功举办，冰雪运动逐渐走进大众视野，成为一种时尚运动。新时期，一系列支持冰雪运动发展的政策逐步出台，我国冰雪运动员竞技水平不断提高，冰雪运动大众化开始起步，冰雪运动事业获得稳步发展。

　　2002年2月16日在美国盐湖城，中国人实现了冬奥夺金的梦想。在这个极不平凡的日子里，中国短道速滑运动员杨扬获得了这枚金牌。她手握奖牌，热泪盈眶，不断重复着："我是杨扬，我不是别人，我要滑出自己来。"

　　当杨杨在500米短道速滑比赛首位冲线后，与夺得第三名的队友王春露相拥而泣。在第16届冬奥会上，中国速滑名将叶乔波首次获得亚军。叶乔波在此后的比赛中，多次获得银牌和铜牌，却始终与金牌失之交臂。在第17届冬奥会上，张艳梅获得短道速滑银牌、陈露获得花滑铜牌。在日本长野冬奥会上，中国队总共收获6枚银牌和2枚铜牌。中国人想要实现在冬奥会夺金的重任落在杨扬的肩头。在备战期间，陪同杨扬练习的4名男队员都跟不上她的节奏，杨杨以极佳的状态夺取了冠军，实现了中国冬奥金牌"零"的突破。

　　杨扬最拿手的项目本是1500米速滑，在盐湖城冬奥运会中，无论是队友、教练还是全中国人民都期待她在这个项目上夺冠。然而，让人意料之外的是，杨扬在决赛中不仅没有夺金，甚至连奖牌榜都未能闯入，仅仅获得第四名。杨扬在赛后总结反思时讲到，比赛前韩国队教练让我们给他们留些面子，这让她自己心里有些得意，加上对金牌的迫切渴望，在比赛中整个人处于真空的状态，出现了大失误。但杨扬并没哭，也没有气馁，立即调整自己的状态去迎接两日后的500米决赛。决赛前夜，时任国家体育总局局长袁伟民召集了速滑队的四个女孩，让其他三位队员对杨扬的这次失误进行分析和评价，令杨扬意外的是，三位队友都没有抱怨和责怪她丢金，而是从她们自己身上分析原因，比如孙丹认为她不应该在赛前跟杨扬说"一定拿下来1500的金牌，这样我们3000就可以轻装上阵了"，杨阳也自责没有给予她鼓励。这个时候，杨扬终于落泪了。

队员的关怀和鼓励使杨扬获得了重新出发的信心和动力。袁伟民开导杨扬，只要她把自己内心中的"小鬼"捉出来，就一定会找回自己。这个"小鬼"正是她对金牌的渴望与迫切、对比赛过程的忽视和对对手的轻视。在第二日500米的决赛中，杨扬极力将自己调整到最佳状态。比赛的枪声一响，杨扬就占据了最前方的位置，并且始终保持领先的优势，直到第一个冲过终点线。盐湖城冬奥会之后，杨扬又在世界短道速滑锦标赛中获得了500米的冠军。在随后的都灵冬奥会上，杨杨获得了1000米的铜牌。2006年，杨扬作为获得世界冠军最多的中国运动员，以满载59个世界冠军的光荣成绩在北京正式退役。

盐湖城冬奥会过去20年后，中国迎来了在家门口举办的首届冬奥会。2015年7月吉隆坡申办陈述交流会时，杨扬已有六个月身孕，但作为国际奥委会委员的她代表中国从容参会，为北京申奥做最后演讲。当国际奥委会主席巴赫宣读由北京举办第24届冬奥会的决定时，杨扬终于落下了眼泪，这眼泪中蕴藏了申奥的压力，更饱含着祖国的荣誉感。杨扬是国际滑联速滑第一理事，也是中国第一位以运动员身份当选国际奥委会委员的人，她忙碌在北京冬奥会的筹办中，同时又进行短道速滑的宣传普及。在上海，由杨扬创办的短道速滑俱乐部，包括花样滑冰、短道速滑等项目在内，有超过1000个长期进行训练的青少年，越来越多的青少年参与冰上运动。杨扬在各个方面为中国冰雪运动做出贡献，在很大程度上推动了我国冰雪运动的发展。

八、跳水迎"双百"

2012年8月9日，在伦敦奥运会女子10米跳台决赛的赛场上，中国选手陈若琳从第一跳起就以近乎完美的空中动作与入水姿势牢牢掌握领先地位，并最终以 422.30 分的绝对优势夺金。

值得一提的是，这块金牌是中国奥运代表团的第 200 块金牌。陈若琳在夺冠后拥抱了自己的教练，久经赛场考验的她非常淡定，并没有因为是奥运会赛场而紧张，她只是以跳好每一跳的心态面对比赛。因此，在比赛过程中，陈若琳动作节奏稳定，零失误夺金。

1992 年，陈若琳出生于江苏南通，小时候因为体弱而被送去业余体校学习游泳。小陈若琳四肢修长，性格乖巧，又有着坚强的毅力，很受跳水教练高峰赏识，高峰教练有意培养她学习跳水。陈若琳常常自己加练体能，跳水成绩突飞猛进，不久后就成为江苏少儿体校的短期代培生。小小年纪的她训练十分刻苦，积极参加比赛，仅仅一年时间就成为江苏少儿体校的正式队员。2003 年，年仅 11 岁的陈若琳在全国少儿跳水大赛中拿到了三块金牌，后来她又跟比自己年龄大的选手同台竞技，并且表现毫不逊色。一年以后，陈若琳在全国跳水锦标赛的出色表现引起了中国跳水队掌门人周继红的关注，从而正式入选了国家队。陈若琳年仅 14 岁就在各国际大赛中征战，并且表现不俗。20 岁时她就实现了女子跳台"大满贯"，是中国跳水队获得奥运金牌最多的选手之一。一直到 2016 年退役，她的整个运动员生涯都闪着金牌的光辉。退役以后，陈若琳没有止步于运动员的身份，而是在中国人民大学继续完成学业。

在陈若琳的运动生涯中，最高光的时刻就是为中国拿到第 200 块奥运金牌。第 200 块金牌是中国奥运史上一个重大的里程碑事件。继 1984 年洛杉矶奥运会上许海峰的首金与 2004 年雅典奥运会张怡宁的百金之后，陈若琳在伦敦奥运的成功卫冕见证了中国竞技体育的跨越式发展。陈若琳的奥运第二百金也为中国跳水梦之队带来了更大的光彩。中国跳水梦之队完成的既是奥运梦也是中国梦，中国竞技体育历经多年发展，五环升起的地方凝结了太多的梦。在这个代表更高、更快和更强的竞技场内，有人梦圆，有人梦碎。但所有人都为之奋斗过，执着过，哭过，笑过……这就是奥林匹克的魅力，每个人都在为之坚守。

如今，中国跳水梦之队几乎横扫各大国际跳水赛事的奖项，是中国体育王牌中的王牌，其中像陈若琳这样优秀的运动员还有很多。作为一支队伍，他们都有着共同的特点，那就是爱国爱民、心怀梦想、勇于拼搏、脚踏实地。吴敏霞曾说："能成为国家队的一员站在奥运舞台上，我就感到很幸运，只要看到五星红旗升起，我就高兴。"

九、"神枪手"的绽放

2008 年 8 月 9 日上午，北京奥运会女子 10 米气步枪决赛的争夺异常激烈。

第一枪，杜丽出师不利，仅打出 9.8 环，卡特琳娜·埃蒙斯与加尔金娜分别打出 10.6 环和 10.7 环。杜丽的夺金形势极为不利。

第二枪，杜丽只打出 10 环，卡特琳娜·埃蒙斯表现神勇命中 10.7 环，加尔金娜则为 10.3 环。卡特琳娜·埃蒙斯、佩契奇和加尔金娜分列前三。

第三枪，杜丽发挥正常，打出 10.1 环，卡特琳娜·埃蒙斯和加尔金娜均出现失误，分别命中 9.7 环和 9.5 环，佩契奇 10.6 环紧追卡特琳娜·埃蒙斯。

第四枪，杜丽表现逐渐提升，打出 10.4 环，不过卡特琳娜·埃蒙斯更是打出惊人的 10.9 环，佩契奇和加尔金娜分别为 10 环和 10.2 环，杜丽依旧排名总成绩第四。

第五枪，杜丽只打出 10.1 环，卡特琳娜·埃蒙斯 10.2 环，佩契奇和加尔金娜各自打出 10.5 环和 10.1 环，前四名的排名没有任何变化。

第六枪，杜丽依旧没有起色，10 环的成绩显然不能令人满意，卡特琳娜·埃蒙斯 10.4 环继续扩大领先优势。加尔金娜打出 10.7 环巩固第三的位置，杜丽依旧位列第四。

第七枪，杜丽的表现更加低迷，仅仅打出 9.7 环，卡特琳娜·埃蒙斯 10.6 环坐稳第一的位置，佩契奇和加尔金娜均为 10.3 环，继续排名第二和第三。

第八枪，杜丽打出 10 环，卡特琳娜·埃蒙斯 10.3 环的优势依旧，佩契奇和加尔金娜分别为 10.6 环和 9.7 环。

第九枪，杜丽打出 10.4 环，冲击奖牌无望甚至落到第五。卡特琳娜·埃蒙斯 10.2 环，佩契奇 10.7 环，两人排名前两位。

最后一枪，杜丽打出 10.1 环，卡特琳娜·埃蒙斯 9.9 环锁定冠军，佩契奇 10 环加尔金娜为 10.1 环。杜丽以总成绩 499.6 环排名第五，卡特琳娜·埃蒙斯以 503.5 环的总成绩夺冠，加尔金娜和佩契奇分别以 502.1 环和 500.9 环分别获得银牌和铜牌。金牌被捷克名将埃蒙斯夺得，并一举打破杜丽在雅典奥运会上的纪录，奥运首金被他国收入囊中。

比赛结束，杜丽第一时间接受了央视记者的采访，她说："资格赛成绩打得比较好，还是挺满意的。决赛可能还是感觉主场的压力比较大，始终不能安静下来。"采访结束后，杜丽没有接受混合采访区记者的采访，直接回到休息室。首金！那万众瞩目的首金压垮了爱笑的杜丽，决赛上功败垂成的她哭得一塌糊涂。后来她说："8 月 9 日，对我来说非常遗憾，不是因为我没拿到金牌，而是感觉对不住大家，因为有那么多人一直关注着我，对我充满了期待，可是我让大家失望了。"

首金失利，杜丽十分难过和自责。然而来自各界的并不是指责和谩骂，而是支持和鼓励。许多网友还有媒体在网上留言给她加油，一位志愿者给杜丽递来一张卡片，鼓励她坚持下去。庞伟在她身边鼓励她说："丽姐，加油。"杜丽说："是队友、是志愿者真诚的鼓励让我把压力扛了过去，造就了四天后的 50 米步枪三姿金牌。"

8 月 14 日，北京奥运会女子 50 米步枪三种姿势（简称"三姿"）决赛在北京射击馆举行。"三姿"分别是卧射、立射、跪射。杜丽在夺首金失利后重整旗鼓，再次出征。在"三姿"中，杜丽的卧射成绩一般，立射成绩比较稳定，跪射打出了 199 环的全场最好成绩。综合来看，这个成绩追平了奥运会纪录。下午，参赛运动员将立射 10 枪定胜负，赛场气氛比较紧张。在 10 枪的角逐中，杜丽与捷克选手卡特琳娜·埃蒙斯、古巴选手埃利斯·克鲁斯的排名相互交替，比赛十分胶着。在最后几枪中，杜丽顶住了压力，发挥稳定，保持住了自身的优势，最终以 690.3 环的总成绩摘得桂冠，为中国代表团赢得了北京奥运会上的第 19 块金牌。

2004 年 8 月 14 日，杜丽在雅典为中国拿下首金并打破奥运会纪录；2008 年 8 月 14 日，杜丽在北京为中国拿下第 19 块金牌并打破奥运纪录。

杜丽说："4 天的时间真的很难熬，我非常地感谢大家，观众、志愿者，还有我的家人。很多观众都送我卡片鼓励我，给我喊加油，我真的非常感动，让我无法放弃这个项目。我觉得自己必须坚持住。"

在"三姿"决赛中，杜丽以惊人的意志，写出了完美的结局。这个山东女孩从气步枪的奥运金牌到步枪"三姿"的"金镶玉"，完成了又一个历史性的突破，她用顽强的意志诠释了自强不息、挑战自我的奥林匹克精神，哪怕身处绝境，也绝不放弃一丝希望。

第三节　体育政策制度完善

随着体育改革的不断深化，新挑战、新要求促使我国体育法治建设与制度建设提上日程。《中华人民共和国体育法》《全民健身计划纲要》

相继出台并实施，为我国体育改革发展提供了坚实的政策保障，推动我国体育事业规范化、科学化、制度化。

一、中国体育有了硬标杆

20 世纪 80 年代初，在全社会倡导民主、法治的大背景下，为契合体育改革发展需要，加强体育法制建设成为体育界关注的问题。于是，制定第一部《体育法》的想法开始酝酿。1995 年 8 月 29 日，第八届全国人大常委会第十五次会议上，全票通过了新中国成立以来首部体育基本法——《中华人民共和国体育法》（以下简称《体育法》）。《体育法》作为全国人大常委会会议上第一部全票表决通过的法律，填补了我国法律体系的空白，反映了体育事业发展所需和民心所向。

《体育法》是在总结我国体育发展实践历程的基础上，借鉴国际上体育法律方面的内容和做法，以党的发展路线为指导形成的新中国第一部体育法，为我国体育事业的健康发展提供了基本遵循。《体育法》一共有八章五十六条，包括总则、社会体育、学校体育、竞技体育、体育社会团体、保障条件、法律责任、附则，涵盖发展体育事业、运行和管理体育事务以及公民参与体育等内容。该法涉及了当时体育工作的主线问题，即全民健身、奥运争光和体育产业发展。《体育法》是指导我国体育事业发展的基本纲领，也为维护我国广大人民群众参与体育运动的权利提供了法律保障。以人民健康高于一切的精神贯穿全法，确立了国家发展体育事业的基本方针原则、各级单位在体育事业发展中的责任，突出体现了群众体育与竞技体育协调发展的思想，为体育事业的社会化推进以及体育产业结构调整奠定了基础。

《体育法》的出台不仅填补了我国立法的一块空白，更唤醒了全社会

的体育法制观念，为体育工作进入法治化轨道奠定了基础，成为新中国
体育发展史上的重要里程碑。在《体育法》贯彻实施过程中，要根据工
作经验和新的需求进行具体深入的修订。2009 年 8 月，第十一届全国人
民代表大会常务委员会第十次会议通过《关于修改部分法律的决定》，对
《体育法》进行了第一次修订。2016 年 11 月第十二届全国人民代表大会
常务委员会第二十四次会议通过《关于修改〈中华人民共和国对外贸易
法〉等十二部法律的决定》，对《体育法》进行了第二次修订。在《体
育法》的修订过程中，不断融入现代法治的实践经验与研究成果，拓宽
了法律实施的适用范围，更加契合发展体育事业、建设体育强国的法律
需要。

《体育法》的颁布与实施实现了体育领域向法治化的转变，《体育法》
的贯彻实施取得了显著成效，配套立法逐步完善，为具体体育法规的制
定提供了根本性指导，促进我国体育工作逐步纳入规范化与法治化的
轨道。

二、"八八"有了新含义

2008 年 8 月 8 日，举世瞩目的第 29 届奥运会在北京国家体育场盛
大开幕。这一天，奥林匹克文化与中华文化在"鸟巢"交织，中国人民
实现了百年奥运梦想。奥运会的成功举办，燃起了广大人民群众的体育
热情，增强了社会活力与民族凝聚力，对我国体育事业的整体发展与国
际影响力的提升至关重要。

为纪念 2008 年北京奥运会，满足广大人民群众体育健身的需求，经
国务院批准，从 2009 年起，将每年的 8 月 8 日设立为"全民健身日"。
这一举措是以人为本理念的彰显，意在倡导全民更积极、更广泛地参与

体育健身活动，增强体质，生动体现了党和国家对人民群众身体健康和生活质量的高度重视和充分关切，为人民群众的幸福生活保驾护航。2009年1月13日，在"全民健身日"的新闻发布会上，人们进一步明确共识：设立"全民健身日"是促进全民健身运动开展、迈向体育强国的需要，同时是对北京奥运会最好的纪念。他表示，希望在8月8日的这一天，每个人都能在自己身处的地方健康快乐地进行健身活动。2009年10月1日起《全民健身条例》施行，其中第十二条进一步规定在"全民健身日"时要加强全民健身宣传，积极组织和参与全民健身活动，组织开展免费健身指导服务，向公众免费开放公共体育设施等。

"全民健身日"的设立是全民健身活动更持久、更广泛、更积极开展的重要起点。如今距离北京奥运会已经过去十几个年头，"八八"有了新含义，每年的8月8日，既是北京奥运会的纪念日，同时也是全国人民共同挥洒汗水、享受运动带来的快乐的全民健身日。经过前期广泛地组织宣传和部署安排，首个"全民健身日"启动仪式在北京奥林匹克公园举行，全国各地也同步开展了丰富多彩的活动。随着全民健身的相关政策逐步完善，健身公共服务体系不断改进，科学的健身方法和理念越来越深入人心，全民积极参与体育实践的风景成为持之以恒发展群众体育的良好信号。

三、学校体育发展步步高

改革开放新时期，学校体育追随中国前进的步伐，先后进行了七次中小学体育课程改革。从体育课程到体育与健康课程，我国的学校体育改革得到了党和国家的大力支持。

1999年召开的第三次全国教育工作会议和2001年召开的全国基础教

育工作会议上，先后提出了转变人才培养模式，建立新的基础教育课程体系的建设任务。2001 年，在党中央、国务院的领导下，教育部正式启动了新一轮基础教育课程改革，出台了《基础教育课程改革纲要（试行）》等一系列政策文件，初步构建了符合时代要求、具有中国特色的基础教育课程体系。教育部于 2001 年 7 月颁发了《体育与健康课程标准（实验稿）》，2003 年 4 月重新制订和印发了《普通高中体育与健康课程标准（实验稿）》，2011 年又出台了《全日制义务教育体育与健康课程标准（修订稿）》（简称《标准》），这在中国学校体育史上具有划时代的意义。《标准》不是简单地把体育和健康合并起来改成一个新名字，而是要在之后的学校体育教学中扎扎实实地贯彻健康第一的指导思想，使学校体育教学从过去单纯地追求身体（体质）的发展和技术的传习，转变为新的健康观指导下的体育教学，真正使中小学生在身体、心理和社会适应能力方面健康发展。《标准》明确提出，体育与健康课程是一门以学习体育与健康知识、技能和方法为主要内容，以身体练习为主要手段，以发展学生体能、增进学生健康、培养学生终身体育意识和能力为主要目标的必修课程。新大纲在"三基"（体育基本知识、技术和技能）教学的要求上，比过去有了很大的发展。一方面，新大纲摆脱了单纯以教师为中心，以教运动技术为主的做法，更加强调通过体育与健康基础知识、基本技术、技能的教学，促进学生主动学习。使学生通过"三基"教学，学会自主学习、自我锻炼、自我评价，学会科学的锻炼方法，为身心健康发展和终身体育奠定基础。另一方面，新大纲从根本上把"三基"教学的方向由单纯的教技术向培养学生学会学习、学会做事、学会做人的方向转变。《标准》出台使得学校体育的地位变得更加突出，也得到了各地政府的大力支持。

2007 年 4 月 29 日，在北京隆重举行了全国亿万学生参与的阳光体育运动启动仪式。5月7日，中共中央、国务院下发了《关于加强青少年体育增强青少年体质的意见》，提出要用5年左右的时间，使我国青少年普遍达到国家体质健康的基本要求。这是有史以来，我国学校体育规格最高的文件，是实施素质教育的重要文件，更是学校体育的纲领性文件。体育教学不仅要完成体育课程标准规定的任务，在丰富阳光体育的内容和方法，引导学生坚持经常、科学地参加体育活动，培养终身体育意识、习惯和能力等方面也起着十分重要的作用。

2010年7月，中共中央、国务院公布了《国家中长期教育改革和发展规划纲要（2010—2020年）》（以下简称《纲要》）。《纲要》以优先发展教育、建设人力资源强国为战略目标，提出把育人为本作为教育工作的根本要求，努力培养造就数以亿计的高素质劳动者、数以千万计的专门人才和一大批拔尖创新人才。《纲要》提出，要把教育资源配置和学校工作重点集中到强化教学环节、提高教育质量上来。《纲要》多处强调，全面推进教育事业科学发展，必须立足社会主义初级阶段基本国情，把握教育发展的阶段性特征，坚持以人为本，遵循教育规律。为贯彻《国家中长期教育改革和发展规划纲要（2010—2020年）》中关于"坚持全面发展，全面加强和改进德育、智育、体育、美育"的要求，2011年5月23日教育部印发通知，决定在全国义务教育阶段学校实施"体育、艺术2+1项目"，即通过学校组织的课内外体育、艺术教育的教学和活动，让每个学生至少学习掌握两项体育运动技能和一项艺术特长，为学生的终身发展奠定良好的基础。

第四节　体育产业繁荣发展

近年来，体育经济、体育产业的发展逐渐跟上国家经济体制改革的步伐，开始探索面向市场的产业化发展方向，为我国体育事业发展注入了市场活力。体育产业繁荣发展，逐步成为国民经济新的增长点。

一、体育产业腾飞的明珠

2008 年 8 月 8 日晚的"鸟巢之夜"，第 29 届奥运会的圣火，由多次驰骋于奥运赛场的体操王子——李宁点燃。从"体操王子"到"商业巨子"，李宁是体操史上的丰碑。他走下竞技场后，开创了以自己名字命名的运动品牌，创造了民族体育产业发展的商业奇迹，成为中国体坛的传奇人物。

20 世纪 80 年代，李宁共拿下 14 个世界冠军，在国内外重大比赛中获得 106 枚金牌，成为体操领域的标杆。1983 年的第 6 届世界杯体操赛上，李宁包揽男子个人全能、自由体操、鞍马、吊环、跳马、单杠等 6 项冠军，大获全胜的他一战成名，成为体操界的神话。1984 年的第 23 届洛杉矶奥运会上李宁强势夺冠，登上了他运动生涯的巅峰。在单项决赛中，李宁作为中国队第一个出场的选手，完美地完成了单杠、双杠和马鞍等项目，获得男子个人全能、鞍马、自由操比赛的冠军，成为这届奥运会成绩最好的运动员。在属于李宁的体操时代，无论是以他名字命名的动作，还是赛场上流畅精彩的表现，都定格在了鲜花和掌声中。

退役以后，李宁没有选择成为一名体操教练或进入演艺界，而是开启了他的商业之旅。起初，李宁想要创办一所体操学校，然而面对巨额起步资金，这一商业火苗被熄灭了。此时，创建仅有 5 年的本土饮料品牌健力宝邀请李宁加盟，他接过橄榄枝，决定同健力宝集团一起开拓利国利民的中国体育实业新路。加入健力宝初期，李宁提出重新设计一条由他出演的有体育动感和冲击力的广告。这条广告播出后，引起巨大反响——健力宝饮料当年销售利润增长 3000 万元人民币。随后李宁争取多方资助，成立了中新合资的运动服装公司。通过极力争取，健力宝集团获得第 11 届亚运会火炬接力的主办权，在青藏高原的圣火传递中，"李宁牌"出现在大众眼前。当李宁看到亚运会上中国运动员们身着"李宁牌"运动服走上领奖台时，成就感与商业激情驱动他决心探索更多的可能。1990 年初，在健力宝集团的支持下，独立经营运动服、运动鞋等体育用品的"李宁"品牌公司诞生，由此开创了中国体育用品品牌经营的先路。1992 年，在第 25 届夏季奥运会上，"李宁牌"作为中国运动员登台领奖的装备亮相，自此结束了我国运动员只能穿外国运动品牌服装的历史，"李宁牌"逐渐成为中国体育代表团参加国际比赛的专用产品。在企业的经营与管理中，李宁有着清晰的定位与管理策略。基于对公司长远发展的考虑，李宁决定脱离健力宝集团独立发展。1995 年，由李宁担任董事长的李宁集团正式成立。自 1998 年起，他开始聘请职业经理人全权处理公司业务，自己则抽出身来进入北京大学攻读硕士学位。职业经理人的引入为李宁公司带来了巨大的经济效益。在经历了亚洲金融危机与国内通货紧缩引发的业绩持续下滑后，公司积极引进海外投资，逐步回到快速发展的轨道。到 2002 年，营业额已经超过 10 亿元人民币。在这一年，李宁正式提出"李宁，一切皆有可能"作为公司全新定位。随着李宁公司在香港上市，他的个人身价更是达到 10 亿元人民币。2008 年，李宁以"空中飞人"的姿态点燃奥运圣火，加之在奥运会有效的营销策略，李宁公司以强大的攻势超过当时的竞争对手阿迪达斯，站在国内市场体育用品营销额的顶端。

在商海数十年的闯荡中，李宁始终拥有试错的勇气和变革的决心，经历了快速崛起，也经历了接连亏损时的困境与挣扎，为我国民族运动品牌树立了标杆。作为一名中国共产党党员，李宁积极响应党和国家的号召发展实体经济，在商业探索之路上不断突破和创新。作为我国体育用品品牌的创始人，李宁以"从头再来、开拓先路"的精神和一定要做到最好的"竞技"姿态，打造了一个有旺盛生命力的驰名品牌，成为我国体育产业疆土的开拓者。他点燃了奥运圣火，更助燃了中华民族体育产业腾飞的烈火。

二、体育产业化发展成就

从 20 世纪 80 年代初到 1992 年，是我国体育向产业化转变的第一阶段，体育界主要进行了一些经营性活动的初步尝试。上海、广州等一些大城市的体育部门开始对部分体育场馆实行承包、场馆出租、土地使用权转让、兴办公司等有形资产的经营创收活动，企业赞助的体育运作方式也开始进入中国市场。同时，1987 年在广州举办的第 6 届全运会也成为体育界商业性操作的一次大胆尝试。这个时期体育产业的发展异常迅速。据不完全统计，1978—1992 年，全国体育产业收入总计达 16 亿元人民币，平均每年增长 493.7 万元。1992 年中国体育用品出口额约 3 亿美元，从 1984 年起年增幅达 35.94%，大大高于同期文化体育产品出口额年增幅的 25.8% 和轻工业产品出口额年增幅的 22.7%。[①] 但由于体育产业起点低、起步晚，体育产品的出口额在我国整个产业结构中的比重仍然很低。例如，1992 年全球体育用品贸易额 600 亿美元，中国体育用品

---

① 金占明：《我国体育产业的现状与发展前景》，《清华大学学报（哲社版）》1996 年第 3 期。

出口数仅为其 1/200。总的说来，这一时期对体育产业的认识或实践，大多还停留在"体育搭台，经贸唱戏"的阶段。

1985 年，国务院颁布的《国民生产总值计算方案》中首次引入了三次产业分类的方法，将体育产业列入第三产业。此后，体育同样具有商品属性、体育也可以成为产业这一观点，才在体育界得到普遍认同。人们对体育产业、体育经济问题的研究也逐渐成为学术界关注的一个热点。1992 年 6 月，中共中央、国务院发布《关于加快发展第三产业的决定》，体育界掀起了关于如何加快体育产业发展的热烈讨论。"体育产业"一词也开始频繁出现于体育类的报刊和文件之中。但是，人们对"体育产业"一词的理解却不尽一致。归结起来大体有四种观点：其一是把体育产业理解为体育事业、体育部门等；其二是把体育产业理解为与体育联系密切的多种产业的一个综合体；其三是把体育产业理解为各级体育组织机构为创收而兴办的各类产业；其四是把体育产业理解为体育服务中能够进入市场体系并获得盈利的那一部分。此外，即便是人们理论上承认体育可以具有第三产业的属性，但在实践中是否应该使体育产业化及如何实现产业化上，仍然存在着严重的分歧。当然，体育产业的蓬勃发展并没有因为种种认识上的分歧而停止前进的脚步。

1993 年以后，体育产业化进入一个全新的发展阶段。随着社会主义市场经济体制改革目标的确立和向社会主义市场经济的转变，由国家体委印发了《关于培育体育市场，加快体育产业化进程的意见》，确立了体育要"面向市场，走向市场，以产业化为方向"的基本思路。国家体委陆续推出了全国性单项协会实行实体化或项群管理、推进俱乐部的职业化、举办中国体育用品博览会，以及开放体育竞赛市场、发行体育彩票、成立体育基金会等具体措施，体育的产业化发展突飞猛进。1994 年 8 月，国家体委成立了专门的体育产业办公室，又陆续成立了体育彩票管理中心、体育基金筹集中心和体育器材装备中心等。这些机构都成为国家对体育产业进行宏观管理和调控的重要职能部门。在相关保障逐步完善的情况下，体育产业的发展进程也明显加快。

1995 年，国家体委从实际工作要求出发，从操作层面明确了广义的"体育产业"应包括三层含义：其一是作为体育的本体产业，即通过体育活动直接创造经济价值的那部分活动，例如，门票收入、收取转播费、转会费、培训费、咨询服务费等；其二是与体育相关的产业，主要是装备制造业，如体育服装、体育器材、体育保健饮料等；其三是以体育为依托兴办的其他相关产业，如餐饮、商贸、旅游、加工企业等。这一年，国家体委在全国体委主任会议上提出了"本体推进，全面发展"的方针，并制定《体育产业发展纲要（1995—2010 年）》，对 1992 年以来的体育产业化试验进行了全面总结，明确了到 2010 年我国体育产业发展的指导思想、发展重点和发展目标，并提出了相应的政策和措施。

1996 年第八届全国人大四次会议上通过的《中华人民共和国国民经济和社会发展"九五"计划和 2010 年远景目标纲要》，第一次以法律的形式明确提出体育要走产业化的道路，"建立社会化的群众体育组织网络，建立并完善国民体质测试系统。进一步改革体育管理体制，有条件的运动项目要推行协会实体化和俱乐部制，形成国家与社会共同兴办体育事业的格局，走社会化、产业化的道路"。由此，体育产业化被确定为社会的长远发展目标和国家产业发展政策的一项重要内容，这既为体育是否应该成为产业与体育能否走产业化道路的争论画上了一个圆满的句号，也对加速我国体育产业化的进程提出了更高的要求。

进入 21 世纪，我国体育产业在各类市场发展迅猛。主要体现在：体育竞赛表演市场逐步形成、健身娱乐市场不断扩大、体育用品市场方兴未艾、体育中介市场开始起步、体育彩票市场繁荣兴盛、体育无形资产市场也得到广泛关注与开发等。2001 年 7 月 13 日，北京赢得第 29 届奥林匹克运动会主办权，这给我国体育产业的发展带来了重大的机遇与挑战。2006 年 7 月，国家体育总局颁布《体育事业"十一五"规划》，明确提出"'十一五'时期我国体育产业的发展目标，即要初步建成与大众消费水平相适应，以体育服务业为重点，多业并举、门类齐全、结构合理、规范发展的体育产业体系，形成多种所有制并存、全社会共同参与、共同兴办的格局"。2008 年北京奥运会的举办使得中国体育受到了更多的社会关注，人们开始广泛意识到体育的重要性，燃起了参与体育的热情，体育市场需求也被迅速释放。当然，北京奥运会也将中国体育产业置于国际化视野之中，使得中国体育企业有机会参与国际竞争，并获得更多的社会资金的投入。可以说，北京奥运会提供了承办国际大型体育赛事的成功范例，积累了丰富的办赛经验，培养了水平更高、体系建设更全面的体育专业人才队伍，对提高我国体育产业的运作水平和体育企业的"素质"有重要而深远的影响。

第四章　新时期体育发展的经验启示

中国特色社会主义体育事业发展新时期，改革开放为体育事业发展注入了新的活力，"国家办体育"与"社会办体育"相结合，我国体育的实力与竞争力迅速攀登高峰，体育思想异彩纷呈，中华体育精神在实践中不断凝练并成为体育事业不断向前推进的强大精神支撑。回顾新时期中国特色社会主义体育事业开创探索的实践，为新时代体育事业的推进，为体育强国建设提供了重要的经验启示。

第一节　党领导下的体育全国一盘棋

坚持党的领导，坚持全国一盘棋，调动各方面的积极性，集中力量推进我国体育事业发展是新时期体育发展的显著优势。新时期体育事业在党中央的集中统一领导下有序推进，中国特色社会主义体育体制机制逐步完善、良性运转。

一、坚持在党中央的集中统一领导下推进体育事业

党的领导是我国体育发展的独特优势，是体育领域各项事业顺利推进的重要保障。2008年北京奥运会是我国体育发展历程的关键节点，它的申办、筹办与举办工作始终都在党中央的坚强领导和支持下进行，党的领导为更有信心、更有能力举办一场"有特色、高水平"的世界级体育盛会指明了方向。1998年11月，党中央、国务院做出北京市再次申请承办2008年奥运会的重要决定，先后组织成立了2008年奥运会研究小组、申办委员会、申办工作领导小组，党和国家高度重视申奥工作，全力为成功申奥提供坚强保障。申奥成功后，北京市政府和奥组委制订了涵盖总体战略构想、竞赛场馆及相关设施、生态环境、城市基础设施、社会环境、战略保障等在内的《北京奥运行动规划》，为科学全面进行北京奥运会规划筹备与建设实施工作提供了全面指导。在筹备奥运会期间，党中央、国务院统一指挥，带领全国人民沉着积极地应对所面临的各种问题，确保北京奥运会的顺利进行。党中央对新时期体育发展做出了准确的战略定位和规划，始终以广大人民的根本利益为根本出发点，为新时期体育事业的发展提供了根本保证。

二、充分调动全社会的积极性与能动性

长期以来，与国家体制机制发展相适应的体育"举国体制"为新时期中国体育事业全面发展、重点突破保驾护航。"举国体制"是指以国家利益为最高目标，动员和调配全国有关力量，包括精神意志和物质资源，攻克某一项世界尖端领域或国家级特别重大项目的工作体系和运行机制。

通过集中调动和有效配置全社会的资源，举全国之力攻克体育发展过程中遇到的困难与挑战。例如，全国人民积极参与北京奥运会的筹办、举办；国家优化整合全国的体育资源全力支持北京奥运会，在较短的时间内集合全国优秀运动员、教练员、技术人员等参与奥运会筹办和比赛；全国各行各业从业者积极承担责任和困难，自觉服从和保证奥运大局等，凝聚成了办好北京奥运会、残奥会的强大合力，增强了民族凝聚力和向心力。

第二节　体育发展要和时代同频共振

时代的车轮滚滚向前，历史的长河奔腾而过。体育的发展应与时代同频共振，整体协调共同发展，才能减少内耗、相互促进、共同提高。体育发展要努力以最小的代价或成本换取最大的产出，取得最大的效益，这种效益不仅包括经济效益，更包括社会效益。体育的发展要顺应时代潮流，与社会发展状况相一致，符合国家或地区的环境条件，满足人民全面发展的需要，坚持整体、协调地发展，这样体育才能发展得越来越好，愈发被社会需要。

一、国运兴体育兴

党的十一届三中全会后，党和国家把工作重点转移到经济建设上来，开启全面建设中国特色社会主义的新征程，推动中华民族迈向"全面小康"的社会主义新时期。随着改革开放的逐步推进，经济的稳步发展，1978 年全国城乡居民储蓄余额为 210.6 亿元，人均储蓄余额为 20.9 元，而截至 2008 年 6 月底，全国城乡居民储蓄加股票债券以及外币折合人民币，人均已远超 2 万元，为 30 年前的 1000 倍。在改革开放的 30 多年里，中国有了更成熟的政治环境，更强大的经济实力，更自信的民族文化，更良好的外交形象。在对外开放的政策下，中国积极参与国际事务，向世界展现自己。体育是由人类智慧和力量凝结而成的世界共同语言。广大运动员通过参与体育赛事，特别是国际性体育赛事，既可以在比赛中增进彼此了解，也有利于不同国家和地区间进行文化交流、增进友谊。发挥体育的窗口作用，向世界展现中国的强大国力、有担当的责任意识、和谐的价值体系，是中国体育促进国家开放发展的一项重要举措。

　　1990 年，第 11 届亚洲运动会在北京成功举办，这是新中国成立以来第一次举办地区性大型体育赛事。在亚运会闭幕式的看台上，群众自发打出了"亚运成功，众盼奥运"的横幅。1993 年在上海举办了首届东亚运动会；2001 年在北京举办了第 21 届世界大学生运动会，这是我国首次举办世界性高水平综合赛事。2001 年，当萨马兰奇在国际奥委会第 112 次全会上宣布北京赢得 2008 年奥运会举办权时，举国上下一片欢腾，各地群众自发地开展庆祝活动。中华世纪坛和天安门广场汇聚了十多万群众，尽情表达着发自内心的喜悦，共同庆祝中华民族奥运梦圆的光辉时刻。两次申奥直到申奥成功，历经八个春秋，是我国改革开放伟大成就的有力注脚。

二、体育强中国强

　　20 世纪 70 年代末，改革开放的大潮迅速涌起。中国体育紧跟中国社会经济改革的步伐创新发展，达到了一个新的发展高潮。在群众体育方面，1995 年颁布的《全民健身计划纲要》全面实施，全国体质监测工作步入正常化、科学化轨道。我国人民体质明显增强，"全国人均寿命已由解放初期的 35 岁提高到 71.8 岁，青少年的身体形态发生了可喜变化，我国参加体育锻炼的人口达到总人口的 34%"①。随着我国进入改革开放新时期，群众体育事业也发展到了一个新的阶段。在竞技体育方面，20 世纪 80 年代，中国女排的五连冠和洛杉矶奥运会上金牌零的突破成为振奋民族精神的一道强心剂，成为重现国威、重塑国际形象的助推器。20 世纪 90 年代，以举办北京亚运会为契机，改善了周边外交环境，让中国突破了国际封锁，再次掀起了对外交往的热潮。进入 21 世纪，2008 年北京奥运会让更多的人全面认识了中国。中国正以一个更加自信、包容的大国形象屹立于世界的东方。实践表明，当发展理念能够符合体育自身发展规律、适合社会发展水平和满足大多数人的需求时，体育就可以得到快速健康的发展。回顾新时期中国体育的发展历程，正是因为紧紧跟随时代发展的脚步，立足于中国国情，不断吸收国外先进经验，积极调整发展政策，革新前进，才取得了令世人瞩目的成就。

第三节　以精神文化推动体育发展

体育精神文化是体育的内核，是推动体育健康发展的深层动因。改革开放以来，我国体育事业发展成绩突出，成就斐然。从恢复国际奥委会合法地位，到成功举办无与伦比的奥运赛会；从中国在奥运金牌史上"零"的突破（获得者：许海峰）到第 100 枚金牌（获得者：张怡宁），再到第 200 枚金牌（获得者：陈若琳）；从第一枚奥运金牌到第 100 枚金牌中国用了 20 年零 24 天，而从 100 枚金牌到 200 枚金牌，中国仅用

---

① 《发展体育运动 增强人民体质——纪念毛泽东同志题词 50 周年》，《人民日报》2002 年 6 月 10 日，第 1 版。

了 7 年。2008 年奥运会开幕式上的巨人脚印,是中国饱受艰辛、历经磨难,一步步成长为体育大国,迈向体育强国的具象化显现,在这充满汗水与心血的 30 多年的征途中,中国也铸就了具有中国特色的体育精神文化,凝练出了中华体育精神。

一、中华体育文化显积淀

文化有形,体育无界。改革开放以来,中华体育文化一直在扎根本土与面向世界中发展壮大,展现出蓬勃向上的强大力量。

一方面,中华体育文化是一种追求身心有机统一、人与自然和谐共生的文化,是融合中国多民族文化而形成的一种体育文化样态。千百年来,依托中华优秀传统文化,形成了从身心一统、内外兼修,到中和为用、动静相宜,从万物并育,到和而不同的中华传统体育观。近代以来,随着马克思主义的传入与传播,中华体育文化吸收了马克思、恩格斯提出的体育应与智力和劳动相结合,共同促进人的全面发展的体育观。从新中国成立之初提出的"发展体育运动,增强人民体质",到改革开放以来着重强调的"全民健身战略",党和国家始终坚持以人民为中心的体育思想,始终把增强人民群众的身心健康,确立为体育发展的重要目标。

另一方面,中华体育文化促使中国体育走向世界。改革开放初期中国体育的一个突出特点,就是围绕"为国争光"的目标,通过对体育进行物质建设、制度建设和精神建设来发展竞技体育运动,使中国体育具备了"冲出亚洲,走向世界"的能力和实力。通过几十年的不懈努力,中国体育已跻身世界体育强国的行列,真正实现了"为国争光"的目标。摘金夺银的中国体育健儿在国际体育赛场上充分展现了中华体育文化的独特魅力,推动了"让中国走向世界,让世界了解中国"的进程。也正是在这一时期内，中华体育精神被正式提出并逐步凝练和传扬。同时，具有中国特色的体育文化，也为亚洲乃至世界体育文化的多元化发展贡献了原创性的思想力量，在经济全球化进程中与不同体育文化交流激荡，展现出了强大的转化力、创造力和辐射力。

二、中华体育精神争志气

中华体育精神是中华民族的宝贵精神财富之一。它源于中华体育的生动实践，又作为一股强大推动力促进中华体育不断向前发展。马克思主义认为，作为理论的精神可以变为推动群众实践活动的物质力量。中华体育精神正是一种理论的力量，在某种条件下可以转化为强大的物质力量。

"中华体育精神"深植于体育领域的辉煌成就。1996年，中国运动员在亚特兰大奥运会上取得了令世人瞩目的成就。此届奥运会，来自世界197个国家和地区的10788名运动员参赛，规模空前。在规模庞大、强手如林、竞争激烈等情况下，中国体育代表团的金牌总数（17枚）和奖牌总数（52枚）均列第四位，跻身世界体育第一军团，取得了中国在奥运会上的历史性突破，证明了中国竞技体育的总体水平。同时，人们在总结经验时也开始深刻地思考：中国体育取得突出成就的精神动力源自哪里？如何让这一昂扬的精神成果应用于社会主义精神文明建设？如何用中华体育精神鼓舞亿万民众不畏改革征途中的风险与挑战？

从丰富的实践中凝练而成的中华体育精神在改革大潮中推动着中华体育阔步前行，推动中国特色社会主义进程不断攀高。弘扬中华体育精神，不仅限于体育领域，而且要辐射到中国特色社会主义建设的各个领域，号召社会各条战线都要向在奥运会为国争光的体育健儿学习，发扬

"祖国至上"的爱国奉献精神，倡导"爱岗敬业"的职业道德，保持和发扬"艰苦奋斗"的优良传统，把国家建设得更好。这一倡议引起了广大人民群众的共鸣。因为此时的中国正处于改革开放的攻坚克难阶段，改革大潮中的经济飞速发展，非常需要国人团结起来，万众一心，鼓足干劲去建设社会主义。我国竞技体育的成功所引发的强大凝聚力恰恰可以激励民众奋发努力、拼搏进取，营造良好的社会文明风尚。中华体育精神始终代表一种昂扬向上的精神状态，在需要凝聚全民族力量实现中国和平崛起的进程中，发挥先锋号角的作用。它凝聚民心，强化中国人民内心的历史认同、民族认同和国家认同，为中华民族团结一心、直面困难、战胜挑战、赶超强手、乐观自信提供了有力的精神支撑，是中国人民在改革过程中不断前进的强大精神动力。中华体育精神已向世人证明，并将继续证明中华民族的强大活力与卓越创造力。

——— 强国篇

新时代中国体育理论与实践 ———
（2012 年至今）

第一章　新时代体育强国新征程

进入新时代以来，我国体育各项工作迈上新台阶，在加快建设体育强国的新征程上迈出了坚实步伐。体育事业全面融入新时代伟大事业之中，为建设富强、民主、文明、和谐、美丽的社会主义现代化国家增添了动力、贡献了力量，这是我国体育事业发展的必然选择，也是实现中华民族伟大复兴，建设人类命运共同体的必然要求。

第一节　新时代体育发展的背景

进入新时代以来，我国体育事业发展立足中华民族伟大复兴战略全局和世界百年未有之大变局，积极服务国家总体外交和体育强国建设，进一步提升在全球体育治理格局中的参与度与贡献度。

一、中国体育日益走向世界舞台中央

当今世界，各国相互依存、休戚与共，体育作为全世界的共同语言，作为与各国家各民族交流合作的重要渠道，在政治合作、经济交往、文

化交流、环境保护与国际交往中扮演着重要的角色，日益发挥着重要的作用。

（一）体育全球化全面深化

体育是人类社会发展的一个重要组成部分。现代体育既是全球化的必然结果，也是全球化深入发展的一项重要实践。体育全球化是现代体育发展的必然趋势，是促进世界和平与发展的舞台，是体现国家软实力的重要手段和措施，也是寻求现代体育整体统一发展的有效途径。随着体育全球化影响的逐步加深，许多国家把体育纳入国家发展战略，重视加强体育交流与合作，积极参与体育全球化。例如，美国的"业余体育法"、日本的"体育振兴法"、中国的"奥运战略"、韩国的"泰陵选手村"、卡塔尔的"全球造星计划"等，都是各国为了应对体育全球化，在国家层面实施的体育发展战略。体育参与的扩大化、体育赛事的体系化、体育人才资源配置的国际化、体育传播的国际化、体育组织超国家化、国际体育科学领域的广泛交流与合作等，都对现代体育产生了广泛而深远的影响。体育全球化超越了地域和国界，打破了地域环境与人文壁垒，使不同地域与民族之间的体育相互融合、相互吸纳，各种体育资源自由交流、合理配置。同时，科技的进步、政治力量的推动、经济利益的驱使、传播媒介的飞速发展、跨文化的交流与合作等又进一步加快了体育全球化的进程。我国以一个体育大国的形象全面融入体育全球化发展进程，积极参与全球体育治理，树立开放进取、和而不同、互融互惠的发展愿景，积极维护世界公平正义，成为体育全球化中一支不可忽视的重要力量，传递着中国理念、中国智慧与中国方案。

（二）体育为构建人类命运共同体注入动力

进入新时代，基于对世界形势的科学判断，中国提出人类命运共同体的理念，其本质正是一种"新全球化"的理念，它为整个世界的发展描绘了美好蓝图，也为变革全球治理体系、构建公平正义的国际新秩序提供了中国方案和中国智慧，表现出新时代中国的国际责任担当与道德情怀，逐步得到世界上越来越多国家的认同。2013年，中国提出"一带一路"倡议，期望共同打造政治互信、经济融合、文化包容的人类命运共同体，将"推进构建人类命运共同体"写入了我国宪法。党的二十大报告提出，构建人类命运共同体是世界各国人民的前途所在，体现了中国对全球治理发展方向的期待。体育作为跨越国家、文化、意识形态等界限的世界通行语言，与构建人类命运共同体相辅相成。人类命运共同体理念强调，在追求本国利益的同时兼顾他国合理关切，在谋求本国发展中促进各国共同发展。这体现在体育领域就是要实现开放包容、共同繁荣，与相互理解、友谊、团结和公平竞争的体育精神在本质上具有一致性。人类命运共同体在体育领域坚持开放包容、共同繁荣的原则，使不同文明在世界体育的舞台上包容共存、交流互鉴，为世界和平与发展做出了突出贡献，充分发挥了体育在推动人类命运共同体建设中的价值和作用。构建人类命运共同体的理念也是新时代指导我国参与国际体育治理的行动指南，为构建人类文明新形态做出新贡献，同时也开启了中国体育主动影响世界的崭新进程，将对持续推进构建人类命运共同体发挥独特作用。

（三）中国体育的国际影响力迅速提升

新时代中国体育的国际影响力迅速提升，开启迈向国际舞台中央"最好的时代"。进入新时代以来，中国休育市场逐渐融入国际竞争体系，成为世界体育市场的重要组成部分。中国体育提供的高科技服务和"绿色、健康、文明"的体育产品，进一步细化了全球体育竞赛、培训、服务、健身等市场，为世界经济发展增添了持久的动力。同时，中国体育取得优异成绩的成功经验也被更多国家借鉴，共同助力全球体育的新发展。

二、不断开创中国体育事业发展新局面

体育事业发展被纳入新时代中国特色社会主义"五位一体"总体布局和"四个全面"战略布局的整体规划中，成为推动实现中华民族伟大复兴中国梦的坚实力量，成为中华民族伟大复兴的标志性事业。

（一）以习近平同志为核心的党中央高度重视体育工作

党的十八大以来，以习近平同志为核心的党中央高度重视体育事业的发展，对体育领域若干重大关系和基本问题进行了顶层设计和系统部署，提出了新理念、新思想、新战略，集中回答了新时代中国特色社会主义体育发展的功能定位、基本方针、目标任务和实践要求等一系列重大理论和现实问题。党的二十大对新时代体育工作提出了明确要求，这是新时代以习近平同志为核心的党中央对体育系统的政治嘱托和殷切期望，也是党中央关于体育高质量发展所做出的重大部署和总体要求。

（二）新时代体育事业发展取得历史性成就

党的十八大以来，我国体育事业取得了许多开创性、历史性成就。

群众体育蓬勃开展。随着一系列政策文件的出台与发布，全民健身上升为国家战略，全民健身与全民健康深度融合，推动全民健身事业实现跨越式发展，全民健身公共服务不断升级。

竞技体育砥砺奋进。体育健儿在赛场上勇攀高峰、为国争光，用辉煌成绩谱写了时代最强音。以体育的力量凝聚爱国情怀、振奋民族精神，向世界展示了新时代的中国形象和中国成就。

体育产业快速发展。随着体育产业向纵深层次的发展，我国体育产业的总体水平与规模大幅提高，发展环境不断向好，市场潜力持续释放，体育对消费市场的拉动效应不断提升，体育消费稳步提高，成为促进国

民经济发展的新的增长点。同时，与体育相关的新兴业态，如体育旅游、体育康养、体育文创、体育广告、体育传媒、体育会展等不断涌现，多种新兴业态为我国经济社会高质量发展提供了新的发展动能。

体育文化更加繁荣。体育文化建设的内容不断丰富、阵地不断扩大、精品不断涌现，体育文化对民族、国家、社会与个人的积极作用越来越得到广泛认同。同时，作为体育精神载体的体育文化精品不断涌现，进一步丰富了大众体育文化生活，使得体育文化的传播力和影响力不断扩大，辐射范围越来越广。

体育对外交往日益活跃。近年来，体育对外交流与合作不断深化，我国在国际体坛的影响力和话语权不断提升，体育在服务国家外交大局方面扮演着越来越重要的角色。

（三）体育成为中华民族伟大复兴的标志性事业

发展体育不仅是实现中国梦的重要内容，也为中华民族的伟大复兴提供凝心聚气的强大精神力量。以习近平同志为核心的党中央将体育置于中国特色社会主义伟大事业的总体布局中去思考，明晰体育与新时代中国特色社会主义经济建设、政治建设、文化建设、社会建设、生态文明建设的有机联系，深入挖掘体育的综合价值，先后提出建设以人民为中心的体育，加快建设体育强国，将全民健身和健康中国上升到国家战略，广泛开展全民健身活动，加强青少年体育工作，促进群众体育和竞技体育协调发展；将体育置于国家富强、民族振兴、人民幸福和人类文明进步的高度，发挥体育在全面建设社会主义现代化国家、全面推进中华民族伟大复兴中的重要作用。可以说，从历史和现实的深刻洞察与深邃思考中，人们得出一个结论：体育强国梦与中国梦紧密相连。一方面，体育作为社会文明进步、民族强大昌盛和国家繁荣富强的重要标志，是现代化强国建设的重要组成部分，也是实现中国梦的重要内容，为中华民族伟大复兴提供凝心聚气的强大精神力量。另一方面，体育是新时代中国与世界沟通的重要桥梁和纽带，发展体育、繁荣体育，促进世界各国人民友好往来，符合所有国家的利益，与实现中华民族伟大复兴中国梦愿景高度契合。

当今世界正处于百年未有之大变局，体育元素日益成为国家外交工作的新亮点。新时代中国的体育事业彰显着中国人的大气从容、自信开放、责任担当。要认准体育强国梦与中华民族伟大复兴中国梦息息相关的战略定位，砥砺奋发、勇毅前行，在新时代新征程中必定会创造出中国体育的新辉煌。

第二节　新时代体育发展的历程

进入新时代以来，我国体育事业取得了历史性成就，发生了历史性变革。在新的历史条件下应更充分地理解新时代体育发展的历程，充分认识体育事业在国家总体布局中的重要地位与作用，坚定不移地走中国特色社会主义体育发展道路。

一、坚持体育深化改革全面转型阶段

党的十八大对我国体育工作提出了广泛开展全民健身运动、促进群众体育和竞技体育全面发展的要求，从此中国体育事业的发展进入了一个新的时代。全面深化改革、全面协调发展成为这一时期体育发展的主题。

（一）以"开门办体育"为理念推进体育管理体制改革
多年以来，"闭门办体育、部门办体育"的弊端限制了体育发展的活

力。进入新时代后，体育管理体制改革再次提上日程。其关键是坚持按照"集聚资源、增强活力、促进协同、扩大共享"的原则坚持"开门办体育"，推进体育管理体制的变革，着力解决体育领域行政、事业、社团、企业等方面存在的弊端，构建中国体育发展的新格局。按照国务院深化简政放权、放管结合、优化服务的要求，稳步推进"放管服"改革。随着体育领域"放管服"改革的逐步深化，各方参与的积极性被调动起来，许多社会力量进入体育领域，并开始参与促进体育事业发展。2015年2月27日，中央全面深化改革领导小组审议通过了《中国足球改革发展总体方案》，将足球改革向纵深推进，同时进一步推进奥运项目单项体育协会实体化改革，中国特色社会主义体育管理体制与机制改革日益彰显活力。

（二）以奥运备战为目标推动竞技体育改革

新时代赋予了竞技体育发展的新任务、新使命和新目标。竞技体育开始以新思想确定发展新方向、以新理念统筹谋划发展新举措、以新思路深刻认识发展新内涵、以新理论指导发展新实践。在建设体育强国和以奥运备战为重点的竞技体育管理体制改革背景下，竞技体育从单一的一元管理向"多元治理"的体制与机制转变，从"奥运争光体育"向全面发展的体育转变，从"以金牌为本"向"以人为本"转变。[①] 以竞技体育价值观念重塑为前提，调整竞技体育主体结构，以体制创新转变发展方式梳理政府和社会的职能范围，以利益共享注入新的发展动力，逐步建立起适应新常态下的以政府为引导、以社会力量为发展依托的竞技体育体制。以落实奥运备战目标为重点的竞技体育管理体制和运行机制改革，为体育强国建设和"举国体制"注入新活力，融入新时代国家发展

---

① 崔乐泉：《中国共产党体育实践的百年历程与经验启示》，《首都体育学院学报》2011年第2期。

的大局。

（三）以供给侧结构性改革为重点推进体育产业发展

随着我国居民体育消费水平的持续提升，体育消费结构不断升级与优化，体育消费形式日渐丰富，体育消费品质日趋高端，体育跨界消费成为新的经济增长点。然而，体育产业发展也面临后劲不足的问题。从供给数量上看，低端供给过多、高端供给不足；从供给质量上看，供给结构的适应性、灵活性不高；从供给效率上看，全要素生产率不高，体育产业的发展面临着人民日益增长的体育需求和体育产品及服务供给不平衡不充分之间的矛盾，严重影响了体育产业的发展与体育产业结构的优化。为此，《关于加快发展体育产业促进体育消费的若干意见》《关于加快发展健身休闲产业的指导意见》等文件相继出台，积极引导体育产业健康快速发展。由此，以推进体育供给侧结构性改革为重点，促进体育消费成为推动中国体育产业高质量发展的重心。

二、部署推进体育强国建设阶段

党的十九大明确指出，中国特色社会主义进入新时代，我国发展进入新的历史时期。体育领域要抓住体育事业发展的战略机遇期，广泛开展全民健身活动，加快推进体育强国建设，筹办好北京冬奥会、冬残奥会，在迈向新时代的伟大征程中，为实现中国梦不懈努力，实现体育强国的伟大梦想。

（一）落实全民健身国家战略

2014 年，国务院发布《关于加快发展体育产业促进体育消费的若干意见》，明确提出将全民健身上升为国家战略，把全民健身作为体育发展和扩大消费的基础。2016 年颁布实施《"健康中国 2030" 规划纲要》。在党的重要会议、决议中也突出强调发展全民健身事业。例如,《中共中央关于党的百年奋斗重大成就和历史经验的决议》明确提出广泛开展全民健身活动。在新时代中国特色社会主义体育发展实践中,应以健康中国为理念深化体育管理体制改革,以全民健康为目标推动全民健身治理体系的现代化,推动健康产业与全民健身产业协同发展,促进医疗卫生与全民健身深度融合。

(二)落实体育强国建设目标

1984 年,中共中央发出《关于进一步发展体育运动的通知》,第一次明确提出"建设体育强国"的目标。体育强国观念也早已融在中国共产党人追求国家富强、民族独立、人民解放的具体实践中。中国共产党体育强国思想从重视竞技体育单一目标转变为"健康中国""全民健身""体育文化""体育产业""体育治理现代化"等。2019 年 9 月,国务院办公厅印发《体育强国建设纲要》。党的十九届五中全会为体育发展绘就了新蓝图,明确提出 2035 年我国将建成"体育强国"的发展目标。体育强国思想越来越丰富、体系越来越完整、内容越来越全面,在中华民族伟大复兴的伟大事业中生根发芽。

(三)成功举办 2022 年北京冬奥会、冬残奥会

做好北京冬奥会、冬残奥会筹办工作使命光荣,意义重大,关乎国家强盛、民族复兴与全球发展。高标准、高质量完成各项筹办任务,举办一届精彩、卓越的冬奥会,是以习近平同志为核心的党中央做出的重大战略部署,是我国对国际社会做出的庄严承诺。2022 年 2 月 4 日,第 24 届冬奥会在北京盛大开幕。在本届冬奥会上,我国实现了冬奥会 7 个大项、15 个分项全覆盖的参赛目标。同时,向世界展示了一个"言必信、行必果"的中国,为世界献上了一场精彩的体育盛宴。

三、奋力书写中国式现代化体育新篇章阶段

党的二十大是我国全面建设社会主义现代化国家、向第二个百年奋斗目标进军的重要时刻召开的一次重要会议。为了贯彻党的二十大精神，体育发展要置身于现代化强国建设的总体布局，全面开启体育强国建设新征程，走中国式体育现代化发展之路，谱写体育高质量发展的新篇章。

（一）全面开启体育强国建设新征程

2022年11月16日，党的二十大胜利召开。党的二十大擘画了全面建设社会主义现代化国家、以中国式现代化全面推进中华民族伟大复兴的宏伟蓝图，吹响了奋进新征程的时代号角。党的二十大报告指出，广泛开展全民健身活动，加强青少年体育工作，促进群众体育和竞技体育全面发展，加快建设体育强国。体育事业继续融入新时代伟大事业，为建设富强民主文明和谐的社会主义现代化强国增添动力、凝聚力量。新时代新征程，体育要为人民健康筑基，为伟大复兴聚气，为社会发展赋能，为自信自立铸魂，为全球体育增力。为此，国家体育总局提出落实新时代体育强国建设要做到"精神强、体制强、物质强、全面强、融入强"的"五强"要求。

（二）走中国式体育现代化发展之路

党的二十大报告指出，中国式现代化是中国共产党领导的社会主义现代化。中国体育现代化是中国式现代化的重要组成部分。中国式现代化进程中，体育现代化要求其在中国共产党的领导下，实现在全地域覆盖、全周期服务、全社会参与、全球化合作、全人群共享中助推国家富

强、民族复兴、人民幸福。① 从特征上看，中国体育现代化是彰显中国共产党坚强领导的现代化，是构建"四个重要"平台的现代化，是满足人民对美好生活需要的现代化，是高质量发展的现代化，是弘扬中华体育精神的现代化，是构建人类命运共同体的现代化。因此，在体育强国建设的新征程中应坚定不移走好中国体育现代化之路。

（三）谱写体育产业高质量发展新篇章

体育产业是现代服务业的重要组成部分，也是一个国家综合国力与社会文明程度的重要体现。作为新时代"五大幸福产业"之一的体育产业，是当之无愧的朝阳产业、绿色产业、幸福产业和健康产业，是推动国民经济可持续发展和高质量发展的重要驱动力，体育产业正逐步发展为国民经济的新型支柱产业。新时代新征程，推动体育产业高质量发展，一是需要不断扩大体育产品和服务供给，推动体育与相关产业融合发展，不断满足人民群众的体育消费需求；二是要强化体育产业政策落地落实，不断优化市场环境；三是推动体育消费全面升级，激发体育消费需求，不断创新体育消费引导机制；四是实施"体育＋"行动，推进产业融合发展，助力国民经济结构转型升级；五是紧抓风险防控，促进体育彩票安全发展，不断为我国经济社会高质量发展提供强有力的新动能。

新时代新征程，要坚持以习近平新时代中国特色社会主义思想为指导，落实习近平总书记关于加快建设体育强国的重要论述，统一思想、凝聚共识，深化体育改革，在体育领域全面贯彻党的二十大精神，加快建设体育强国，奋力谱写全面建设社会主义现代化国家体育新篇章。

---

① 刘纯献、刘盼盼、苏亮：《中国式现代化进程中体育现代化的本质内涵、战略路径与价值意蕴》，《北京体育大学学报》2023 年第 1 期。

第三节　新时代体育发展的特征

新中国的体育发展经历了从无到有、从小到大、从弱到强，从全民健身、竞技体育、体育产业到走出国门、国际交流，甚至影响世界；从体育制度体系、中华体育精神、全民健身到将体育发展为中华民族伟大复兴的标志性事业，体育发展在中华大地上呈现出生机勃勃的景象。立足新时代，我国体育事业在蓬勃发展的同时，也被赋予了更多的精神内涵和时代特征。

一、体育改革创新不断深化

体育改革是全面深化改革的重要组成部分。随着体育领域管理体制和运行机制改革的不断深化，举国体制成为竞技体育发展的有力保障，政府主导、部门协同、社会参与的"大体育"工作格局初步形成，具有中国特色、符合中国国情的社会主义现代化体育事业取得丰硕成果，中国体育的国际影响力与日俱增，并且逐步走向世界体育舞台的中央。加大对体育发展中面临的不平衡不充分、体育重点领域和关键环节的短板、体育创新能力不足等问题的深层次改革，为中国特色社会主义体育之路开启了前所未有的历史进程。全面深化体育改革，一是要与国家振兴合拍、与改革开放同向、认真总结我国体育改革发展的宝贵经验，准确把握新的历史时期体育改革发展的难点和重点；二是与世界体育发展同频共振，科学判断世界体育发展新态势，密切跟踪国际体坛发展新动态；三是坚持问题导向，深化重点领域和关键环节改革创新，优化政府职能，完善社会办体育的体制机制；四是坚持开门办体育、开放办体育、放手办体育，增强体育内生动力、激发体育发展活力，形成体育发展新模式。

二、体育功能发挥呈现新特点

体育的功能是指体育对个体和社会所能发挥的作用和效能。新时代体育被赋予了新的功能。新发展阶段，体育对于个体发展和社会进步的影响呈现出新的特征。

在促进个体发展方面，体育的教育功能更加凸显，休闲娱乐健身功能也日益被重视。体育的教育功能主要是指，将体育作为一种教育手段而产生的重要功效。从这一意义上来看，体育可以增强人们的身体素质、提高人们的心理健康水平、增强人们的社会适应能力、丰富人们的体育健康知识和提升体育技能，立德、增智、育美、辅劳，促进人的全面发展。作为教育的重要组成部分，新时代体育的教育功能还体现出"人人体育、终身体育"的观念不断增强，通过高质量、更公平、创新式的发展，促进全面教育、全民教育以及终身教育。大众越来越享受体育所带来的休闲娱乐健身功能，在体育参与中的获得感、幸福感、安全感日益提升。

从促进社会进步的视角来看，新时代的体育已深入到经济、社会、政治、文化、生态的各领域，正在发挥着重要的社会辅助功能。具体而言，新时代的中国体育为经济产业发展提供了新的经济增长点，彰显了良好的国家形象、增强了民族自信、强化了民族团结、促进了国际交流，也推动了各民族、国家间的文化融合、文明互动，还参与修复和维护了自然生态和社会生态，推进了生态文明建设的全面进步。

三、竞技体育与群众体育发展同时并举

党的二十大报告明确提出，要促进群众体育和竞技体育全面发展，加快建设体育强国，明确了我国未来体育强国建设的重点任务和方法路径。群众体育和竞技体育是辩证统一的关系，群众体育是竞技体育的基础，竞技体育引领、促进群众体育的发展。群众体育是体育强国的基础，人民群众的体育参与度、认知度，体现着一个国家的经济发展水平和文化发展水平。群众体育的开展能够大大提高人民群众的健康水平和身体素质，促进人的全面发展。党和国家高度重视群众体育开展，以满足人民群众体育需求为核心，将全民健身上升为国家战略。新时代以来，我国群众体育发展迅速，全民健身热情高涨，体育逐渐成为人们生活中不可或缺的一部分。竞技体育是体育强国战略的"排头兵"，在体育强国建设中具有重要的带动和引领作用。竞技体育取得的成就，有利于增强人民群众的民族自豪感、自信心和凝聚力。同时人们在关注竞技体育、欣赏竞技体育的过程中还可以愉悦身心，提高体育与艺术的鉴赏能力，接受美感与力量的感染与熏陶，全面提升人的品位与修养。运动员们在比赛过程中所展现出来的精神风貌，践行的"顽强拼搏、永不言弃"的体育精神等，发挥了良好的榜样引领作用，为整个社会勇攀高峰传递了更多的正能量。总之，群众体育与竞技体育是体育事业发展的一体两面，二者相辅相成，相互促进，服从和服务于人的全面发展和社会的文明进步。新时代以来，群众体育和竞技体育共同发展，既促进二者各自得到高质量发展，也强调了群众体育和竞技体育协调发展、优势互补和双赢。

四、体育发展趋向智能化、数字化

随着科学技术的飞速发展，科技与体育深度融合，科技为体育赋能，既为体育发展提供了强大推动力，也为体育发展带来更广阔的变革空间。5G、大数据、物联网、云计算以及人工智能等新兴信息技术赋能体育，极大地推动了群众体育、竞技体育以及体育产业全方位、全场景的数字变革。如今我国体育的发展也开始向智能化、数字化转变，体育科技已成为加快建设体育强国、满足人民多样化体育需求的关键路径和重要渠道。

科学技术作为体育智能化、数字化发展的关键，始终在更新迭代。科学技术运用于群众体育、竞技体育以及体育产业，呈现出了新的发展样态。

首先，群众体育发展智慧化。科技的发展使得人民群众的运动更加便捷和科学，可以更健康地享受运动的快乐。群众体育、全民健身的智慧化，改变了运动要素中人与人之间、人与场地之间的连接方式，突破了物理空间的限制，缩短了人们运动的时间和空间成本。科学技术也为体育活动提供了丰富的运动载体，各种智能运动装备以及健身器械的出现，增强了体育活动的参与体验感和科学化水平，极大地提高了人民群众参与体育健身的积极性。

其次，竞技体育发展精准化。竞技体育的参与人员（运动员、教练员、裁判员、科研人员等），将科学技术与竞技训练相结合，进行有针对性的训练，不仅能有效提升竞技水平，增强比赛的观赏性，还可以最大限度地帮助运动员避免运动损伤，提升运动的安全性。此外，各类视频拍摄技术的运用，能够有效地弥补裁判员的不足，用于辅助判罚，能够有效避免误判，提升运动赛事的公平性和准确性。

再次，体育产业发展数字化。近年来，我国数字经济的发展取得了令人瞩目的成就。数字技术与体育实体经济的融合发展，极大地促进了体育产业的数字化。体育产业的生产要素、生产方式、产品供给以及服务模式都向着数字化、智能化的方向发展，有效地提升了体育产业的生产效率，提高了体育消费购买力，促进了我国体育产业供给侧结构性改革。

随着社会的不断发展，体育也要不断顺应社会和世界的变化，勇于面向未来，根据其新时代特征，不断地与时俱进、开拓创新。在新的起点上，要加快体育强国建设，不断发展体育事业，不断提高人民健康水平，努力将体育建设成为中华民族伟大复兴的标志性事业，早日实现体育强国的宏伟目标。

第二章 新时代体育的理论建构

党的十八大以来，以习近平同志为核心的党中央从实现中华民族伟大复兴的战略高度看待发展体育事业，在体育理论与实践方面均取得了历史性成就。理论之树因扎根实践而常青，实践之路因真理指引而常新。新时代我国体育实践成就得益于新时代体育理论的丰富与发展，其理论建构既体现在关于体育元理论与体育战略方面的研究，也呈现出关注体育精神谱系、体育改革、全民健身、体育外交等全面发展的研究态势。

第一节 新时代体育元理论与体育战略研究

进入新时代以来，我国体育事业蓬勃发展、成就辉煌，尤其是北京冬奥会、冬残奥会的成功举办获得了世界人民的广泛赞誉，成为中国体育发展史上的一座里程碑。同时，我国体育发展迎来了新的战略机遇期，体育事业全面融入新时代经济社会发展大局，为建设富强民主文明和谐美丽的社会主义现代化强国增添了动力、贡献了力量。这些成绩的取得既得益于习近平新时代中国特色社会主义思想的科学指引，也得益于党和国家对体育发展战略与策略的清醒认识。

一、新时代体育元理论研究

体育的概念、本质、功能、特征等共同构成了体育的元理论要素，既有历史的延续性，又有鲜明的时代性，呈现出鲜明的阶段性特征。几十年来，荣高堂、张彩珍、熊斗寅、胡小风、周西宽、陈安槐、谢琼桓、张岩、韩丹、卢元镇、任海、张洪潭、郝勤、王广虎、刘桂海、易剑东等一大批老中青学者孜孜以求、深入探索，对体育和体育学基本理论体系的构建奠定了基础。[①] 新时代体育被赋予了新的功能与作用，人们对体育的概念、本质、特征及功能等基础性问题的重新审视与探讨，夯实了新时代体育科学发展的根基，对新时代体育事业发展行稳致远具有十分重要的意义。

（一）关于体育的概念

学界对于体育概念的争论由来已久。国内最早的争论可追溯到 20 世纪 80 年代，直到现在国内外对体育概念的定义都尚未形成统一的意见，人们对体育的理解仍然处于动态的变化之中。《体育概论》一书将体育定义为通过有规则的身体运动改造人的"自身自然"的社会实践活动。[②] 易剑东从历史纵向与国际横向对比的角度对体育概念进行了梳理与分析，将体育定义为：追求身体、精神、意志均衡发展的身体活动。[③] 杨文轩、陈琦认为，体育是以身体运动为基本手段，促进人的身心发展的文化运动。[④] 杨桦认为，体育是人类以身体活动为基本手段，是认识自我、完善

---

① 杨桦：《体育的概念、特征及功能——新时代体育学基本理论元问题新探》，《体育科学》2021 年第 12 期。

② 体育概论编写组：《体育概论》，北京体育大学出版社，2013，第 22 页。

③ 易剑东：《体育概念的梳理与厘清》，《成都体育学院学报》2019 年第 5 期。

④ 杨文轩、陈琦：《体育概论（第三版）》，高等教育出版社，2019，第 22 页。

自我，进而促进社会发展的实践活动。① 张新、廖雪、周煜等认为，随着体育的多元化发展，"体育"概念的外延逐渐扩大，泛化为人类一切身体运动的总称，力图从东西方体育概念的演变和对比视角出发，再次梳理近代中国体育概念体系的来龙去脉及其表述维度，揭示"体育"概念的语义变迁。②

（二）关于体育的本质

对体育本质的研究，在我国起步较晚。目前学界对体育的界定尚未达成共识，对体育本质的认识也是众说纷纭。在相关研究中，胡科回顾与评价了当前几种对体育的本质的主流研究，认为应该将体育的意义与身体的生成相联系，从身体的自我展示、自我建构、自我表达中探寻体育的本质含义。③ 韩鹏伟认为，人、身体运动、体育意识是构成体育的三个基本要素，体育是人类为了自身的存在、发展等而自主选择的一种特殊的活动方式，其本质是人类有目的、有意识地通过身体运动，作用于人类自身，促进人类存在和发展的一种实践活动。④ 杨文轩、陈琦认为，体育的本质是指体育本身特有的不同于其他事物的根本属性，反映了体育过程内部包含的特殊矛盾，构成了体育区别于其他事物的特殊性质。基于这一认识，提出体育的本质就是以身体运动为基本手段，促进人的身心发展的文化活动。⑤ 杨小永提出应该遵循"个体与群体、系统与

---

① 杨桦:《体育的概念、特征及功能——新时代体育学基本理论元问题新探》,《体育科学》2021 年第 12 期。

② 张新、廖雪、周煜、李佳婕:《中国"体育"概念词汇的历史源流考析》,《上海体育学院学报》2022 年第 5 期。

③ 胡科:《体育本质研究的迷思与转向》,《体育学刊》2015 年第 5 期。

④ 韩鹏伟:《从体育构成要素论体育的本质》,《西安体育学院学报》2016 年第 5 期。

⑤ 杨文轩、陈琦:《体育概论》(第三版),高等教育出版,2021,第 19 页。

过程、结构与功能”相统一的规律，廓清体育与文化教育的关系，揭示体育对生命、生活的意义，实现对体育本质的再认识。[1]

（三）关于体育的功能

体育在提高人们身体素质和健康水平、促进人的全面发展，丰富人民精神文化生活、推动经济社会发展，激励各族人民弘扬追求卓越精神等方面发挥着不可替代的作用，体育的功能也会随着经济社会发展和人们需求的变化而发生变化。《体育概论》一书论述了体育的个体功能（强身健体、健康心理、人际交往、休闲娱乐、生命美学等功能）和体育的社会功能（教育功能、政治功能、经济功能、文化功能等）。[2]杨文轩、陈琦论述了体育的本质功能（健身、教育、娱乐功能）与体育的拓展功能（经济、政治功能）。[3]杨桦指出，体育的功能包括本质功能（促进身体健康、促进心理健康、促进人的社会化等功能）和派生功能（经济功能、政治功能、文化功能、生态功能等）。[4]一般而言，体育的功能，特别是竞技体育的功能可以从国家层面、社会层面和个人层面进行分析。随着时代的发展，体育所具有的功能也在进行优化与拓展。新时代，我国体育在中华民族传统体育的“双创”探索以及中国式现代化探索中，除了发挥体育原有功能与价值外，还在体育教育与生命教育、终身教育、全民教育融合上，在传统体育文化与现代体育文化协同发展上，在体育社会化过程中，展现出体育功能的优化。

---

① 杨小永:《体育本质再认识应遵循的三大统一规律分析》,《体育科学研究》2023 年第 1 期。

② 体育概论编写组:《体育概论》,北京体育大学出版社,2013,第 39—48 页。

③ 杨文轩、陈琦:《体育概论》(第三版),高等教育出版社,2019,第 34—47 页。

④ 杨桦:《体育的概念、特征及功能——新时代体育学基本理论元问题新探》,《体育科学》2021 年第 12 期。

（四）关于体育的特征

体育的特征是构成体育的内在标志，体现为身体活动的独特形态、目的、认知及价值，将体育与人类社会其他活动及非体育的身体活动区别开来。杨桦指出，体育包括以身体活动为手段、以人自身的发展为目的、以主客体同一为存在方式、以人文精神为价值导向的体育特征。[①] 王广虎提出，体育以优化发展为基本指导思想、以主客体同一为基本活动特征、以身体活动为基本活动方式、以身体力行为基本活动要求。[②] 陈丛刊、王思贝指出，新时代中国特色社会主义体育实践的特征表现为：马克思主义照亮了中国特色体育实践的前进方向，党的领导奠定了中国特色社会主义体育实践的根本前提，以人民为中心彰显了中国特色社会主义体育实践的价值追求，改革开放提供了中国特色社会主义体育实践的强劲动力。[③] 崔乐泉、赵子建提出，基于中国国情的现代化体育，其特征即实现人口规模巨大、共享体育福祉、体育文化繁荣发展、人与自然和谐相处、和平与发展等五个方面的体育现代化。[④]

（五）关于体育的分类

对于体育分类问题的讨论由来已久。体育界和学术界都各执己见。学者们从不同的角度对体育进行分类，归纳起来大概有以下几种观点：一是将体育划分为竞技体育、学校体育、社会（群众、大众）体育；二是将体育划分为学校体育、社区体育、职业（职团）体育；三是将体育

① 杨桦：《体育的概念、特征及功能——新时代体育学基本理论元问题新探》，《体育科学》2021 年第 12 期。
② 王广虎：《体育的概念认识与特征析取》，《成都体育学院学报》2019 年第 5 期。
③ 陈丛刊、王思贝：《新时代中国特色体育实践的特征、启示与发展展望》，《哈尔滨体育学院学报》2022 年第 6 期。
④ 崔乐泉、赵子建：《中国式现代化体育道路的出场逻辑、本质特征及世界意义》，《武汉体育学院学报》2023 年第 7 期。

划分为健身体育与竞技体育；四是将体育划分为精英体育、大众体育与民间体育；五是将体育划分为体育理论、体育实践、体育经济和体育精神；六是将体育划分为竞技体育、健身体育和娱乐体育。在《体育概论》一书中，根据各种体育实践的基本功能和特征、人们对体育基本类型的认同和体育工作的实际情况等综合因素将体育分为学校体育、竞技体育、大众体育和体育产业四种基本类型。[1] 杨文轩、陈琦将体育分为体育教育、竞技体育和健身休闲几种类型。[2] 刘转青、刘积德在梳理现行体育分类观点的基础上提出了自己的分类思路：按照参与者对体育技能和理论的掌握程度分为大众体育与精英体育；根据参与者参与体育的主要目的分为竞技体育、健身体育与休闲体育；以体育开展区域为标准分为农村体育与城市体育等。[3]

二、新时代体育强国理论研究

建设体育强国是中华民族伟大复兴事业的重要组成部分，是实现中国式现代化、全面建成社会主义现代化强国的必然要求，全力推动中国体育由"体育大国"向"体育强国"的战略性转变是新时代中国体育发展的必由之路。体育强国梦薪火相传、继往开来，加快推进体育强国建设，是新时代中国体育承载的新使命、新任务。

（一）体育强国战略的提出

1983 年，国务院转批国家体委《关于进一步开创体育新局面的请示》中四次提到"体育强国"，指出在 20 世纪内要成为世界体育强国还要做

---

① 体育概论编写组：《体育概论》，北京体育大学出版社，2013，第 39—48 页。
② 杨文轩、陈琦：《体育概论》（第三版），高等教育出版社，2019，第 24 页。
③ 刘转青、刘积德：《我国体育分类刍议》，《体育学刊》2017 年第 1 期。

出艰苦的努力。新时代，体育强国理论不断得到丰富与发展。2017年，习近平总书记在会见国际足联主席詹尼·因凡蒂诺时指出，建设体育大国和体育强国，是中国人民实现"两个一百年"奋斗目标的重要组成部分。①2017年，习近平总书记在会见全国体育先进单位和先进个人代表时强调，加快体育强国建设，就要把握体育强国梦与中国梦息息相关的定位。②2020年，习近平总书记在教育文化卫生体育领域专家代表座谈会上再次强调要加快体育强国建设。经过几十年的发展，体育强国战略获得了广泛共识，并在新时代持续发挥着重要的思想引领作用。

（二）体育强国战略的实施

体育是人类文明进步的重要标志，国运兴则体育兴，推进体育强国建设，是民心所向，也是时代所需。体育强国建设伴随着中国式现代化的历史进程，是实现人的全面发展的必然要求，是中国式现代化的重要组成部分。党的十九大报告明确提出了广泛开展全民健身活动，加快推进体育强国建设的目标。2019年，国务院办公厅印发《体育强国建设纲要》，明确了体育强国建设的目标、任务、措施，提出到2050年全面建成社会主义现代化体育强国。这充分体现了党和国家对体育事业的高度重视，为充分发挥体育在全面建设社会主义现代化国家新征程中的重要作用，努力将体育建设成为中华民族伟大复兴的标志性事业，提供了政策保障。《体育强国建设纲要》的颁布与实施，标志着体育发展进入了新时代，开启了新征程。《中华人民共和国国民经济和社会发展第十四个五年规划和2035年远景目标纲要》提出到2035年建成体育强国的远景目标，将体育强国梦纳入中国梦的宏大体系。党的二十大报告明确提

---

① 《习近平会见国家足联主席》，《人民日报》2017年6月15日，第1版。

② 李中文、胡果、杜尚泽：《习近平会见全国体育先进单位和先进个人代表等》，《人民日报》2017年8月28日，第1版。

出，促进群众体育和竞技体育全面发展，加快建设体育强国，为全国体育战线明确了奋斗方向，提供了根本遵循，对我国体育事业寄予了厚望，再次明确了实现体育强国至关重要，关乎国家的命运和民族的繁荣。国家体育总局制定的《"十四五"体育发展规划》，指出了 2035 年体育强国建设远景目标和"十四五"时期体育发展的主要目标与发展方向，提出 2035 年体育强国建设远景目标将分步实施，即通过未来五年的努力，在各领域、各项目、各区域实现较大发展、取得重要成果，体育发展的基础更加坚实，体育强国的四梁八柱基本形成。到 2030 年，体育整体发展质量和效益显著提升，形成政府主导有力、社会充满活力、市场规范有序、人民积极参与、与基本实现社会主义现代化相适应的体育发展新格局。到 2035 年建成社会主义现代化体育强国，体育的制度生命力、大众亲和力、国际竞争力、经济贡献力、文化软实力、世界影响力要充分彰显，体育治理体系和治理能力实现现代化，体育成为中华民族伟大复兴的标志性事业。《中共中央关于党的百年奋斗重大成就和历史经验的决议》明确提出要加快体育强国建设。党的二十大报告审时度势，再次发出"加快建设体育强国"的号召并做出重要部署，这是站在实现第二个百年奋斗目标的战略全局，站在实现中华民族伟大复兴的历史高度，站在实现中国式现代化的总体部署上，做出的重要指导方针和工作部署，是对我国体育工作按下的快进键。

（三）体育强国战略的深化

党的二十大以来，体育系统深刻认识到加快建设体育强国的重大任务和神圣使命，将党的二十大精神转化为加快建设体育强国的科学思路、务实举措和实际成效，发出"加快建设体育强国"的动员令。2022 年 10 月 14 日，国家体育总局党组书记、局长高志丹在《学习时报》上发表《奋力开创体育强国建设新局面》的署名文章指出，加快推进体育强国建设，是以习近平同志为核心的党中央立足世界百年未有之大变局和中华民族伟大复兴的战略全局，对体育改革发展做出的重大战略部署，是新时代体育工作的奋斗目标和核心指针。要牢牢把握中华民族伟大复兴的中国梦与体育强国梦息息相关的战略定位，牢牢把握加快推进体育强国建设的重大任务。2022 年 12 月 27 日，高志丹在 2022 年全国体育局局长会议上的讲话中提出，要全面准确理解体育强国的丰富内涵：一是要精神强，为中华民族伟大复兴提供凝心聚气的强大精神力量；二是要体制强，坚持走中国特色社会主义体育发展道路；三是要物质强，实现体育发展保障条件的现代化；四是要全面强，形成体育各方面全面发展的良好局面；五是要融入强，使体育全方位融入国家发展大局。要加快推进体育强国建设，推动体育重点领域和关键环节改革。2023 年 7 月 13 日，高志丹在《中国体育报》上发表文章《加快推进体育强国建设步伐》，提出要深刻认识新时代新征程体育工作的使命任务和体育强国的丰富内涵，要求体育系统要以时不我待的紧迫感、只争朝夕的责任感和舍我其谁的使命感，埋头苦干、担当奉献，扎实推进各项重点任务，加快体育强国建设步伐，奋力谱写全面建设社会主义现代化国家体育新篇章。

国家体育总局体育文化发展中心研究部主任崔乐泉，在其研究中着重论述了中国现代化进程中体育强国建设的意义、目标与路径选择，并对体育强国建设的中国模式进行了分析。他认为体育强国建设要从落实全民健身战略助力健康中国建设、丰富人民精神生活实现竞技体育高质量发展、立足共同富裕加快发展体育产业、繁荣体育文化促进物质文明和精神文明协调发展、将体育对外交往融入中国特色大国外交等五个方面形成体现中国国情的中国模式。① 鲍明晓分析了全面建设体育强国的

① 崔乐泉:《中国式现代化与体育强国建设的中国模式》,《首都体育学院学报》2022 年第 6 期。

艰巨性和复杂性，认为全面建设体育强国必须加固竞技体育的战略支点、夯实群众体育的战略基础、拓展体育产业的战略空间、守住青少年体育的战略阵地、筑牢体育文化的战略高地，着力解决群众健身场地不足以组织赛事活动、"三大球"振兴和足球改革成效不彰、青少年体质持续下滑、竞技体育优秀后备人才不足等关键问题。[①]

三、新时代体育发展策略研究

新中国成立以来，我国体育发展策略演变大体经历了四个阶段，即1949—1960 年形成的"普及和提高相结合"的发展策略，1961—1978 年形成的"缩短战线保证重点"的发展策略，1979—1992 年形成的"以重点带动一般""竞技体育优先发展"的策略和 1993—2008 年形成的"各类体育协调发展"的策略。[②] 不同阶段的发展战略与策略演变，是对国家发展与体育发展需求逻辑的有力回应，不断推动体育事业的发展，并积累了宝贵的建设经验。后奥运时代，国家全面开启由体育大国向体育强国迈进的战略部署，尤其是进入新时代以来，奋力开创体育强国建设新局面，将全民健身上升为国家战略，建设健康中国，走中国特色的体育现代化道路，推动体育事业高质量发展。

（一）健康中国与全民健身战略融合

党的十八大以来，以习近平同志为核心的党中央始终把人民健康置于优先发展的战略地位，在党的十八届五中全会上做出"推进健康中国

---

① 鲍明晓：《全面建设体育强国的核心逻辑、战略要点和关键问题》，《北京体育大学学报》2023 年第 2 期。

② 刘峥：《新中国体育发展战略的演变（1949—2008）》，北京体育大学博士学位论文，2011，第 14 页。

建设"的重大决策。2016 年国务院发布《"健康中国 2030"规划纲要》，指出健康中国以提高人民健康水平为战略核心，以体制创新为动力，通过共建共享的基本路径最终实现全民健康的基本目的。[①] 健康中国视域下的健康不仅仅是个体的身心健康，还包括社会环境、制度和文化建设、自然生态等全要素的健康。健康中国关注的领域十分广泛，是覆盖全人群的全生命周期健康，是覆盖全人群的全方位健康，即身体健康、心理健康、道德健康、社会适应健康、生活方式健康、人居环境健康等，是"五位一体"的整个社会的全面健康。体育育体、育心功能的发挥与健康中国建设密不可分。在相关研究中，万炳军、曾肖肖等认为，基于社会整体的健康治理构建自身的动力系统，在"健康中国"的建设过程中，新时代的体育应该发挥体育可以多元、跨界和协同的特殊优势，主动承担起惠民使命、经济使命、文化使命、政治使命和生态使命等。[②]

党的十八大以来，全民健身事业蓬勃开展并逐步上升为国家战略，有力地推动了健康中国建设。2014 年，国务院印发《关于加快发展体育产业促进体育消费的若干意见》，首次提出将全民健身上升为国家战略。党的十八大报告提出："广泛开展全民健身运动，促进群众体育和竞技体育全面发展。"党的十九大报告提出："广泛开展全民健身活动，加快推进体育强国建设。"党的二十大报告提出："广泛开展全民健身活动，加强青少年体育工作，促进群众体育和竞技体育全面发展，加快建设体育强国"。新时代全民健身上升为国家战略，成为满足人民群众对美好生活向往的重要内容，是推进体育强国和健康中国建设的动力源泉，也是群

---

① 《中共中央 国务院印发〈"健康中国 2030"规划纲要〉》，新华网，http://www.xinhuanet.com/politics/2016-10/25/c_1119785867.htm。

② 万炳军、曾肖肖、史岩、史兵：《"健康中国"视域下青少年体育使命及其研究维度的诠释》，《体育科学》2017 年第 10 期。

众体育和竞技体育全面发展的根本依托。从战略价值看，全民健身战略超越了以往单纯从个体或局部视角看待全民健身价值的局限，全民健身从体育价值上升为国家战略价值，从推动人的全面发展和社会全面进步角度凸显全民健身的社会价值。从战略格局看，全民健身从体育格局上升为国家战略格局，有助于推动建立更高层次的全民健身工作协调机制，实现跨界整合与融合发展。特别是全民健身工作部际联席会议制度的建立，使全民健身不再是单线作战，逐步上升为政府的主体工作。从战略实施看，全民健身已从体育工作部署上升为国家战略部署。

在健康中国战略的引领下，全民健身与全民健康事业深度融合，是实现全民健身、促进全民健康的基本途径，对于增强人民体质，提高健康水平具有重要意义。《体育强国建设纲要》将"大力推进全民健身与全民健康深度融合"作为建设体育强国的指导思想。全民健身与全民健康深度融合的提出，是我国体育事业发展理念的重大创新，将体育与国家发展、民族振兴紧密联系在了一起。全民健身与全民健康深度融合是根据我国体育事业、医疗卫生事业的现实情况提出的，是满足人民基本的健身、促进体育产业全面发展的需要，是全面提高国民身体素质、落实健康中国战略的需要，也是助力我国建设体育强国的需要。全民健身与全民健康的融合既是服务于体育强国建设的重要环节，也是实现健康强国的重要基础和先决条件。全民健身与全民健康深度融合要坚持以人民为中心，以人的全面发展为逻辑起点，以健康促进需求为内在动力，以平衡公共服务供给矛盾的制度安排作为选择逻辑、遵循一元主体供给不足到多元主体合作供给的供给逻辑，形成你中有我、我中有你、相互联系、相互促进的新发展格局。在全社会、各民族广泛开展全民健身活动，有助于人们形成积极健康的生活方式，提升全民族的健康水平，真正助力健康中国建设。

（二）走中国式体育现代化发展之路

党和国家提出的体育强国建设战略目标与建设体育强国的具体规划，对推进中国式现代化进程意义重大。党的二十大擘画了以中国式现代化全面推进中华民族伟大复兴的宏伟蓝图，中国式体育现代化作为中国式现代化进程中的体育篇章和重要组成部分，在中国式现代化进程中发挥着独特的作用。中国式体育现代化是中国共产党领导下的体育现代化，中国体育的发展本质是中国式体育现代化。中国式体育现代化基于中国国情和发展实际，具有独特的发展思想与发展理念，是具有鲜明的道路特色的现代化样态与模式。

毛振明、温君慧、张媛媛认为，中国式体育现代化道路是在党领导下奋勇抗争和充满奋斗精神的救国之路，是具有社会主义性质的以人民利益为上的民本之路，是弘扬中华传统体育文化实现中西文化合璧的融合之路，是促进青少年德智体美劳全面发展的育人之路，是结合国情实际并锐意改革与时俱进的创新之路，是促进各国人民友好交往构建"人类命运共同体"的和平之路，是"百年未有之大变局"下的民族复兴之路。[①]

崔乐泉、赵子建梳理了中国体育现代化的百年历程，认为中国式现代化体育道路具有自己独特的历史、文明、价值、理论与实践的出场逻辑，显著区别于西方体育现代化发展模式，既体现了由中国共产党领导、走中国特色社会主义发展之路、坚持以人民为中心的发展主旨以及改革开放与创新的不断深化，也着眼于中国体育历史演进的社会文化"土壤"

---

① 毛振明、温君慧、张媛媛：《中国式体育现代化基本特征研究》，《天津体育学院学报》2022 年第 6 期。

和中国体育发展的客观实际。①

崔乐泉、马学智对中国体育现代化道路的四次历史性跨越进行了全面分析，总结出中国式体育现代化发展道路所能提供的六方面经验启示，分别是：党对体育事业的全面领导是现代化体育发展的核心力量和根本保证；"发展体育运动，增强人民体质"是现代化体育发展的基本方针；融入中华民族伟大复兴的体育强国梦是现代化体育发展的战略定位；中国特色社会主义是现代化体育发展道路的必然选择；大力弘扬中华体育精神是现代化体育发展道路文化自信的展现；构建人类命运共同体是现代化体育发展的重要理念。②

（三）推动新时代体育的高质量发展

体育高质量发展是建设体育强国的核心要义。党的二十大报告强调，要着力推进高质量发展，推动构建新发展格局。高质量发展是全面建设社会主义现代化国家的首要任务，进一步凸显了发展的全局意义和长远意义。高质量发展是在立足新发展阶段、贯彻新发展理念、构建新发展格局中推进发展，这是我国各项事业发展的根本遵循，也是发展体育的基础。在全面建成社会主义现代化强国进程中，必须坚持把高质量发展作为体育发展的第一要务，充分发挥体育的作用，在全面建设社会主义现代化强国中贡献体育的力量。

杨桦认为，高质量发展是建设体育强国的首要任务，其重要价值在于"提高人民健康水平的途径更加通畅，满足人民群众对美好生活的向往、促进人的全面发展的手段更加丰富，促进经济社会发展的动力更加

---

① 崔乐泉、赵子建：《中国式现代化体育道路的出场逻辑、本质特征及世界意义》，《武汉体育学院学报》2023 年第 7 期。

② 崔乐泉、马学智：《中国式现代化体育发展道路的四次历史性跨越及其经验启示》，《北京体育大学学报》2023 年第 1 期。

强劲,展示国家软实力的平台更加宽广",也提出"聚焦提升为国争光能力促进竞技体育发展,围绕实施全民健身国家战略促进群众体育发展,紧扣深化体教融合促进青少年体育发展"[1]等实践路径。

付群、胡智婷、侯想认为,我国经济可持续发展面临挑战、国民经济发展结构性失衡、国家新发展战略全面推进等,是推进体育产业发展为国民经济支柱性产业的现实背景和外在推动力;产业升级的客观规律、体育发展的价值追求与体育产业的独特属性,共同构成了推进体育产业发展的内生动力;在推进体育产业发展为国民经济支柱性产业的过程中,应坚持政策驱动引领高质量发展、跨界融合延伸产业链条、数字经济助力转型升级、人才战略保障智力支持与场馆建设夯实产业基础。[2]

立足于中国式现代化发展的实际情况,戴红磊认为,我国体育产业开启了高质量发展的新局面,并在持续深化改革中成绩斐然,表现出"产业规模持续扩张、产业结构不断优化、产业创新取得突破、产业空间不断扩大"的发展特征。针对体育产业要高质量发展所面临的全球百年未有之大变局和国内经济社会深刻转型的挑战,提出中国式现代化进程中体育产业高质量发展应遵循坚持党的领导、坚持中国特色社会主义道路、坚持以人民为中心、坚持深化改革、坚持发扬斗争精神的原则,加快推动居民体育消费升级提质,加快推进高质量的体育科技创新,加快推进区域体育产业集群建设,加快推进体育产业人才体系建设等。[3]

新时代中国特色社会主义体育道路,是中国共产党领导中国体育开

---

[1] 杨桦:《以高质量发展加快建设体育强国》,《武汉体育学院学报》2022年第12期。

[2] 付群、胡智婷、侯想:《新时代中国体育产业高质量发展的现实逻辑、内生动力和实践探索》,《天津体育学院学报》2023年第3期。

[3] 戴红磊:《中国式现代化进程中体育产业高质量发展的现实挑战、原则遵循与实现路径》,《天津体育学院学报》2023年第4期。

辟的一条具有历史性、开创性的沧桑正道。这一时期我国体育所确定的发展战略与策略是历史的选择、时代的选择和人民的选择，是中国共产党对国家、对民族、对人民、对体育发展的重大历史性贡献，使中国体育在新时代依然焕发前所未有的勃勃生机，以昂扬的姿态和崭新的面貌迈上高质量发展新征程。

第二节　新时代体育全面发展研究

体育发展是一个系统工程。新时代体育实践的全面展开也促使体育理论研究不断向前推进。新时代体育理论研究在体育精神、全民健身、体育改革、体育外交等多个领域全面开花，成为新时代中国特色社会主义体育理论的重要组成部分，指导新时代中国特色社会主义体育事业全面进步。

一、体育精神谱系研究

体育是社会发展和人类文明进步的重要标志，是一个国家综合国力和文化软实力的重要体现。大力发展体育事业不仅是实现中国梦的重要内容，也可以为中华民族伟大复兴提供凝心聚气的强大精神力量。《体育强国建设纲要》提出"大力弘扬中华体育精神""深入挖掘中华体育精神"的总要求。新时代中华体育精神的研究不断拓展，逐渐形成了以中华体育精神为核心、各类体育项目精神为依托、重大赛会精神为亮点的中华体育精神谱系，共同推动新时代体育精神的奋发有为与生生不息。

（一）中华体育精神历久弥新

中华体育精神源远流长，它是我国体育领域长期坚持的价值导向和文化追求，是我国体育事业发展的灵魂，也是当代中国精神的重要组成部分。1997 年，国家体委首次提出"中华体育精神"这一概念，之后国家体育总局又对中华体育精神的内涵进行了三次概括、凝练和升华。中华体育精神作为我国体育实践活动中凝练而成的精神共鸣，既是一个个优秀运动员精神状态的真实写照，也是各族人民精神面貌的集中体现。中华体育精神作为中华民族精神的一部分，发源于中华优秀传统体育文化，吸收了现代奥林匹克精神，融合了中国共产党的体育理论与实践，逐步被凝练概括、传播和发扬。中华体育精神既反映了我国体育事业的价值导向和文化追求，更是中华优秀传统文化在体育领域的具体体现。[①]它是中华民族精神和体育精神共同作用的结果，是中华民族的宝贵精神财富。

中华体育精神作为中华体育道德领域最高层次的要求，逐步成为实现体育强国梦的宝贵精神财富与动力支持。新时代的中华体育精神，集中体现了社会主义核心价值观的基本要求。从国家层面而言，要发扬为国争光、无私奉献的精神；从社会层面而言，要发扬团结协作精神、遵纪守法；从个人层面而言，要发扬科学求实、顽强拼搏精神。[②]我们在新时代继续弘扬中华体育精神，展现良好体育形象，有利于最大限度地凝聚民族共识，提升国家的国际地位和国际影响力，助力社会主义现代化强国建设，推进中华民族的伟大复兴；有利于通过体育的窗口在全社会营造公平公正、和谐有序的法治环境，形成弘扬和培育社会主义核心价值观的良好氛围；有利于发挥体育人的榜样作用，以体育健儿在赛场上

---

① 《新时代体育事业发展的法治保障：体育总局政策法规司负责人解读新体育法》，《中国体育报》2022 年 6 月 25 日，第 3 版。

② 邹秀春、刘洋等：《全面依法治体与以德治体相融合的中华体育精神弘扬研究》，《中国体育科技》2022 年第 9 期。

不畏强敌、顽强拼搏、为国争光的精神去感染和激励社会大众弘扬爱国、敬业、诚信、友善的个人道德价值观，提高人的身心素质，促进人的自由、全面发展。

中华体育精神在新时代不断绽放新的光彩。在中华体育精神的指引下，我国在 2020 年东京奥运会、2022 年北京冬奥会以及诸多大型体育赛事上均取得了优异成绩，进一步丰富了中华体育精神的时代内涵，向世界展示了古老的中华民族在新时代所焕发的生机与活力。

（二）体育项目精神代代传承

新时代我国各类体育项目都得到了大发展、大繁荣，发展的背后是体育人持久不息的攻坚克难和拼搏奋进。各类体育项目发展中所内蕴的精神，作为支持体育事业发展的精神动力，在这一时期也得到进一步挖掘、凝练与发展，得以在实践中代代传承，如对新时代女排精神、登山精神、国乒精神、女足精神等的研究与阐释，在这一期都取得丰硕成果。

1. 女排精神代代传承

女排精神诞生于 20 世纪 80 年代，从 1981 年到 1986 年，中国女排赢得世界排球史上第一个"五连冠"，开创了我国大球翻身的新篇章。女排精神早已跨越体育领域，成为一种中华民族广为提倡的时代精神而被代代传承，女排精神中所蕴含爱国拼搏、艰苦奋斗、团结协作和无私奉献得到了全社会的广泛认同。女排精神孕育于中华民族深厚的文化土壤，形成于特殊的历史条件，紧扣时代发展的最新脉搏，与中国女排顽强拼搏的奋斗历程融为一体。尽管中国女排经历了高峰与低谷，成功与失败，但女排精神从未离开，"祖国至上、为国争光"的初心从未改变；"团结协作、无私奉献"的集体主义精神历久弥新；"顽强拼搏、自强不息"的风貌一如既往；"永不言败、从不气馁"的传统一脉相承。在中华人民共和国成立 70 周年之际，中国女排以世界杯总冠军的成绩为祖国送上了一份珍贵的生日礼物。新时代，女排精神与时俱进，被列入中国共产党人革命精神谱系第一批伟大精神，衍生出强大的民族凝聚力，并早已内化为一种民族精神和时代精神，向全社会传递更多的正能量。

赵麐认为，女排精神是我国时代精神的具体表现，是中华民族精神财富的重要组成部分，是中国人民锐意进取、顽强拼搏的精神动力和力量源泉。新时代应深入挖掘女排精神的政治、教育和人文价值，促进个人与社会的共同发展。[①] 赵岑、郑国华认为，女排精神是极具中华民族特色的体育精神，经历了诞生、嬗变、回归、重塑四个阶段，最终形成了以"祖国至上、团结协作、顽强拼搏、永不言败"为内涵的新时代女排精神，发挥新时代女排精神的价值对于助推社会主义精神文明建设，助推体育强国发展，展示良好国家形象具有重要的作用。[②] 李慧、李红霞等认为，新时代女排精神以"祖国至上"为核心，以"团结协作"为精髓，以"顽强拼搏"为实质，以"永不言败"为特质，为建设体育强国提供精神支撑，为坚定文化自信提供精神源泉，为实现中国梦提供精神动力。[③] 孔年欣、柳鸣毅等认为，女排精神具有中国特色和时代象征，诠释了其弘扬现代体育精神和传承中华体育精神的基本内涵，他们提出新时代传承女排精神应充分传承和挖掘其文化价值以助推体育强国建设，筑牢民族精神基石。[④]

---

① 赵麐：《符号和记忆：女排精神的内涵、特征及价值》，《体育文化导刊》2017年第 8 期。

② 赵岑、郑国华：《新时代中国女排精神的内涵与价值传承》，《体育文化导刊》2020 年第 9 期。

③ 李慧、李红霞、杜雅、邹秀春、张凯：《女排精神的演进逻辑与价值意蕴》，《成都体育学院学报》2022 年第 5 期。

④ 孔年欣、柳鸣毅、但艳芳、敬艳：《中国"女排精神"的发展历程、基本内涵与传承路径》，《成都体育学院学报》2022 年第 5 期。

女排精神作为社会主义精神文明建设的重要催化剂，将继续为国家发展提供持久的精神动力，对坚定"四个自信"，弘扬社会主义核心价值观，助力体育强国梦的实现具有深远的意义与价值。

2. 登山精神生生不息

2003 年 5 月 21 日，中国登山队再次登上珠穆朗玛峰，在世界之巅扬起鲜艳的五星红旗。在新中国 60 多年的登山运动中，中国的登山队铸就的"不畏艰险、顽强拼搏、团结协作、勇攀高峰"的伟大登山精神，至今仍具有鲜活的时代价值，是中华体育精神的生动体现，影响并建构着中国人的精神世界，成为伟大的时代精神与民族精神在新时代的重要体现，成为夺取新时代中国特色社会主义伟大胜利的重要动力之一。

聂晓梅、曲永鹏等认为，登山精神是体育强国建设经过百年洗礼的衍生物，发扬和传承登山精神是实现体育强国梦的重要组成部分，鼓舞了中华儿女坚定初心、砥砺前行的信心和决心。[1] 陈晨、傅安洲等认为，登山精神是伟大的时代精神、民族精神在新时代的重要体现，逐步融入中华民族精神的血脉，影响着国人的精神世界，在国家、社会和个人层面具有塑造国家形象、凝聚爱国共识、促进人的全面发展等重要价值，为新时代中国特色社会主义事业建设提供强有力的思想保障。[2] 张艺博认为，登山精神是实现中华民族伟大复兴的价值引领。新时代，登山精神在满足人民日益增长的美好生活需求与和谐社会、健康中国等发展目标中起关键导向作用。登山精神具有时代性与包容性，保持着鲜活生命力，

---

① 聂晓梅、曲永鹏、易锋：《中华体育精神弘扬社会主义核心价值观的功效研究——以乒乓精神、珠峰登山精神和女排精神为例》，《南京体育学院学报》2021 年第 6 期。

② 陈晨、傅安洲、黄莉、李元：《中国登山精神的生成逻辑、深刻内涵与价值意蕴》，《武汉体育学院学报》2023 年第 5 期。

贯穿于新中国的发展历程，并不断吸纳新的精神要素。①

新时代，"登山精神"将在推进中国式现代化新征程中逐步融入民族精神的血脉，在塑造国家形象、彰显伟大的民族精神、促进精神文明建设，助力实现中国梦，助推社会主义核心价值观的培育上，提供强有力的思想保障。

3. 乒乓精神经久不衰

乒乓精神，也称国乒精神。乒乓球是我国的国球，我国多年来保持着国际乒乓球运动项目上的霸主地位。中国乒乓球队在攀登高峰、追求卓越的历程中诠释着乒乓精神的内涵，在弘扬乒乓精神的过程中推动国乒事业克服挑战，战胜自我，取得新胜利。王海燕、郭冠清认为，理解"乒乓精神"要从民族精神、集体主义精神、创新精神、开放精神等四个维度进行研究。②他们从构建体育发展新格局的视角，对"乒乓精神"在弘扬中华优秀传统文化和践行社会主义核心价值观重要作用上进行了分析。周婉滢从中华优秀传统文化的角度对乒乓精神产生的过程进行梳理，认为乒乓精神内蕴着爱国主义精神、自强不息精神、团结协作精神与不断创新精神，是持续发展的中华优秀传统文化。新时代应大力弘扬乒乓精神，继续加强乒乓精神的传播，为社会主义体育强国的感召力提供力量。③朱惠平认为乒乓精神发展经历了四个阶段，文化内涵中包括的爱国主义精神、集体主义精神和不断创新精神，是我国乒乓球运动的制胜法

---

① 张艺博:《登山精神的历史回顾与时代镜鉴——基于 1960 珠峰北坡登顶》,载《第十二届全国体育科学大会论文摘要汇编》,2022。

② 王海燕、郭冠清:《论"乒乓精神"的文化内涵及其时代价值》,《体育科学进展》2022 年第 1 期。

③ 周婉滢:《从中国传统文化透视乒乓精神的时代特征》,武汉体育学院硕士学位论文,2012,第 6 页。

宝，具有教育性、传承性和导向性等社会价值。[①] 欢钰然梳理中国乒乓球运动发展历程，分析乒乓精神产生的过程，总结出乒乓精神的核心内涵是爱国主义精神、拼搏奋斗精神、团结协作精神、自强不息精神和不断创新精神，新时代强调弘扬乒乓精神，将为发展体育强国、推动中国体育事业的发展注入新的动力。[②]

4. 女足精神大放异彩

足球是世界第一大运动，最早发祥于中国。中国女足成立于20世纪80年代，一代代女足队员传承和弘扬着中国女足精神，承担起自己的时代使命。吴国斌将中国女足精神的基本内涵概括为"高度团结""刻苦训练""摧坚决胜""永不放弃"。[③] 陈天资、黄霞认为，新时代重塑与推广女足精神是促进体育文化繁荣发展的要求，对我国足球发展和体育强国建设都具有深远意义。还提出要想在实践中重塑与推广女足精神应加大对女足精神的宣传，培育有良好品质和出色运动成绩的女足明星，提升女足职业联赛的职业化水平，提高女足运动成绩等。[④] 刘佩佩、王康锋分析了女足精神在助力竞技体育、学校体育与群众体育发展上的价值与作用，指出了弘扬女足精神的路径：坚持正确的政治引导，以学校为阵地弘扬女足精神，借助网络促进女足精神的传播。[⑤] 郝文鑫、刘波等指出，女足精神经历了形成、转变与传承三个阶段，女足精神是对中国女足国

---

① 朱惠平：《"乒乓精神"的文化内涵》，《中国学校体育》2015年第9期。

② 欢钰然：《"乒乓精神"产生的历史过程及核心内涵研究》，西北民族大学硕士学位论文，2021，第28—33页。

③ 吴国斌：《中国女足精神——高度团结、刻苦训练、摧坚决胜、永不放弃》，《中国体育报》2021年5月17日，第7版。

④ 陈天资、黄霞：《体育强国背景下女足精神的重塑与推广》，载《2022年第六届中国足球文化与校园足球发展大会摘要集》，2022。

⑤ 刘佩佩、王康锋：《弘扬中华体育精神——以中国女足为例》，《体育科技》2023年第2期。

家队赛场精神风貌的生动凝练，丰富了中华体育精神的内涵，传承女足精神应树立职业足球运动员典范，传承运动员的拼搏精神；发挥榜样的育人作用，将女足精神融入足球后备人才培养体系；加强足球文化建设，促进女足精神传承与足球运动协同发展。[①]

（三）北京冬奥精神薪火相传

大型体育赛事已超出"单纯的体育竞技"范畴，成为全球化、多元化、数字化等多元素融合的国际交流平台。新时代以来，随着中国经济持续稳定增长，综合国力显著提升，中国先后成功举办了 2014 年南京青年奥运会、2022 年北京冬奥会等一系列大型国际体育赛事。通过举办这些大型体育赛事，形成和积淀了一系列体育重大赛会精神，振奋了中华民族精神，增强了中华民族的凝聚力，同时也向世界展现了中国改革开放取得的伟大成就，展现了中华优秀传统文化与中国特色社会主义制度的强大生命力。

习近平总书记在北京冬奥会、冬残奥会总结表彰大会上发表的重要讲话中，深情回顾了"七年磨一剑"的冬奥历程和冬奥会的辉煌成就，并首次提出了北京冬奥精神的概念，为中国共产党人的革命精神谱系增添了新篇章。

1. 胸怀大局、心系祖国、志存高远。这一内涵概括凸显了为国争光的爱国主义主题。中国人民从积贫积弱、被列强侵略的屈辱境地，实现"站起来——富起来——强起来"的伟大飞跃，就是依靠"为国争光"这条精神主线。北京冬奥会、冬残奥会作为"国之大者"，再次凝聚了中国人民团结拼搏的力量，万众一心、众志成城。从根本上说，千千万万奥运参与者的热情服务、辛勤付出、忘我奉献就因为他们树立了为国、为

---

① 郝文鑫、刘波、郭振：《铿锵玫瑰隐喻的中国女足精神的内涵演化历程、时代意蕴与传承路径》，《首都体育学院学报》2023 年第 5 期。

民、为他人的大局观，克服了常人难以克服的困难与挑战，"铸就了力量和美的辉煌，创造了生命和爱的奇迹"。

2. 自信开放、雍容大度、开放包容。这一内涵概括凸显了北京冬奥精神蕴含的深厚的志气、底气与骨气。改革开放以来，中国人民实现了从仰视世界到平视世界的跨越。今日之中国，更有底气面对前进路上的各种风险挑战。北京冬奥会、冬残奥会的成功举办，依托于中国特色社会主义的道路自信、理论自信、制度自信和文化自信，直接表现为中国特色社会主义的体育文化自信。北京冬奥盛会的"中国风"展现了中华优秀传统文化在国际舞台的创造性转化、创新性发展，展现了中国共产党领导各项事业取得的突出成就，展现了新时代中国可信、可爱、可敬的形象，展现了中国人民热情好客、真诚友善的精神风貌。北京冬奥会、冬残奥会再次见证了中国人民自信开放的力量，开放包容的心态，中国人民的友好赤诚，也促进了世界各国人民的相互理解和团结友谊。

3. 迎难而上、苦干实干、坚韧不拔。这一内涵概括凸显了中国人民和中国共产党人的首创精神和顽强拼搏的实践品格：即逢山开路、遇水架桥、恶补短板、弯道超车。我国冰雪训练场地设施跃居世界前列，"中国制造"保障有力，科技助力显著增强，实现全项目建队、全项目训练、全项目参赛。

4. 追求卓越、执着专注、一丝不苟。这一内涵概括凸显了奥林匹克精神的核心要义。现代奥运复兴以来，世界奥林匹克始终坚持"更快、更高、更强"的追求卓越精神，向国际社会发出人类不断超越、不断进步的号召，创造了人类发展历程中一个又一个新纪录。坚持最高标准、最严要求，不断突破和创造奇迹。冬奥赛场上有广大冬奥场馆建设者发扬工匠精神，打造巧夺天工、世界一流的场馆设施；有严谨专业、为运动员创造了良好比赛条件的广大办赛人员；有"八步一转，十步一停"

精准练习颁奖步伐的志愿者；也有 2 分 37 秒 348，仅超银牌 0.016 秒而夺得冬奥首金的奥运健儿……这些都是对"更快、更高、更强——更团结"的奥林匹克新格言最好的践履。

5. 共创未来、协同联动、紧密携手。这一内涵概括凸显了构建人类命运共同体的坚定信念。协同联动、紧密携手，体现"一起向未来"的北京冬奥精神与"更团结"的奥林匹克精神相互呼应。"面朝中国发展未来，面向人类发展未来，向世界发出携手构建人类命运共同体的热情呼唤。""共创未来"架起了一座跨国界沟通的桥梁，表达了人类对加深理解、增进友谊、建设和谐世界的愿望，必将助力人类在一起向未来的征程中创造奥林匹克的新荣光。

以上五方面的科学内涵构成了一个有机统一的整体。北京冬奥精神的概括也表现出鲜明的理论特色。在逻辑建构上，既突出顶层设计，又扎根人民群众，十分接地气地反映出人们的愿望、利益和诉求，易于产生情感共鸣。在内容安排上，从冬奥盛会、体育领域出发，又跨出体育，面向的是新时代中国特色社会主义建设发展的全局，既升华和发展了马克思主义体育理论，也侧重了体育理论对实践的具体指导，既立足于本国发展，也放眼于世界的进步，充满马克思主义的辩证法思想，彰显中国共产党的创新理论的时代性、科学性。在语言风格上，工整对仗、节奏明快，符合中华语言文化审美，同时提出具体明确的实践要求，给人以奋进的力量和深远的启迪。在内涵定位上，北京冬奥精神是中国共产党革命精神、中华体育精神与世界奥林匹克运动在新的历史时期对接碰撞而结出的灿烂果实，是中国精神的一次生动展现。奥林匹克运动所倡导的相互理解、友谊、团结和公平竞争的奥林匹克精神与中国共产党人所倡导的构建和谐世界、建立人类命运共同体的价值理想具有跨越时空的相通性。①

北京冬奥精神作为支撑伟大事业的强大精神动力，作为中华体育精神谱系的重要组成部分，也得到人们的广泛认同和学界的深入研究。相关研究主要集中在对北京冬奥精神的来源、内涵、时代价值、弘扬路径的研究、北京冬奥精神培根育人研究和北京冬奥会进"大思政课"研究等几个方面。在本体论研究方面，刘丹璇从党的领导视域对北京冬奥精神的内在意蕴和生成逻辑进行多维审视。②张志丹、王恩祥从生成根据、内涵诠释与当代价值等方面对北京冬奥精神进行研究。③在弘扬路径方面，史家亮、马景瑞从牢牢坚持人民至上、着力坚定文化自信和坚持宽广世界视野三个着力点论述发扬北京冬奥精神的途径。④关于善用北京冬奥精神的研究，姚远提出应结合冬奥会的鲜活素材高质量开展思政教育，将冬奥精神融入日常思政课程体系中，用冬奥精神铸魂育人。⑤张小锋、李欢欢指出，必须善用北京冬奥精神培根铸魂，激励青年坚定信仰、砥砺品格、增长才干。⑥张兴华指出北京冬奥精神是高校育人的宝贵资源，高等教育工作者要用好体现中国精神的冬奥精神。⑦李名梁指出北京冬奥

① 邹秀春：《深刻理解北京冬奥精神的科学内涵》，《中国青年报》2022 年 4 月 19 日，第 10 版。

② 刘丹璇：《中国共产党领导下北京冬奥精神生成的多维审视》，《山东体育学院学报》2022 年第 3 期。

③ 张志丹、王恩祥：《北京冬奥精神的生成根据、内涵诠释与当代价值》，《学校党建与思想教育》2022 年第 12 期。

④ 史家亮、马景瑞：《发扬北京冬奥精神的三个着力点》，《山东干部函授大学学报》2022 年第 4 期。

⑤ 姚远、王小婉：《用冬奥精神铸魂育人》，《中国民族报》2022 年 5 月 2 日。

⑥ 张小锋、李欢欢：《善用北京冬奥精神培根铸魂育人》，人民论坛网，http://www.rmlt.com.cn/2022/0518/647335.shtml。

⑦ 张兴华：《北京冬奥精神是高校育人的宝贵资源》，《中国教育报》2022 年 4 月 15 日，第 2 版。

会本身蕴含多元的思想政治元素，能发挥巨大的育人作用，应扎实上好冬奥这堂"大思政课"，以体育精神铸就"大思政课"之魂。①

北京冬奥会、冬残奥会在世界冬奥史上树立了具有重要历史意义的里程碑，开启了全球冰雪运动新时代。中国人民也因此收获了丰厚的冬奥遗产。北京冬奥精神作为中国共产党革命精神谱系的重要组成部分，是中国共产党人的革命精神在新时代的新发展，也将在中华民族伟大复兴的征程中发挥更大的引领作用。

除了以上关于中华体育精神谱系的相关探讨外，学界对冠军精神、射击射运精神、中华武术精神、田径项目精神、跆拳道精神等进行了研究，共同促进新时代中华体育精神谱系的完善与发展。

二、全民健身研究

1995 年国务院颁布《全民健身计划纲要》，标志着全民健身制度化发展的开始。2009 年国务院颁布《全民健身条例》确立了全民健身的法律地位，将每年的 8 月 8 日为国家全民健身日。党的十八大以来，以习近平同志为核心的党中央着力推动全民健身事业发展，2014 年出台《关于加快发展体育产业促进体育消费的若干意见》首次明确提出将全民健身上升为国家战略，指出要营造重视体育、支持体育、参与体育的社会氛围，把体育产业作为绿色产业、朝阳产业培育扶持，破除行业壁垒、扫清政策障碍，形成有利于体育产业快速发展的政策体系。全民健身作为国家战略的重要部署，明晰了其在未来经济结构转型、产业结构调整、促进产业消费升级中的重要地位，这为体育事业在当前和今后一个时期

---

① 李名梁:《扎实上好北京冬奥这堂"大思政课"》,《中国教育报》2022 年 2 月 23 日，第 2 版。

的发展指明了关键环节、重点领域和主攻方向。

（一）全民健身、全民健康概念研究

一般认为，全民健身就是"全民健身计划""全民健身工作"等。早期比较有代表性的研究大多是群众体育学方面。熊斗寅在《群众体育学》一书中将全民健身定义为：全社会各种不同类型的人在生命的各个阶段，以促进生长发育、保持旺盛精力、增强人民体质、增进身体健康、延缓身体衰老，以提高生活质量、满足生活需求为目的的各类体育活动的总和。[①] 卢文云、陈佩杰将全民健身定义为一项由体育行政部门主导的、覆盖全体公民的大型社会民生工程，它以贯彻和落实国家全民健身相关政策法规为主要工作内容，通过构建满足群众需求的全民健身公共服务体系，引导大众科学地参与运动、形成积极健康的生活方式，最终达到改善和提高健康水平的目的。[②]

全民健身是一个庞大的系统。李娟、刘紫薇指出，全民健身工作主要覆盖体育锻炼、疾病预防、保健等方面，侧重健康前端，以非医疗健康干预为主。全民健康覆盖医疗卫生服务、疾病治疗、康复等工作，侧重健康后端，以运用医疗手段干预健康为主。[③]

在全民健身的地位与作用方面，陈丛刊、陈宁认为，全民健身是贯彻落实新时代体育发展理念，推进体育强国和健康中国建设，支撑群众体育和竞技体育全面发展，更好地满足人民群众日益增长的多元体育需求的必要途径和重要手段。在促进人的全面发展、开启全面建设社会主义现代化国家新征程、实现中华民族伟大复兴中国梦的进程中，不可

---

① 熊斗寅：《群众体育学》，人民体育出版社，2000，第6页。

② 卢文云、陈佩杰：《全民健身与全民健康深度融合的内涵、路径与体制机制研究》，《体育科学》2018年第5期。

③ 李娟、刘紫薇：《全民健身与全民健康深度融合的内涵、现实困境与多维路径研究》，《沈阳体育学院学报》2021年第1期。

或缺。①

关于健康的定义，中国传统观念认为"无病即健康"。世界卫生组织提出，健康是全面的，不仅体现在身心，还体现在道德及社会适应能力等方面。卢文云认为全民健康定义是由卫计委主导的社会大型民生工程，全民健身与全民健康深度融合的定义是大民生工程在范围、层次和深度三方面的相互渗透。②

（二）全民健身的战略定位与发展思路研究

全民健身是落实全民健康战略和健康中国战略的抓手。卢元镇认为，全民健身应该成为建设健康中国的有力支撑。③刘国永认为，全民健身应该成为建设健康中国的战略基础和前端要地。④

胡鞍钢、方旭东认为，将全民健身上升为国家战略，充分体现了党中央、国务院对体育工作，特别是对全民健身工作的高度重视和殷切期望，认为要将全民健身融入健康中国战略，"实施全民健身国家战略、健康中国战略，为 2020 年全面建成小康社会提供重要保障，为 2030 年建成富强、民主、文明、和谐的社会主义现代化国家奠定身体素质和健康保障"，同时也提出要"统筹政府、社会、市民三大主体"⑤，合力推进全民健身事业发展。

————————

① 陈丛刊、陈宁:《新时代全民健身的内涵特征、战略定位与实践指向》,《天津体育学院学报》2022 年第 6 期。

② 卢文云、陈佩杰:《全民健身与全民健康深度融合的内涵、路径与体制机制研究》,《体育科学》2018 年第 5 期。

③ 卢元镇:《全民健身：健康中国的有力支撑》,《中国人口报》2016 年 10 月 31日，第 3 版。

④ 刘国永:《实施全民健身战略，推进健康中国建设》,《体育科学》2016 年第 12 期。

⑤ 胡鞍钢、方旭东:《全民健身国家战略：内涵与发展思路》,《体育科学》2016年第 3 期。

柳鸣毅提出，在健康中国背景下，应将全民健身作为公共服务体系的基础工程，提升教育和健康水平，并提出对策建议：以监督评价落实全民健身机制创新，强化政府主导；以社会组织深化全民健身主体建设，强化社会治理；以法规政策规范全民健身活动组织，强化制度建设；以健康产业激发全民健身供给效应强化市场供给。[①] 卢文云认为，在多重需求叠加下，我国全民健身发展应加强重点人群体育健身行为干预、构建更高水平的全民健身公共服务体系、建立"体卫协同"的以运动促健康新模式、大力提升全民健身治理的现代化水平、全面推进全民健身智慧化，应予以组织、政策、人才、科技、监测评估方面相应的保障。[②]

（三）全民健身公共服务研究

2011 年国务院印发了《全民健身计划（2011—2015 年）》。在贯彻实施这一计划的过程中，全民健身公共服务体系这个具有时代性和前瞻性的概念应运而生。要实现体育强国的目标，就必须加强全民健身公共服务体系建设，加大公共体育服务的投入，提高服务的质量，扎实推进全民健身。肖林鹏认为，全民健身服务属于公共体育服务，全民健身服务只是公共体育服务的一种形式，是为了满足公众健身需求而提供的。[③] 汤际澜等认为，全民健身公共体育服务是为满足公民体育健身的共同需要而提供体育健身公共产品和服务。[④] 王莉、孟亚峥等人在《全民健身公共

---

① 柳鸣毅:《健康中国背景下全民健身公共政策分析》,《中国体育科技》2017 年第 1 期。

② 卢文云、王志华:《多重需求叠加下我国全民健身发展战略思考》,《上海体育学院学报》2022 年第 1 期。

③ 肖林鹏:《论全民健身服务体系的概念及其结构》,《西安体育学院学报》2008 年第 4 期。

④ 汤际澜、徐坚、郭权:《全民健身公共体育服务均等化的模式选择和路径探索》,《南京体育学院学报（社会科学版）》2010 年第 5 期。

服务体系构成与标准化研究》一文中指出，全民健身公共服务是一种基本公共体育服务，是政府为了满足社会公众参与体育活动的需要而提供的。全民健身公共服务体系建设是全民健身事业的重点工程，直接关系到公民对自身体育权利的满意度。[①]

三、体育改革研究

新时代推进体育事业的发展需要加快推进体育改革创新步伐，重视顶层设计，突出改革重点，创新改革发展方式，为我国体育事业发展注入新的活力和动力。坚持依法治体，扎实推进体育法治建设，推进体育治理体系和治理能力现代化，与国际体育改革同频共振，为世界贡献中国智慧和中国方案。

（一）积极探索体育改革新思路

改革开放以来，我国体育管理体制、群众体育体制、竞赛训练体制、体育科技体制等方面的改革全面启动。1993 年，国家体委印发《关于深化体育改革的意见》，确定了以转变运行机制为核心的改革发展思路。2002 年，中共中央、国务院印发《关于进一步加强和改进新时期体育工作的意见》，提出了发展体育事业的指导思想、工作方针和总体要求，体育事业发展呈现崭新局面，有力促进了中国体育的国际竞争力。新时代需要新体育，进入新时代中国体育改革向纵深推进，我国坚持体育强国梦与中国梦息息相关的定位，加快建设体育强国，把体育事业融入实现"两个一百年"奋斗目标大格局中，深化体育改革，更新体育理念，推动群众体育、竞技体育、体育产业协调发展。《关于加快发展体育产业促进

---

① 王莉、孟亚峥、黄亚玲等:《全民健身公共服务体系构成与标准化研究》,《北京体育大学学报》2015 年第 3 期。

体育消费的若干意见》《关于进一步加强武术赛事活动监督管理的意见》《关于进一步加强马拉松赛事监督管理的意见》《关于进一步加强体育赛事活动监督管理的意见》《关于进一步规范体育赛场行为的若干意见》《体育市场黑名单管理办法》等文件相继出台，进一步深化"放管服"改革，完善相关规范、标准和基本条件，推动了体育产业健康有序发展。

（二）体育管理体制改革深入推进

新时代体育管理体制改革深入推进，坚持问题导向，着力解决"行政—事业—社团—企业"四位一体的弊端，努力构建小政府、强社团、大社会的体育发展新格局。我国体育管理体制改革以建立具有中国特色的社会主义体育新体制为目标，以自上而下、先立后破为原则，以法治化为改革路径，实现与社会主义市场经济体制相适应的体育管理体制的转变。2014年9月，国务院印发《关于加快发展体育产业促进体育消费的若干意见》，明确提出了"转变政府职能，推行政社分开、政企分开、管办分离"的改革思路。2015年2月，中央全面深化改革领导小组审议通过《中国足球改革发展总体方案》，深化足球改革与管理体制机制，从体制机制到足球场地再到资金投入等各个环节都进行了明确规定，不仅指明了足球改革的发展路径，也对中国体育乃至中国社会的整体改革起到示范引领作用。《中国足球改革发展总体方案》中最为核心的改革措施，是足球改革发展的"管办分离"，就是要将足球的发展问题放在一个更大的平台，摆脱"政企不分""管办不分"的羁绊。对于中国体育而言，这意味着中国体育从今以后的发展开始走进多元化环境之中。[1] 之后中国足球协会率先实现"管办分离"，其他运动项目协会也相继脱钩。2019年8月，中国足球协会第十一届会员大会明确了中国未来足球的发展目标，

---

① 高治、郑原、王岗：《"足球改革"对中国体育发展的启示》，《武汉体育学院学报》2017年第3期。

坚定不移地把全面深化改革向纵深推进，扎实筑牢足球发展的制度基础、人才基础、设施基础、社会基础，推动足球运动协调发展、全面进步。

（三）开门办赛，开放办体育

新中国成立以来，我国坚持以"举国体制"为主来发展体育，培养了大批优秀运动员，奠定了体育大国的地位。但在体育事业的长期发展中，社会和企业很难真正参与其中，制约了体育发展的活力，与体育治理体系和治理能力现代化的要求背道而驰。当前，在深化体育改革的关键阶段，社会力量在推动体育事业、体育产业等领域中发挥着越来越重要的作用。发展体育事业、加快建设体育强国，不是仅单独依靠体育部门来完成，需要更新体育理念，坚持开门办体育、放手办体育、全社会办体育。要在体育事业发展中，充分调动各类社会力量参与的积极性，构建"大体育"发展格局，大力引导社会力量办体育。要深入推进体育管理体制改革，形成国家与社会共同兴办，人民群众广泛参与，政府、社会、市场、个人"四位一体"的运行机制。要广泛吸纳社会资源与资金，引导市场和社会力量参与赛事组织，形成国家和社会多元参与的赛事新体系，将体育部门办体育转变为全社会共同参与办体育的模式，助力体育治理体系和治理能力现代化。

四、体育外交研究

体育外交在不同历史阶段展现了不同的功能价值，随着国际关系的不断变化，经济发展水平的不断提高，体育事业可持续发展的需求扩张，特别是国家外交战略的调整，我国体育外交也在不断发生改变，不断为我国外交大局做出贡献，保持着与国同步、与时偕行的品质，开创了中国特色体育外交的崭新局面。

(一)"增友谊、促和平"助力中国特色大国外交

体育外交作为中国特色大国外交的重要组成部分,是中国迈向世界的重要途径。新时代赋予体育外交新形式、新使命和新要求。面对严峻复杂的国际形势和艰巨繁重的国内改革发展任务,加快发展体育外交已然成为一个重要使命和现实问题。我国体育外交从打开门户到全面走向世界,取得了举世瞩目的成就,有力推动了我国新时代"体育强国"建设,促进体育事业平稳长久地发展,体育外交不断迈向新的历程。构建新型大国关系,全面推进中国特色大国外交,以构建新型大国关系的观点为指导勾勒出"大国"体育外交的两大要素,一方面以体育代表团拉近大国关系,另一方面以聚焦奥运推动大国关系建设。党的二十大报告明确指出,十年来我们完善外交总体布局,积极建设覆盖全球的伙伴关系网络,推动构建新型国际关系。发展稳定和拓展睦邻友好关系,周边国家的稳定对我国的繁荣发展至关重要,为此以项目推进合作,加强交流,进一步彰显了深化与周边国家互联互通进程中"周边"体育外交的独特作用。加强发展中国家间的友好合作,通过援建体育设施与搭建各类体育交流平台,中国同各国一道在体育等领域搭建了众多平台,为推动世界文明交流互鉴创造了条件。多边外交是共谋发展的重要平台,党的十八大以来,我国体育发展坚持以项目推进合作、加强交流、扩大合作,落实"积极参与多边事务"发展理念,紧扣国家外交时势,构建命运共同体发展新格局。

(二)世界体育话语权迅速提升

体育国际话语权作为国际话语权的重要分支,已成为国际竞争中的重要一环,在各国软实力的角逐中扮演着重要角色。党的十八大以来,我国体育国际话语权逐渐走上正轨并迎来了快速发展。我国坚持统筹国内国际两个大局,确立了外交工作的历史方位,旗帜鲜明地提出要推进

我国特色大国外交，并将旨在推进"民相亲"的公共外交放在突出的位置，带领全国各族人民砥砺前行、不断进取，使我国体育事业得到了飞速发展，取得了世人瞩目的成绩，我国体育的国际话语权也达到了历史的新高度。2013 年，我国政府发出的"一带一路"倡议受到世界多数国家的响应和支持，中外交流得以广泛展开，体育外交进入了更为广阔的空间，在整合国家外交资源、服务国家外交战略方面有着积极作用。我国更加主动参与到国际体育事务，通过青奥会、冬奥会、冬残奥会、世界大学生运动会和亚运会等赛事，向世人展示我国精湛的组织协调能力、运动员高超的竞技能力和高扬的精神面貌，不断扩大我国在世界体育事务中的影响力，进而提升话语权。

（三）体育外交传播力显著增强

进入新时代以来，中国体育外交呈现出新的特点。一方面，通过营造中国特色体育话语环境增进世界各地的沟通，促进世界和平与发展，为构建人类命运共同体奉献力量。另一方面，通过国际体育文化交流让世界了解中国，用全民健身、奥运精神架起国际交流合作中和平、友谊的桥梁。在"一带一路"倡议下，开展经贸交流合作，借助各种赛事加强国际体育文化的交流与传播，积极创新中国与世界各国体育文化的交流模式。积极推广运动项目文化，普及跆拳道、柔道、太极拳、毽子、空竹、陀螺等中国传统体育项目知识，展示中国传统运动项目的人文内涵，营造国际社会对中华优秀传统文化的情感认同环境。加快海外各界对于中华体育精神的认知，通过中华体育精神对外传播中国精神、国家形象，讲好中国故事、传播好中国声音，树立中国体育文化自信，让世界感知一个和平开放、文明互鉴、雅致谦和的中国，展现可信、可爱、可敬的中国形象，深化文明交流互鉴，推动中华文化更好地走向世界，增强中华文明的传播力、影响力。

　　新时代，在中国共产党带领亿万人民奋发进取的征程中，我国体育事业蓬勃发展，在中国特色社会主义体育发展道路的探索中取得了一系列新突破新进展，激荡在中华民族伟大复兴的时代强音中。

第三章　新时代体育的实践成就

体育承载着国家强盛与民族振兴的梦想，关乎人民幸福与民族未来。党的十八大以来，我国体育事业发展坚持以习近平新时代中国特色社会主义思想为指导，坚定不移地走中国特色社会主义体育发展道路，开启了体育强国建设的新征程，同时向世界展示了光彩夺目的巨大成就，彰显着新时代中国综合国力的提升和社会文明的全面进步。

第一节　北京冬奥会精彩非凡

2022 年北京冬奥会是在中国共产党带领全国各族人民迈向第二个百年奋斗目标的关键时期举办的一次重大标志性活动，是展现国家形象、促进国家发展、振奋民族精神的重要契机。中国向世界奉献了一场简约、安全、精彩的奥运盛会，全面兑现了对国际社会的庄严承诺。在北京冬奥会的筹办、举办、备战参赛过程中凝练成了"胸怀大局、自信开放、迎难而上、追求卓越、共创未来"的北京冬奥精神，"三亿人参与冰雪运动"成为现实，冬奥遗产成果丰硕，极大推动了我国体育事业的发展，为加快建设体育强国注入了强大力量。这是中华民族宝贵的精神财富，也是激励全党和全国各族人民在新时代更好地坚持和发展中国特色社会主义，实现中华民族伟大复兴的强大精神动力。

一、"双奥之城"点亮北京

2015 年 7 月 31 日 17 时 58 分，国际奥委会主席巴赫在马来西亚吉隆坡举行的国际奥委会第 128 次全会上正式宣布：北京获得 2022 年冬季奥林匹克运动会举办权！这是一个极具历史意义的时刻。冬奥会申办成功后，习近平总书记第一时间发来贺信："北京携手张家口获得了 2022 年第 24 届冬季奥林匹克运动会的举办权，我向你们致以热烈的祝贺。你们为申办冬奥会付出了巨大的努力。希望你们再接再厉、扎实工作，在全国各族人民大力支持下，把 2022 年冬奥会办成一届精彩、非凡、卓越的奥运盛会。"①2022 年北京携手张家口成功举办第 24 届冬季奥林匹克运动会，中国成为第 9 个既举办过夏季奥运会又举办过冬季奥运会的国家，北京则成为全球首个"双奥之城"。北京这座千年古都再次展现了飒爽英姿，焕发出迷人的魅力，开启了全球冰雪运动的崭新时代，书写了国际体育史上的崭新篇章，推动了人类文明交流互鉴，展现了中国人民自立自信自强的时代风貌。

2008 年 8 月 8 日，"鸟巢"上空的绚烂烟花点亮了国人百年奥运之梦，北京奥运会向全世界展现了中国的迷人风采，开幕式成为中国走向世界的一张名片，时至今日依旧熠熠生辉。北京奥运会的成功举办，向世界展示了中国改革开放 30 年来经济建设和社会发展取得的巨大成就，充分彰显了中国的实力。2015 年北京携手张家口成功申办冬奥会，是 13

① 习近平：《习近平致申办冬奥会代表团的贺信》，《人民日报》2015 年 8 月 1 日，第 1 版。

亿中国人对奥林匹克运动的又一次热情呼唤和深情拥抱，让世界看到持续创新发展的中国，坚持合作共赢、改革开放的中国，全面建成小康社会后更加繁荣发展的中国。冬奥会的成功举办有利于促进冰雪运动的普及、推动体育事业和群众体育运动的发展，有利于促进经济社会发展、造福人民群众，有利于推动中华文明与世界各国文明交流互鉴，增进与世界各国人民的友谊、为国际奥林匹克运动和人类和平做出更大的贡献，必将在奥林匹克运动史上留下浓墨重彩的一笔。

中国的奥运事业见证了中华民族的苦难与辉煌，折射出百年奋斗的复兴巨变，见证了中华民族伟大复兴的铿锵步伐。事实再次证明，中国人民有意愿、有决心、有能力为世界奥林匹克运动发展与世界人民的团结友谊做出贡献。中国不仅能在全球竞技体育盛事上取得辉煌成就，更能以此为契机推动全民健身的普及，为加快建设体育强国添砖加瓦，以积极健康、昂扬向上的姿态欢迎世界各国人民，展示中国的大国风范和民族自信。在党中央的坚强领导下，在中国人民的广泛支持和参与下，向世界奉献了一届精彩、非凡、卓越的冬奥运盛会。

二、冰雪画卷书写奋斗之歌

习近平总书记指出，2022 年北京冬奥会是我国在重要历史节点举办的一场重大标志性活动，是展现国家形象、促进国家发展、振奋民族精神的重要契机，对京津冀协同发展起到强有力的牵引作用。[①] 办好北京冬奥会是党和国家的一件大事，是对国际社会的庄严承诺，做好北京冬奥会筹办工作使命光荣、意义重大。

---

① 《习近平在北京考察工作时强调 立足提高治理能力抓好城市规划建设 着眼精彩非凡卓越筹办好北京冬奥会》，《人民日报》2017 年 2 月 25 日，第 1 版。

北京冬奥会的筹办再次体现了党的领导和举国体制集中力量办大事的优势。北京冬奥会是在异常困难的情况下推进的，突如其来的新冠疫情给筹办工作带来了巨大的挑战。北京冬奥会严格落实各项防控措施、创新工作方式、克服各种困难，坚持如期办赛、安全办赛、合力办赛、简化办赛、精彩办赛。在党中央的坚强领导下，各有关部门团结一致，攻坚克难，北京携手张家口作为主办城市全力投入，沿着既定方向、朝着既定目标、扎实稳步有序地向前推进，在奋斗中收获了成功的喜悦与丰厚的精神财富，也在奋斗中收获了珍贵的经验，值得我们倍加珍惜、发扬光大。

北京冬奥会场馆建设、防疫措施之周全，可持续运营理念之先进，都令人赞叹。自2015年北京获得2022年冬奥会举办权开始，在"绿色、共享、开放、廉洁"办奥理念的指导下，无数冬奥会建设者脚踏实地、勇往直前，坚持建设节奏不变、目标不变、标准不变，发扬迎难而上的钉钉子精神，攻克一个又一个技术难题，用中国智慧与中国速度打造了一批世界一流的精品工程，努力把冬奥会的美好蓝图一步一步变为美好现实。在建设者的努力下北京冬奥会筹办工作硕果累累：竞赛场馆和各项基础设施突出科技、智慧、绿色、节俭等特色；延庆赛区的"雪游龙"，作为国内第一条符合冬奥会标准的赛道一次性通过国际组织认证；"水立方"变身"冰立方"；五棵松体育中心只需6小时就能完成"冰篮转换"；国家体育馆、首都体育馆实现升级改造等。北京冬奥会注重运用先进科技手段，坚持绿色标准，严格落实节能环保要求，借冬奥会这个筹办契机为生态环境改善书写新方案，为区域和城市发展打造全新模式，为社会发展进步创造新环境。这幅以"美丽中国"为底色的北京冬奥画卷，体现了中国风格与中国智慧，书写了中国范本，体现了"共享办奥"的理念，是冬奥建设"坚持百年大计"的重要内涵。

北京冬奥会用写满期待的一块块冬奥"拼图"绘就了一幅绚丽的冰雪画卷，书写了激昂的奋斗之歌。高标准的筹办是高质量发展的生动实践，推动了冬奥建设与城市发展紧密结合，讲述了源远流长的中华优秀传统文化，让世界领略了中国"言必信，行必果"的大国风范。

三、共享奥林匹克荣光

2022 年 2 月 4 日，备受瞩目的北京冬奥会得以成功举办。中国人民同世界各国人民一道克服重重困难，共创了一场载入史册的奥运盛会，再次共享奥林匹克的荣光。四场开闭幕式精彩纷呈、构思独到、匠心独运，人类命运共同体的主题贯穿始终，中华文化和冰雪元素交相辉映。二十四节气、黄河之水、中国结、迎客松、折柳寄情、雪花主题歌等，体现了自然之美、人文之美、运动之美，诠释了新时代中国可信、可爱、可敬的形象。三个赛区场馆设施一流，赛事组织严谨专业，服务温馨周到，赢得参赛各方一致好评。来自 91 个国家和地区的近 3000 名运动员在北京和张家口参加了 7 个大项、15 个分项、109 个小项的争夺。[①] 体育健儿在赛场上奋力拼搏、挑战极限、超越自我，在比赛中完美演绎了"更快、更高、更强——更团结"的奥林匹克格言，刷新了两项世界纪录和17 项冬奥会纪录，成为历史上设项和金牌最多的一届冬奥会。赛事吸引了全球数十亿观众观赛，成为收视率最高的一届冬奥会。

中国体育代表团派出 176 名运动员，共获 104 个小项 194 个席位的参赛资格，创造了历届冬奥会参赛规模的最高纪录。经过激烈的角逐，我国体育健儿不畏强手、顽强拼搏、为国争光，获得了 9 枚金牌、4 枚

---

① 《非凡的冰雪盛会　精彩的中国答卷》，新华网，http://www.news.cn/2022-02/21/c_1128401107.htm。

银牌、2 枚铜牌名列金牌榜第三，创造了我国冬奥会参赛史上的最好成绩，以实际行动实践了拿"道德金牌、风格金牌、干净金牌"的要求，完美诠释了奥林匹克精神和中华体育精神，实现了运动成绩和精神文明的双丰收，为党和人民赢得了荣誉。挑战自我、突破极限是冰雪运动的魅力；勇往直前、执着追求是冰雪运动员的坚守。谷爱凌在本届冬奥会收获了 2 枚金牌和 1 枚银牌，成为中国代表团中收获奖牌数最多运动员；17 岁的苏翊鸣在单板滑雪男子大跳台决赛中摘得金牌，为中国队夺得首枚冬奥会该项目奖牌；"四届老将"徐梦桃夺得自由式滑雪女子空中技巧金牌；范可新、曲春雨、张雨婷、任子威、武大靖、高亭宇、齐广璞、隋文静、韩聪等冰雪健儿在家门口的冬奥会上绽放出了最好的自己，让全世界都看到了他们昂扬的精神面貌。世界聚焦东方，迫不及待聆听中国故事与中国声音。

北京冬奥会实现了许多冬奥项目从无到有的历史性发展，是一次创造诸多"第一"的盛会：第一次实现全部百分之百绿色供电、第一次设项数和金牌数最多、第一次可乘坐高铁直通赛场，成为冬奥史上一座无与伦比的丰碑并载入奥运史册。国际奥委会主席巴赫说："本届冬奥会奥运村独具匠心、场馆令人叹为观止、组织工作非凡卓越。这是一届真正无与伦比的冬奥会。"①

北京冬奥会是在以习近平同志为核心的党中央坚强领导下我国体育事业取得的重大历史性成就，是一场和平友谊的盛会、团结合作的盛会、鼓舞世界的盛会，创造了我国参加冬奥会历史的最好成绩。这是竞技体育举国体制的生动实践，充分体现了中国特色社会主义制度集中力量办大事的制度优势。

① 蒋效愚：《北京冬奥会成功举办的十大亮点》，《北京日报》2022 年 3 月 14 日，第 14 版。

四、续写造福人民新篇章

北京冬奥会的成功举办充分彰显了在以习近平同志为核心的党中央坚强领导下我国体育事业一派欣欣向荣的大好形势。作为世界首个"双奥之城",北京以"简约、安全、精彩"作答,将奥运机遇融入城市发展的方方面面,留下了丰厚的奥运遗产,助力城市和区域发展,继续书写奥运造福人民的新篇章。

(一)推动冰雪运动蓬勃发展

国家体育总局在《2022 年群众体育工作要点》中提出:要"巩固和扩大带动三亿人参与冰雪运动成果。"[①]在北京冬奥会的带动下,我国加大冰雪运动的宣传和推广力度,完善群众冰雪运动规范标准,扩大青少年冰雪运动普及推广,充分挖掘现有资源建设更多优质冰雪场地设施,全面提升冰雪运动竞技水平,加快冰雪运动人才培养,加快冰雪运动社会组织建设,优化冰雪产业布局等,我国冰雪运动实现了跨越式发展。冰雪运动迅速风靡中国的大江南北,"冷冰雪"成为"热运动",成为更多人选择的健身载体和生活方式,为建设健康中国与增进人民福祉注入了新的动力,人民群众的获得感显著增强,加快形成了更高质量的全民健身公共服务体系,助力全民健身事业实现更高水平的发展。

(二)"中国风"托起"奥运范"

北京冬奥会向世界展示了一幅美丽的中国文化画卷。从开幕式上,代表中国传统文化的二十四节气倒计时开始,到闭幕式上"折柳寄情"的依依惜别;从会徽汉字"冬梦"到以篆刻艺术为主要呈现形式的体育

[①]《2022 年群众体育工作要点》,国家体育总局,https://www.sport.gov.cn/gdnps/content.jsp?id=24092687。

图标；从奖牌五环玉璧"同心"到销售火爆"一墩难求"的吉祥物"冰墩墩"；从冬奥村里琳琅满目的中国传统美食到丰富多彩的春节文化氛围等，无不展示了中华优秀传统文化的深刻内涵，体现了中华文化的博大精深、灿烂辉煌、生机盎然与守正创新。北京冬奥会继 2008 年北京奥运会之后，再次让世界人民感受到了中国文化的无穷魅力。

（三）创造了北京冬奥精神

北京冬奥精神是广大参与者积极贡献奥林匹克事业的自觉体现，是中国共产党革命精神谱系在新时代发展的重要成果。北京冬奥精神作为前进路上的精神动力，也转化为一种新的社会实践，激励后冬奥时代中国体育的改革创新，推动全民健身、竞技体育、冰雪运动推广普及等各项体育事业的健康发展，引导全社会形成热爱党和国家、热爱体育事业、热爱冰雪运动的价值取向，为中华民族伟大复兴注入强大的精神动力。

（四）兑现"绿色办奥"庄严承诺

中国以实际行动兑现了"绿色办奥"的庄严承诺，使北京冬奥会成为迄今为止世界第一个"碳中和"的冬奥会。作为"双奥之城"的北京率先落实"绿色办奥"的理念，兑现了申办冬奥时的郑重承诺。北京冬奥会向世界展现了中国坚持绿色发展的理念、建设美丽中国的坚强决心、推动奥林匹克运动的不懈努力和改革开放的巨大成就。

冬奥会在申办、筹办、举办过程中始终坚持生态优先，在场馆建设、碳中和、环境保护等方面努力践行绿色奥运理念。场馆建设坚持"建筑节能、建筑节地、建筑节水、建筑节材，保护环境"，三大赛区 26 个场馆全部使用"绿电"，首次实现奥运历史上全部场馆百分之百绿色电能供应。同时充分利用北京 2008 年奥运会场馆遗产和其他已有体育场馆设施，将"水立方"改造升级为"冰立方"，五棵松体育中心通过升级改造后，实现了在 6 个小时内完成篮球和冰球两类比赛场地的转换。对场馆赛后利用坚持可持续性原则，北京冬奥村与首都建设规划相协调，在赛后成为北京市高端人才公寓，为北京人才引进提供住房保障；延庆冬奥村改造为度假酒店；张家口奥运村改造为酒店式公寓；首钢滑雪大跳台作为首钢园区转型发展的标志，在赛后成为新时代老工业复兴的新地标。在冬奥会筹办过程中积极践行低碳理念，通过实行减排、补偿等措施，实现冬奥会碳中和目标，用实际行动展示中国作为一个负责任大国，在面对全球气候变化方面所发挥的重要作用。以北京冬奥会筹办为契机，北京市与河北省加强京张地区生态环境联防联治，积极调动各方力量，成立京津冀协同领导小组，实施治气、治沙、治水三大工程，有效改善了京张地区的整体生态环境。[1]

（五）展现"科技助奥"美好前景

奥运会不仅是举世瞩目的体育盛会，也是一个展示科技成果的窗口与平台。科技始终贯穿北京冬奥会，从场馆建设到赛事保障，从媒体转播到运动员训练备战，从开闭幕式到奥运村服务呈现出的由科技支撑和助力的一个个精彩画面与生动场景，人工智能、云计算、大数据、机器人等200多项科技成果在冬奥会上得到应用。[2]北京冬奥会做到了近零排放与绿色出行，做到了智慧观赛，运动科技、清洁环境、新技术、新成果汇聚北京冬奥会赛场上，多方面展示着中国强大的科技水平和实力，成为北京冬奥会上一道道亮丽的风景线，也为国际奥林匹克运动的发展注入了科技的力量。

高科技元素在北京冬奥会中体现得淋漓尽致。开幕式"科技感十足"，

---

[1]　邹秀春、张龙：《"双奥之城"续写可持续发展新篇章》，《环境与生活》2022年第 Z1 期。

[2]　《科技部：2022 北京冬奥会有 200 多项科技成果得到应用》，光明网，http://news.enorth.com.cn/system/2022/02/25/052369778.shtml。

人工智能、超高清渲染、5G、8K等高新技术与创意的完美融合，打造了一场别开生面的视听盛宴。通过对"光元素"和"负离子元素"的融合创新完美实现了杀菌消毒、净化空气和健康之光的三合一强大功能。在5G网络应用方面，不仅要突破低温大风和冰雪天气等条件下设备稳定运行关键技术，还要拓展多个5G应用新模式。此外，还有依靠可转换结构体系及可拆装制冰系统技术完成了"水立方"向"冰立方"的华丽变身，五棵松体育中心在实现"篮转冰"中采用二氧化碳跨临界直冷制冰技术，这在冬奥史上尚属首次，该技术与传统制冰方式相比能耗降低40%以上。在北京冬奥会上，还开拓性地综合运用人工智能、云计算、大数据机器人等200多项科技成果，这些都成为"科技冬奥"的重要组成部分。

（六）推动京津冀比翼齐飞

冬奥会作为全球大型赛事，其效应不只是赛时的体育盛宴，还可发挥示范作用，带动整个区域的协同发展。举办北京冬奥会是推进京津冀协同发展的重要抓手和新的引擎，如同一个"加速器"，成为推动京津冀协同发展的强劲动力。它推动区域体育事业协同发展，共筑新时代区域文化发展高地，推进区域旅游业高质量发展，深入推进区域协同发展，促进区域产业融合创新，加快京津冀体育文化旅游带形成，实现京津冀三地基础设施互联互通，达到经济发展优势互补。"以冬奥促发展、以发展助冬奥"取得了丰硕成果，冬奥效应为京津冀协同发展注入了持久活力。

推动京津冀协同发展是一个重大国家战略，北京冬奥会作为全球大型赛事带动整个区域协同发展上取得了积极成效。其一，实现了交通设施互联互通。京张高铁通车为张家口进入首都一小时生活圈发挥了重要的联通功能，极大地促进了张家口地区冰雪、文化、旅游等相关产业的发展，促进了资本、技术、人才在两地区之间的流动，加快了北京非首都功能的疏解进程以及京津冀一体化战略的实施。其二，促进了产业发展互补互促。京张两地充分发挥各自优势，将冰雪运动与旅游、赛事、教育、科技等相关产业进行联动发展，积极推动了两地在冰雪产业、可再生能源产业等领域的深度合作，逐步建立起两地互补互促的产业体系，促进地区经济不断发展。其三，推动了公共服务统合升级。北京作为首都积极发挥资源优势，在通信、住宿、餐饮、医疗等领域对延庆和张家口地区进行全面帮扶，使两地公共服务水平获得较大提升，逐步实现京张地区公共服务设施共建共享。其四，推进区域旅游业高质量发展。北京冬奥会推动了体育产业、文化休闲、冰雪旅游的融合发展，加速了我国建设京张体育文化旅游带、延庆建设最美冬奥城、张家口打造国际冰雪运动和体育文化旅游目的地城市，交出了冬奥会成功举办和带动本地发展两份优异答卷。①

（七）彰显大国担当

北京冬奥会，中国向世界交上了一份堪称完美的答卷，展示了中国言必信、行必果、负责任的大国担当，提升了国际社会对中国的认知，团结友好的"朋友圈"与"伙伴群"越来越大。中国成功抓住了这一历史契机为国际奥林匹克运动树立了新标杆，在自信开放中彰显了积极、友善、真诚、阳光、富强、开放、充满希望的大国形象。在构建新型国际关系、构建人类命运共同体的时代背景下，将中国的特色、理念、倡议和主张融入国际体育秩序和全球体育治理体系中，以真诚友善、文明交流增进世界各国人民的友谊，使体育外交成为消除国际社会误解、摈弃地缘成见、释放多边合作善意、缓和与改善国际关系的重要纽带，向

---

① 邹秀春、张龙：《"双奥之城"续写可持续发展新篇章》，《环境与生活》2022年第Z1期。

世界展示了中国推动构建人类命运共同体的坚定信心。

北京冬奥会留下了丰厚的遗产：持续推动冰雪运动普及发展，带动全民健身事业走向纵深；循环利用奥运场馆，转化成为推动发展新动能；优化冰雪产业布局，构建现代化产业体系；持续发挥奥运带动作用，推动城市高质量发展；加快建设京张体育文化旅游带，有序推进京津冀协同发展；深入开展奥林匹克教育，持续推动社会文明进步；传承利用冬奥文化遗产，为美好未来注入生机活力。冬奥遗产造福人民是奥运遗产传承的中国方案，也是中国发扬奥林匹克运动精神的新篇章。

第二节　竞技体育成绩辉煌

党的十八大以来，我国竞技体育综合实力不断提升，硕果累累。中国体育代表团在 2014 年仁川亚运会连续第 9 次高居亚运会金牌榜榜首。2016 年里约奥运会，中国体育代表团荣获 26 枚金牌、18 枚银牌、26 枚铜牌，共 70 枚奖牌。中国体育代表团在 2018 年雅加达亚运会上获得132 枚金牌、92 枚银牌、65 枚铜牌，共 289 枚奖牌。中国连续 10 届亚运会排名奖牌榜首，成绩继续领跑亚洲。2020 年东京奥运会，中国体育代表团获得 38 枚金牌、32 枚银牌、18 枚铜牌，共 88 枚奖牌，连续 6 届奥运会跻身金牌榜前三名，在田径、游泳、跳水等 14 个项目上获得金牌。2022 年北京冬奥会，中国冰雪健儿在冬奥赛场敢打敢拼、超越自我，勇夺 9 枚金牌、4 枚银牌、2 枚铜牌，共 15 枚奖牌，创造了我国参加冬奥会以来的历史最好成绩。[①] 2023 年杭州亚运会上，中国代表团获得 201

---

① 高志丹：《奋力开创体育强国建设新局面》，《学习时报》2022 年 10 月 14 日，第 A1 版。

枚金牌、111 枚银牌、71 枚铜牌，共 383 枚奖牌，取得中国队参加亚运
会赛事的历史最好成绩。中国体育健儿在奥运舞台与世界赛场上不轻言
放弃、为国争光，落后时坚持自立自信自强、勇攀高峰，领先时保持谦
虚、戒骄戒躁，以体育的力量凝聚爱国情怀，振奋民族精神，在世界体
育舞台上弘扬了中国精神，彰显了中国气派，取得了举世瞩目的成就，
激励着华夏儿女为实现中华民族伟大复兴的中国梦而努力奋斗。

一、中国女排"十冠王"

1981 年，中国女排获得第一个世界冠军，之后创造了"五连冠"的
辉煌成绩，成为世界上第一支连续 5 次夺冠的排球队伍。40 多年来，中
国女排在世界杯、世锦赛、奥运会中屡创佳绩。2019 年 9 月，中国女
排以 3∶0 的成绩完胜塞尔维亚队，以十连胜的佳绩提前一轮蝉联 2019
年第十三届女排世界杯冠军。这是中国女排历史上第二次蝉联世界杯冠
军，第五次夺取世界杯冠军，第十次登上世界之巅，成为强悍的"十冠
王"。"十连冠"的消息一经传出，全国人民为之振奋，因为这不仅意味
着中国女排的辉煌再度回归，也意味着中国体育事业发展到了一个新的
阶段，中国女排以顽强拼搏的精神为新中国成立 70 周年献上了一份隆重
的礼物。

40 多年来，中国女排有过成功登顶的辉煌，也经历过跌入低谷的挫
折，但她们胜不骄、败不馁，始终保持一股不服输的拼劲与打不垮的韧
劲，女排精神成为中华民族的宝贵精神财富。女排精神作为中国共产党
革命精神谱系的重要组成部分，激励和影响着一代又一代中国人投入改
革开放和中国特色社会主义伟大事业。在迈向第二个百年奋斗目标的新
征程上，更需要大力弘扬新时代的女排精神，使之成为全国各族人民团

结奋斗的强大精神动力。

"祖国至上、团结协作、顽强拼搏、永不言败"的女排精神，反映的不仅是运动员们的拼搏精神，更是几代人的接续努力和奋斗。在中国体育发展的历史长河中，女排精神作为一种符号和象征，反映了中国人民独有的精神风貌与坚定的理想信念，代表着一个时代的核心精神，喊出了为中华崛起而拼搏的时代最强音，并深深扎根到各行各业，成为全社会工作、生活与事业发展的精神动力，激励着人们奋斗、奉献与进取。不论时代如何变迁，女排精神永不褪色，将永远激励一代又一代中华儿女在实现中华民族伟大复兴的道路上奋勇前进。

二、中国女篮"拼"出未来

2022 女篮世界杯虽已落幕，但对中国女篮来说却是一个新的开始。因为团结无畏、善打硬仗、战术素养极高的中国女篮正以世界杯亚军的身份宣告崛起，等待她们的还将有更加精彩的故事。这届世界杯上，中国女篮与韩国队、波黑队、波多黎各队、美国队和比利时队同组，中国队取得 4 胜 1 负的成绩，以第二名晋级淘汰赛。在淘汰赛中，中国队接连战胜法国队和澳大利亚队，时隔 28 年重返世界杯（前身为世锦赛）决赛，再一次与美国队对决。虽然没有获得冠军，但女篮姑娘们在比赛中表现出来的毫不胆怯、敢打敢拼、终不放弃、团结一心、顽强拼搏的精神令人动容，赢得了广大人民群众的支持和鼓励。这支女篮队伍平均年龄不到 26 岁，却经历了多次大赛考验，站上领奖台向世界证明了中国女篮的底蕴与风采——团结的球队、拼搏的球员、自信的态度光彩夺目。中国女篮几经辗转沉浮始终没有放弃，最终找回了最好的自己。

出色表现源自团队的力量。在本届世界杯的 8 场比赛中，12 名篮球姑娘各有千秋，每次都能做到节奏不慌不乱、井井有条，中国女篮的成功再次证明团队的力量就是她们立足世界篮坛的最大底气。

出色表现源自拼搏的精神。打赢这场硬仗，中国女篮不仅依靠团结一心，更依靠顽强拼搏的精神与为国争光的信念。中国女篮虽然在决赛中不敌美国，但在所有比赛中展现的永不服输的韧劲儿和良好的竞技状态令国人欣慰，正是每一场比赛中国女篮展现出的顽强拼搏精神、迸发出的无穷斗志打出了永载史册的骄人成绩。

出色表现源于自信的态度。中国女篮自信无畏的美好品格在一场场比赛和一处处细节中得到生动诠释。在与世界强队不断交手的过程中，年轻的中国女篮积累了经验，磨炼了技术，提升了信心。这群姑娘把飒爽自信写在了脸上，面对实力强大的美国队，她们一路走来既看清差距又打出自信。中国女篮主帅郑薇充满信心地说："我们很多年没有进入过世界大赛决赛，这个是非常好的展示自己的舞台，虽然美国队很强，我们会全力去拼，女篮一定会给大家奉献一场非常精彩的比赛。"[1]

国家体育总局、中华全国体育总会、中国奥林匹克委员会致电中国女篮，祝贺中国女篮获得世界杯亚军并追平历史最好成绩，激励球队在今后比赛中再创佳绩。贺电中写道："在刚刚结束的2022年女子篮球世界杯比赛中，你们胸怀祖国、团结一心、不畏强手、顽强拼搏，勇夺世界亚军，追平历史最佳战绩。在此，谨向全体运动员、教练员、工作人员表示热烈祝贺，致以崇高敬意！"[2] 在随后的训练和比赛中，中国女篮进一步增强使命感、责任感、荣誉感，再接再厉不断提高比赛水平，保

---

① 《中国女篮主帅：美国队很强，我们会全力去拼》，大众网，https://www.360kuai.com/pc/96c9e2fdf055024eb?cota=3&kuai_so=1&sign=360_57c3bbd1&refer_scene=so_1。

② 扈建华：《国家体育总局及社会各界向中国女篮发来贺电》，《中国体育报》2022年10月1日，第1版。

持昂扬斗志，弘扬中华体育精神和奥林匹克精神。

2023 年 7 月 2 日，女篮亚洲杯决赛在悉尼打响，中国队以 73∶71 战胜日本队，时隔 12 年后再次夺冠，登上亚洲之巅。从 2022 年的世界杯亚军到 2023 年的亚洲杯冠军，一次又一次沉甸甸的荣誉，象征着中国女篮正在迎来一个伟大的时代。

三、铿锵玫瑰再次绽放

2022 年 2 月，女足亚洲杯决赛在印度打响。中国女足在落后两球的情况下逆转击败韩国队，第九次拿到亚洲杯冠军。这是女足姑娘们时隔 16 年后再次站上亚洲杯的最高领奖台，为祖国和人民赢得了崇高荣誉。中国女足在本届亚洲杯上的表现堪称完美，在小组赛阶段打进 11 个球且零封对手。在四分之一决赛、半决赛和决赛中连续实现逆转。面对老对手日本队，女足姑娘们鏖战 120 分钟最终获胜。从东京奥运会失利到重新登上亚洲之巅，中国女足在淘汰赛中，凭借顽强拼搏的精神一次次逆转取胜，"铿锵玫瑰"再次绽放。女足姑娘不畏强手、团结协作、顽强拼搏、永不言弃、力闯难关、连克强敌，打出了风格，赛出了水平，用荡气回肠的比赛为自己与中国足球赢得了荣誉，在中国足球低谷时期重新点燃了希望。

中国女足夺冠靠的不仅仅是赛场上的发挥，靠的更是一种面对逆境永不放弃的女足精神。女足姑娘身上洋溢着一种久违了的精神——始终保持足够的拼劲和顽强的意志力。正是在女足精神的激励下，这项运动变得如此美丽与感人，人们终于理解了"铿锵玫瑰"的真实含义，理解了女足精神的魅力所在。水庆霞教练表示，在以后的女足备战工作中，将继续打造能征善战、作风优良的国家队，激励运动员在国际赛场上顽强拼搏，绽放铿锵玫瑰的风采，展示中国健儿的良好形象。

弘扬女足精神的关键就是要把女足发展放在国家体育事业与经济社会发展的大局中，在赞美与宣传的同时支持女足事业的发展，让女子足球由"小众"成为"大众"，让更多的人了解和热爱女子足球，让女足的社会价值、文化价值受到更多社会认可，让女足的经济价值与产业价值在结构调整和高质量发展中日益显示价值和魅力。2022 年 10 月 24 日，国家体育总局、教育部、财政部、中国足协联合印发了《中国女子足球改革发展方案（2022—2035 年）》，提出到 2035 年中国女足实现全面发展，女足国家队力争获得 2031 年女足世界杯、2032 年奥运会的前三名。此外，中国还将积极申办 2031 年女足世界杯。其中"总体要求"按照 2025 年、2030 年和 2035 年设置了三个阶段的发展目标，"主要任务"提出了 35 条具体政策举措，从保障落实上做了明确规定。同时还强调建立完善的组织管理体系，加强女足国家队的建设和管理，进一步完善女足竞赛体系，大力发展女足青训，改革推进校园女子足球发展，加快女足教练员队伍建设，普及发展社会足球等。未来将实行中超俱乐部"男足带女足"发展模式，探索把建立女足职业俱乐部作为中超俱乐部的准入条件之一，并纳入中超俱乐部规范化建设综合排名的重要评估指标，推动女足职业化进程，提升女足联赛质量和品牌价值，扩大女足联赛影响力。[①]

四、田径接力赛圆梦东京

2015 年 8 月 29 日，在北京举行的 2015 年世界田径锦标赛男子 4×100 米接力预赛中，苏炳添、莫有雪、谢震业、张培萌组成的中国队

[①]《中国女足改革方案发布 提出将积极申办 2031 年女足世界杯》，人民网，http://ent.people.com.cn/n1/2022/1025/c436801-32551251.html。

以 37 秒 92 的成绩刷新了亚洲纪录，以总排名第四顺利晋级决赛。这个组合在决赛中最终以 38 秒 01 的成绩收获一枚载入史册的银牌，创造了亚洲的田径历史。

2016 年 8 月 18 日，里约奥运会男子 4×100 米接力预赛，汤星强、谢震业、苏炳添、张培萌跑出 37 秒 82 的成绩，再次刷新纪录并顺利晋级决赛，站上了奥运会决赛的舞台，在最终的决战中苏炳添带队跑出 37 秒 90 的成绩，获得第四名。

2017 年伦敦世锦赛，吴智强跑第一棒，谢震业、苏炳添、张培萌仍是主力，预赛跑出 38 秒 20，决赛跑出 38 秒 34，再次获得第四名，与领奖台仅一步之遥。

2019 年多哈世锦赛，中国男子接力队做了调整，苏炳添、谢震业分别跑第一棒与最后一棒，许周政、吴智强分别跑第二棒与第三棒。他们在预赛中跑出 37 秒 79，打破了全国纪录。但由于谢震业决赛前受伤中国队最终获得第六名。

东京奥运会是苏炳添的第三次奥运之旅。2021 年 8 月 1 日，东京奥运会田径男子 100 米半决赛中苏炳添跑出了 9 秒 83，以半决赛第一名的身份晋级决赛并创造了新的亚洲纪录，在 100 米决赛中跑出了第六名的成绩。8 月 5 日上午，在东京奥运会田径项目男子 4×100 米接力第一轮第二组的比赛中，汤星强、谢震业、苏炳添和吴智强组成的中国男子接力队，以 37 秒 92 的成绩刷新赛季最好成绩。2021 年 8 月 6 日晚，汤星强、谢震业、苏炳添、吴智强组成的中国男队，以 37 秒 79 的成绩在东京奥运会田径项目男子 4×100 米接力决赛中获得第四名，追平历史最好成绩，该项目的冠军被意大利夺得，英国、加拿大分获银牌、铜牌。

2022 年 2 月 18 日，国际体育仲裁法庭（CAS）发布公告，认定英国短跑运动员奇金杜·乌贾在东京奥运会期间违反了反兴奋剂条例，他在东京奥运会田径男子4×100米接力决赛和男子100米比赛中取得的成绩均被取消,英国队在东京奥运会田径男子4×100米接力决赛中获得的银牌也被收回。经过3个月的等待,中国男子4×100米接力队终于迎来国际奥委会的最终判定,汤星强、谢震业、苏炳添和吴智强赢得了迟到的奥运会铜牌,这是中国男子4×100米接力队在奥运会上获得的首枚奖牌,得知消息后苏炳添表示:"这枚奖牌属于全国为短跑项目付出过努力的、付出过汗水的所有人,这枚奖牌是属于大家的。"[1]

2022年3月21日上午,在国际田联运动员的介绍中,中国队四位亚洲飞人的资料上已标注了奥运会铜牌。他们通过自己的努力与不懈坚持最终梦圆东京,成为亚洲之光载入史册! 2023年10月4日晚,杭州亚运会田径比赛结束后,中国奥委会为递补获得东京奥运会田径男子4×100米接力铜牌的苏炳添、谢震业、吴智强和汤星强,递补获得2012年伦敦奥运会女子20公里竞走金牌、银牌、铜牌的切阳什姐、刘虹、吕秀芝颁发奖牌。正义也许会迟到,但永远不会缺席。

五、国乒不可战胜的神话

乒乓球作为一种世界流行的球类体育项目,19世纪末发源于英国。1926年在伦敦举行了第一届世界乒乓球锦标赛。新中国乒乓球队成立于1952年,乒乓球运动在全国蓬勃开展起来。1959年世界乒乓球锦标赛上,中国收获了第一枚世界冠军奖牌,也带动了乒乓球运动在中国的风靡。

小小的乒乓球被赋予了太多的意义。一代代运动员也为之付出了无数的艰辛和汗水。中国乒乓球队自成立以来坚持拼搏不息、攀登不止,

---

[1]《中国队正式递补东京奥运会接力铜牌 苏炳添:这枚奖牌是属于大家的》,环球网,https://finance.sina.cn/2022-05-20/detail-imcwipik0961756.d.html。

经历了由弱到强、持久昌盛的成长历程，尤其是进入新时代以来，乒乓球为中国赢得了无数的冠军和奖牌。在 2012 年伦敦奥运会乒乓球男子团体决赛中，中国以 3∶0 战胜韩国夺得男团冠军，成功包揽了该项目的所有金牌；在 2016 年里约奥运会中，中国代表团乒乓球收获了男单、女单、男子团体、女子团体等 4 枚金牌；2018 年在伦敦举行的国际乒联团体世界杯团体决赛中，中国男队、女队双双夺冠；2018 年中国乒乓球男队获得第 54 届世乒赛团体赛男团冠军，同年获得雅加达亚运会乒乓球男子团体冠军、女子团体冠军。2020 年国际乒联世界巡回赛卡塔尔公开赛，中国队收获 4 枚金牌和 1 枚银牌，队员们将奖金全部捐献给武汉的抗疫前线。2021 年东京奥运会乒乓球女团决赛，中国队以 3∶0 战胜日本队获得金牌。东京奥运会乒乓球男团决赛中，中国队以 3∶0 战胜德国队，获得冠军。2021 年美国休斯敦举办世界乒乓球锦标赛，在女子单打决赛中，王曼昱战胜队友孙颖莎夺得冠军。同日，樊振东以 4∶0 战胜瑞典队莫雷加德，为中国队斩获本届世乒赛第四枚金牌，实现了中国男乒在世乒赛男单项目上的九连冠。2022 年中国乒乓球队在世界乒乓球职业大联盟 WTT 澳门冠军赛、WTT 新加坡大满贯赛、新乡 WTT 世界杯等大赛中稳定发挥，更是在成都世乒赛团体赛上实现了男团十连冠与女团五连冠，中国乒乓球队创造了不可战胜的神话。

六、跳水"梦之队"捍卫荣耀

中国跳水队是中国体育王牌中的王牌，是中国体育奥运冠军团队，先后涌现了高敏、吴敏霞、熊倪、郭晶晶等领军人物。从 1984 年洛杉矶奥运会周继红获得女子 10 米跳台冠军至今，跳水成为我国在奥运会上获得金牌最多的项目。中国跳水队成为名副其实的"梦之队"，这些荣耀的背后蕴藏着以"为国争光、无私奉献、科学求实、遵纪守法、团结协作、顽强拼搏"为主要内容的中华体育精神与永不言败永不屈服的中国精神。

进入新时代以来，中国跳水队气势如虹，在奥运会上势如破竹，在强国之路上克服万难、一路奋勇，不仅收获佳绩，续写了"梦之队"的辉煌，更展现了中国新时代体育健儿的风采。2012年伦敦奥运会，中国跳水队收获6枚金牌；2016年里约奥运会，中国跳水队收获7枚金牌；2020年东京奥运会，中国跳水收获7枚金牌和5枚银牌，14岁的全红婵一鸣惊人，以五跳三次满分创下女子10米跳台历史最高分的纪录，夺得东京奥运会跳水女子单人10米跳台金牌。2022年中国跳水"梦之队"包揽了布达佩斯世锦赛全部13个项目的金牌，再次刷新了世锦赛的纪录。德国柏林跳水世界杯上，"梦之队"包揽了8个奥运项目的金牌。2023福冈游泳世锦赛上，中国跳水"梦之队"再次揽下12枚金牌。

中国跳水的成功，离不开运动员在赛场上拼搏奋斗的澎湃激情，也离不开一代又一代跳水人的智慧，这是中国实力与日俱增的表现，更是人类挑战极限生命力的表现，为国家的蓬勃发展留下了浓墨重彩的一笔，汇成中国精神最美的赞歌。

中国跳水队跳出了时代的铿锵脉搏。从周继红、熊倪、伏明霞到郭晶晶、吴敏霞，再到陈艾森、施廷懋、全红婵，中国跳水史上留下了太多星光熠熠、荣誉等身的名字，他们用汗水撑起了中国跳水队的荣耀，以一套又一套近乎完美的动作跃出了风采，跳出了国威，不断取得新的佳绩，在奥运赛场的表现充分展现出了中国实力与时代脉搏，在强国之路上一路奋勇、克服万难，在国际赛场上一次又一次升起"中国红"。

中国跳水队弘扬了"中国力量"，一次又一次创造辉煌，这背后是运动员日复一日的艰苦训练和顽强拼搏的决心。一代又一代中国运动健儿在磨砺中成长，他们直面困难的勇气和不断追赶超越的毅力让中国人民无比动容，为之骄傲。

中国跳水"梦之队"不断铸就新的辉煌。中国跳水队的成功离不开国家的大力投入与完备的选拔机制，也离不开以老带新的光荣传统。一代又一代年轻运动员对前辈的崇敬与追赶，以及前辈们对年轻运动员的经验传授，让中国跳水队新秀不断涌现，创造一个又一个辉煌。继承前辈衣钵，延续"以老带新"的阵容，站在新的赛场上既有施廷懋、曹缘、陈艾森等奥运金牌得主，也有像14岁的全红婵这样稚气未脱的小将，开启了中国跳水"梦之队"的新征程。

勇攀高峰、超越自我、追求卓越的中国跳水"梦之队"始终在路上，一代代中国跳水人始终发扬矢志不渝、不断奋斗的"梦之队"优良传统。

第三节　全民健身蓬勃开展

党的十八大以来，我国牢牢把握"发展体育运动、增强人民体质"的基本方针，群众体育蓬勃开展，全民健身上升为国家战略，人民群众健康水平不断提高，全民健身意识极大增强。

一、全民健身添彩美好生活

习近平总书记指出："体育是提高人民健康水平的重要途径，是满足人民群众对美好生活向往、促进人的全面发展的重要手段，是促进经济社会发展的重要动力，是展示国家文化软实力的重要平台。"[①] 体育是

---

① 习近平：《在教育文化卫生体育领域专家代表座谈会上的讲话》，《人民日报》2020年9月23日，第2版。

一项重要的民生工程，体育强国的基础在于群众体育，以人民为中心是我国体育事业发展的根本价值追求，因此满足人民群众的健身需求、促进人的全面发展是体育工作的出发点和落脚点。

（一）全民健身活动丰富多彩

促进开展全民健身活动，群众性体育赛事活动必不可少。近年来，随着我国体育赛事或活动数量上的快速增长，类型不断增多，"天天有比赛，人人可参赛"成为新常态。2017 年，国家发展改革委会同国家体育总局、公安部、交通运输部、卫生计生委、中国人民银行、中国工商总局、新闻出版广电总局、银监会等九部门联合印发了《关于支持社会力量举办马拉松、自行车等大型群众性体育赛事行动方案（2017）》。中国田径协会发布的《2019 中国马拉松年度报告》显示，2019 年举办全国规模以上的马拉松赛事 1828 场，覆盖了全国 31 个省区市，参加人次达712 万。群众性体育活动日渐丰富多彩，健身操、太极拳、慢跑、散步、乒乓球等各类健身活动广泛开展，激发了群众的体育热情，吸引了更多人参赛与观赛，逐渐养成了健康生活与主动锻炼的意识，为人民群众的美好生活增添了更多色彩，全民健身公共服务体系不断完善，人民群众的获得感、幸福感、安全感不断增强。各地积极组织举办各种全民健身赛事活动，为群众提供健身平台，丰富了群众的文化体育生活，掀起了全民参与健身运动、增强体质、共享美好生活的浪潮，切实提升了广大人民群众的幸福感、获得感，同时也展现了健康向上的城市新形象。

（二）全民健身是健康生活的基础和保障

建设体育强国和健康中国，最根本的是增强人民体质、保障人民健康。全民健身运动的普及，是一个国家现代化程度的重要标志，也是增强人民体质、健康生活的基础和保障。通过全民健身推进健康中国建设、促进青少年儿童健康成长、提升民族身体素质与健康水平，进而促进人民对幸福美好生活的向往。因此，需要着力把体育全方位融入人民群众的日常生活之中，广泛开展全民健身活动，千方百计解决人民群众"健身去哪儿"的难题，构建更高水平的全民健身公共服务体系，切实把增强人民体质落到实处，让全体人民共享体育发展成果，增强人民群众的获得感、幸福感与安全感。

（三）全民健身是夯实全面小康目标的基石

以全民健身促全民健康，实现全面小康目标，成为新时代全民健身工作的根本方针和任务。全民健身是实现全面小康的保障，国家繁荣昌盛离不开全民身心健康，全民健身不仅是个人身心健康的追求，更是党和人民的事业顺利开展的前提和基础。全民健身是全面建成小康社会的重要内涵，人民身体健康水平的提高是促进国家经济发展的重要条件与构建健康中国的基础，更是国家综合实力的体现。因此，全民健身关系国计民生，坚持以人民健康为中心，突出发挥全民健身在促进人民健康和幸福生活方面的独特优势，使全民健身与实现第二个百年奋斗目标相契合，为实现中华民族伟大复兴奠定坚实的健康基础。

二、全民健身保障体系更加完善

2021年《中共中央关于党的百年奋斗重大成就和历史经验的决议》将"加快体育强国建设，广泛开展全民健身活动，大力弘扬中华体育精神"列为新时代体育领域的三大重要成就。党的十八大以来，以习近平同志为核心的党中央高度重视关心体育工作，随着《全民健身计划（2016—2020年）》《"健康中国2030"规划纲要》《2022年群众体育工作要点》的相继颁布，全民健身不再局限于体育的范畴，逐渐上升为国家战略，全民健身正迎来全面深入、蓬勃发展的大好时机。

2022 年 6 月 24 日，新修订的《中华人民共和国体育法》的第二章章名，由"社会体育"改为"全民健身"，提出"国家实施全民健身战略，构建全民健身公共服务体系，鼓励和支持公民参加健身活动，促进全民健身与全民健康深度融合"。[①] 明确国家实施全民健身战略，鼓励和支持公民参加健身活动，促进全民健身与全民健康深度融合。从"社会体育"到"全民健身"，新颁布的体育法重点落在惠及更广泛群体的全民健身之上，以此提升群众的参与感、获得感和幸福感。这一改变把国家实施全民健身战略写入法律，为实现全民健身与全民健康深度融合提供了法律保障。

（一）多措并举构建全民健身公共服务体系

建立全民健身公共服务体系是实现全民健身与全民健康的重要依托。习近平总书记强调："要紧紧围绕满足人民群众需求，统筹建设全民健身场地设施，构建更高水平的全民健身公共服务体系。"[②]《"健康中国2030"规划纲要》提出，2020 年人人享有基本体育健身服务，2030 年完善的全民健身公共服务体系全面建立。2022 年 3 月，《关于构建更高水平的全民健身公共服务体系的意见》明确在新发展阶段进一步完善全民健身公共服务，构建更高水平的全民健身公共服务体系。这一全民健身公共服务体系是加快体育强国建设的重要基石，是顺应人民向往高品质生活的内在要求，是推动全国人民共同富裕的重要内容。可以预见的是，到 2025 年，基本建立更高水平的全民健身公共服务体系，基本公共服务体系更加完善、标准更加健全、品质明显提升，2035 年全面建立与社会

---

① 《直面解决体育现实问题 新修订的〈体育法〉亮点有哪些？》，央视网，https://news.cctv.com/2022/06/25/ARTIEreqtfBkLzzvR3bCL3rE220625.shtml。

② 《习近平在教育文化卫生体育领域专家代表座谈会上的讲话》，《人民日报》2022 年 9 月 23 日，第 2 版。

主义现代化国家相适应的全民健身公共服务体系。

（二）推进全民健身治理能力现代化

体育治理体系和治理能力现代化，是国家治理体系和治理能力现代化的重要组成部分。实现体育治理体系建设和治理能力现代化，是我国经济社会发展的战略要求，是贯彻落实全面深化改革和全面依法治国的具体实践，是我国推进体育事业改革发展的现实需要，是顺应国际体育治理理论与治理实践的时代要求。推进全民健身治理能力现代化，更新治理理念，构建新的体制机制、法律法规，使全民健身各方面的制度、机制、政策等更加科学、更加完善；实现全民健身治理现代化、科学化、体系化；实现政府、市场、社会治理主体在数量和结构上的平衡。要树立全民健身现代治理意识，运用现代治理思维、方法和手段推动全民健身向纵深发展，有效解决全民健身过程中遇到的问题，要强化提高人民健康水平的制度保障，切实推动全民健身发展目标的实现，让全民健身事业获得可持续发展的原动力。强化全民健身现代治理能力，必须重视人才，抓好人才和科技两个关键点，将先进的科技手段广泛应用于全民健身，同时让行业协会为主的社会组织的力量参与决策，充分发挥智库作用等。

三、共话全民健身新发展

全民健身关系到人民群众身体健康和生活幸福，是综合国力和社会文明进步的重要标志，是社会主义精神文明建设的重要内容，是全面建设社会主义现代化国家的重要组成部分。《全民健身计划（2021—2025年）》指出："全民健身国家战略深入实施，全民健身公共服务水平显著提升，全民健身场地设施逐步增多，人民群众通过健身促进健康热情日益高涨,健康中国和体育强国建设迈出新步伐。"^① 党的二十大报告明确提出"广泛开展全民健身活动"要求,为营造全民健身的浓厚氛围与增强全民健身意识提供了重要遵循。

（一）全民健身日益生活化、智慧化

《"健康中国 2030"规划纲要》指出,继续制订实施全民健身计划,普及科学健身知识和健身方法,推动全民健身生活化。将全民健身全方位融入人民群众日常生活,做实群众体育"六边工程"^②。提供全民健身智慧化服务,开展线上和智能体育赛事活动,支持智能健身、云赛事、虚拟运动等新兴运动的开展。建立全民健身信息服务平台,逐步形成信息发布及时、服务获取便捷、信息反馈高效的全民健身智慧化服务机制。

（二）全民健身线上运动会兴起

我国体育坚持创新融合发展思路,运用"互联网＋体育"满足人民群众多样化的健身需求,积极探索全民健身活动的新方式、新模式和新机制。在疫情防控期间,北京体育大学发挥专业优势,挖掘学科专家、冠军资源,通过互联网推广运动健身。2020 年 3 月 5 日,北京体育大学与快手平台联合发起"全民跳绳挑战",累计发起四场连线直播,观看总人数超 500 万。活动还邀请奥运冠军陈中以及世界冠军巩立姣、钟齐鑫、张昊、隋剑爽等录制视频;北体冠军班班长李勇志、体能训练学院教师麻超越等也录制了科学跳绳的教学视频;北体传媒发起"云赛事"鼓励大家以健康的状态迎接复工复产,为社会积极推广正能量等。2021 年 1 月 29 日,北京体育大学率先通过官方微信等校园媒体平台推出八段锦教

---

① 《国务院关于印发全民健身计划（2021—2025 年）的通知》,中国政府网,https://www.gov.cn/zhengce/content/2021-08/03/content_5629218.htm。

② "六边工程"即六个身边工程:健全群众身边的体育健身组织;建设群众身边的体育健身设施;丰富群众身边的体育健身活动;支持群众身边的体育健身赛事;加强群众身边的体育健身指导;弘扬群众身边的体育健身文化。

学视频。内容一经发出，广受好评，点击量突破百万，引领了体育防疫的"潮流"。同时，学校还和新华社、《光明日报》、人民网等主流媒体联动，面向不同人群，开设在线"运动新知学院"，推出"北体教授说""宅家健身""在线直播"三个栏目，将宣传普及疫情防控知识与全民健身、心理健康等相结合，服务疫情防控期间人民群众居家科学健身需求，积极践行大学的社会责任，共享教育资源，用知识服务社会，切实践行"使命在肩、奋斗有我"的精神，向社会传递更多正能量。2022年4月28日，首届全民健身线上运动会累计报名参与人数超1396万人，共有109家单位参与办赛。通过体育在线服务不断满足人民群众多样化的健身需求，助力疫情防控，极大激发了人们居家健身、追求健康的热情，实现了全民健身方式方法的新突破。后疫情时代，线上运动依然广受欢迎，可以有效节约快节奏生活、工作之余的健身时间成本，对进一步扩大全民健身适用面大有裨益。

（三）社区运动会如火如荼

近年来，随着全民健身深入开展，社区运动会蓬勃发展，出现了线上与线下结合、全社会参与、多项目覆盖、多层级联动等新趋势，为群众搭建起身边的竞技场。通过这一"小舞台"，实现了全民健身高质量发展这一"大目标"。社区运动会在全国各地如火如荼地开展，搭建起各具特色、形式多样的全民健身活动平台，让更多的人参与运动健身，体验到更多的幸福感与获得感。2023年4月27日，内蒙古呼和浩特市举办了以"幸福青城"为主题的社区运动会，活动覆盖了呼和浩特市万达社区、如意社区、万正社区、绿地社区、正泰社区、香格里社区等，组织参与比赛的社区运动员一百余人，亲子家庭五十余组，活动还首次设置呼和浩特市体能五项赛。此次社区运动会按照宜家、易行、有趣的原则，旨在影响更多人群参与健身活动，满足群众对美好生活的需要，推动全社会共同参与体育运动形成健康的新生活方式。在第 31 届世界大学生夏季运动会之际，成都市金牛区人民政府举办了"爱成都·迎大运·烟火成都·活力金牛"金牛区社区运动节（全民健身运动会），将"以赛营城"与全民健身运动，生活体育与体育消费，深度融合。健身操、"乐跑向未来" 3 公里乐跑 / 健步走、腰旗橄榄球、VR 滑雪、网棍球、击剑等丰富多样的运动项目，深受市民喜爱。近年来，成都市金牛区全面促进"社区运动角"、特色健身广场、社区服务站点和健身路径等设施的提档升级，群众健身空间更加多样，实现了健身锻炼"举步可就"。

（四）公共体育场馆向社会开放

为支持大型公共体育场馆缓解管理运营压力，更好地为广大群众服务，财政部根据新修订的《公共体育场馆向社会免费或低收费开放补助资金管理办法》，提前下达 2023 年公共体育场馆向社会免费或低收费开放补助资金预算，受益人次超过 4 亿。国家体育总局还制定了公共体育场馆基本公共服务规范等一系列配套政策文件，对场馆提供的公共服务做出规范。2023 年 5 月，国家体育总局公布了公共体育场馆开放使用第一批典型案例名单，共 33 家单位上榜。其中，体育中心类型的单位 12 家、体育场类型的 4 家、体育馆类型的 8 家、游泳馆类型的 3 家，文体中心、全民健身中心、综合体等其他类型的共 6 家。[①] 这些政策和举措有力地推动了全民健身事业的繁荣发展，推动体育助力人民美好生活愿景的实现。

（五）社会体育指导员志愿上岗

社会体育指导员是全民健身的宣传者、科学健身的指导者、群众健身活动的组织者、体育场地设施的维护者与健康生活方式的引领者。他们深入一线利用专业能力，依托体育馆、图书馆、博物馆、科普教育基

---

① 《国家体育总局公布公共体育场馆开放使用第一批典型案例名单》，新华网，http://www.news.cn/2023-05/06/c_1129595224.htm。

地等场所，结合课后服务，利用寒暑假、全民健身日等时机，开设科学健身讲座、健康教育课、健身指导培训，开展线上线下志愿服务，传递科学健身理念和方法，提升人民群众对科学健身的认知度和参与度。

（六）科学健身引导增强体质

面对新冠疫情的挑战，体育战线积极搭建赛事平台，推广科学健身方法，增强广大群众防病抗病能力。同时加大科学健身指导力度，国家体育总局开设了"科学健身指导"专栏，设置居家健身科普视频、首批全国优秀科普作品、不同人群科普动画、科学健身公益推广视频等栏目，发布内容丰富的健身指导系列作品。全国各地结合实际情况积极推广科学的健身知识和方法，对健身产业有了更深层次的思考，逐渐成为行业新的经济增长点。

（七）赛事举办成为发展新契机

举办大型赛事是推动健康中国建设的重要途径，能够激发人民群众参加体育的热情，带动更多的人参与全民健身，推动体育经济和群众体育协调发展。北京冬奥会使3亿人参与冰雪运动的目标成为现实，既宣传了奥林匹克精神，也带动了全民健身活动广泛参与。在筹备杭州亚运会的过程中，杭州市体育局放大亚运的综合效应，全市举办了15000场体育赛事活动进一步浓厚亚运氛围，举全员之力，共同展示"最美杭州、亚运之城"的良好城市形象，为群众打造全民体育盛会、文化盛典。这些大型赛事的举办进一步助力全民健身意识落地生根，深刻改变了亿万民众的生活方式，彰显了在国际体育领域的大国风度与担当。

（八）草根力量作用凸显

随着人民群众物质文化生活水平的不断提高，人们对体育的需求日益旺盛，草根力量推动的乡村体育受到了普遍欢迎。2022年夏天，贵州省黔东南州台江县台盘乡台盘村的民间篮球赛"火出了圈"，登上了热

以治病为中心转变为以人民健康为中心。推动全民健身与全民健康深度融合，体育事业的发展动力更为强劲，发展前景更为广阔。推动全民健身和全民健康深度融合，就要贯彻和落实"以人民健康为中心"的大健康观、大卫生观，并将以这一理念统领全民健康以及相关政策的制定和实施的全过程。遵照"以体为先和体卫结合"的原则，以提升国民健康为目标，推动健康关口前移，把全民健身作为促进健康的主要手段，共同提升国民体质健康、道德健康、心理健康和社会适应健康。

（三）形成健康管理新模式

《"健康中国 2030"年规划纲要》指出，加强"体医融合"和非医疗健康干预，建立并完善针对不同人群、不同环境、不同身体状况的运动处方库，推动形成"体医结合"的疾病管理与健康服务模式，发挥全民科学健身在健康促进、慢性病预防和康复等方面的积极作用。落实《"健康中国 2030"年规划纲要》的要求，逐步开展以下工作：加强全民健身科技创新平台和科学健身指导服务站点建设；开展国民体质测试，完善体质健康监测体系；开发应用国民体质健康监测大数据，开展运动风险评估；建设"全地域覆盖、全周期服务、全社会参与、全球化合作、全人群共享"的全民健身发展新格局。新时代以来，"运动是一种生活方式"的理念深入人心，"体卫融合"构建了一种健康管理新模式，成为人们建设美好生活的一道独特风景。

第四节 青少年体育健康发展

新时代以来，青少年体育工作取得丰硕成果，构建起齐心协力、齐抓共管、互利共赢、互帮互助的良性发展格局。在推动高质量体育教育的普及、培养全面发展的体育后备人才方面，着力于以体育促健康理念的教育和法律法规的保驾护航上，不断丰富体育赛事活动，扎实推进体教融合迈上新台阶。

一、青少年体育迈上新台阶

青少年是祖国的未来和民族的希望，中华民族的伟大复兴终将在一代又一代青年的奋斗中变为现实。青少年体育是群众体育的社会基础，也是竞技体育跨越发展的人才基础。党和国家高度重视青少年体育工作，着力于通过体育促进青少年健康成长。党的十八大以来，以习近平同志为核心的党中央围绕青少年体育、青少年健康做了一系列决策部署，为青少年体育高质量发展指明了方向，并取得了显著成效。

（一）法律法规保驾护航

强国之基在于强民，强民之要在于夯实体育工作，增强青少年体质。在新修订的《中华人民共和国体育法》第一章"总则"中提出，"国家优先发展青少年和学校体育，坚持体育和教育融合，文化学习和体育锻炼协调，体魄与人格并重，促进青少年全面发展"。这对青少年的体育发展具有战略性、指导性和长远性意义。同时将第三章"学校体育"修订为"青少年和学校体育"，提出国家实行青少年和学校体育活动促进计划。健全青少年和学校体育工作制度等条款，旨在通过体育、教育、卫生、团组织等多部门协同合作来推进青少年和学校体育工作，将青少年作为重点人群，且将体育置于促进青少年健康成长的中心地位。这一举措从法律层面保障了青少年学生接受高质量学校体育教育，丰富完善学校体育的内容，保证充足的体育活动时间，从强化安全风险防控等方面着手解决青少年体质下降问题，填补了青少年体育方面的法律空白。

（二）理念先行科学引领

青少年体育是未来中国体育蓬勃发展和持续繁荣的原动力，是群众体育和学校体育的重要组成部分。做好青少年体育工作，需要科学的指导思想和科学地统筹规划。党的十八大以来，以习近平同志为核心的党中央站在党和国家事业发展薪火相传、后继有人和实现中华民族伟大复兴中国梦的战略高度，十分关切青少年健康成长，对青少年的教育和体育教育给予了前所未有的关注。强调"足球要从娃娃抓起""坚持德智体美劳全面发展""开齐开足体育课"等，深刻彰显"健康第一"的教育理念，帮助学生在体育锻炼中享受乐趣、增强体质、健全人格、锤炼意志，用体育运动"野蛮其体魄"，树立"少年强中国强，体育强中国强"的强国理念。新时代青少年体育工作理念的凝练和落实，既是我国由体育大国迈向体育强国历史征程中的关键一环，也是坚持用习近平新时代中国特色社会主义思想治国理政的具体体现。

（三）赛事活动日益丰富

体育赛事是撬动青少年体育普及的有效杠杆，是检验体育训练成果的标尺，是促进竞技体育后备人才培养的助推器。党的十八大以来，青少年体育赛事在我国广泛开展并日益完善。

一方面，国内各类体育赛事活动有序开展，教育部门举办的全国学生运动会、全国学生单项联赛制体育赛、青少年阳光体育节等比赛活动精彩纷呈。2013年11月，国家体育总局批准第八届全国城市运动会更名为"第一届全国青年运动会"。自2015年以来，第一届、第二届全国青年运动会相继在福建和山西举行，吸引了很多青少年投身体育运动，大力发展全民健身事业，促进群众体育和竞技体育全面发展。体育部门举办的全国青年运动会、全国青少年单项体育赛事、全国体育传统项目学校比赛、全国青少年体育俱乐部比赛与U系列赛事及体校U系列锦标赛等活动如火如荼地推进。除此之外，还有其他的国家级青少年体育品牌活动健康发展，逐步建立了稳定、长期、多层级的青少年竞赛体系。

另一方面，积极参与和筹备各项国际体育赛事活动，参加与举办冬季青年奥林匹克运动会、亚洲青年运动会、中日韩青少年运动会，赴俄罗斯参加中俄青少年运动会等。

此外，丰富多彩的体育冬夏令营活动和"奔跑吧·少年"等儿童和青少年主题健身活动陆续开展。通过这些活动广泛开展儿童和青少年科学健身普及和体质健康干预，引导儿童和青少年参与体育锻炼，促进儿童和青少年身心健康与体魄强健。

上述丰富多彩的体育比赛活动使青少年能从中享受乐趣、增强体质、健全人格、锤炼意志。

二、体教融合全面推进

党的十八大以来，青少年体育工作以深化体教融合为主线，围绕促进青少年健康成长和培养竞技体育后备人才两大任务，巩固和拓展学校、体校、社会体育俱乐部三大阵地，积极构建青少年健康促进、青少年体育训练、青少年体育竞赛三大体系，深化体教融合。青少年体质健康水平显著提升，赛事活动不断丰富与完善，体教融合取得阶段性成效，竞技体育后备人才的成长为人才流动等创造了有利条件。新修订的《中华人民共和国体育法》明确提出，"国家优先发展青少年和学校体育"，党的二十大报告提出，"加强青少年体育工作""培养德智体美劳全面发展的社会主义建设者和接班人"。党和国家对青少年体育的高度重视，为全面推进体教融合创造了良好环境，为建设体育强国和健康中国筑牢了坚实基础。此外，《关于深化体教融合促进青少年健康发展的意见》提出了

8 个方面共 37 项政策措施，对"体教融合"提出了新要求和新任务，也为新时代我国体育事业的发展指明了方向。

（一）齐抓共管形成合力

新时代体教融合意义重大，备受社会各界关注。体教融合不仅对于竞技体育后备力量的培养十分重要，还涉及社会主义合格建设者和接班人的培养问题，是实现立德树人根本任务的关键环节。体教融合对于青少年核心素质的培养十分关键，主要体现在青少年价值观塑造、必备品格培养和关键能力提升方面。坚持健康第一，打好青少年健康问题"阻击战"，是新时代推进体教融合的基本立足点。面对青少年体质健康突出存在的"小眼镜""小胖墩""脊柱侧弯"等"痛点"与"堵点"，需要家庭、学校、社会形成共识，发挥各自优势，齐抓共管形成合力，携手构建健康体系，让体育真正促进青少年的健康成长。要在"双减"背景下坚持"两手抓"：一手抓体育干预，联合教育部、卫健委等部门施"健康包"工程，开展营养控制、运动减肥干预试点，针对部分学生开展体质改善试点；一手抓普及促预防，丰富体育活动类型，填补体育需求缺口，培养终身参与体育锻炼的习惯，推动项目进校园、进社区、进俱乐部，支持基础大项普及推广，带动经常性锻炼促进青少年身心健康。

（二）搭建平台拓宽渠道

竞赛是促进青少年积极参与体育运动和训练的重要杠杆之一。近年来，国家体育总局不断完善青少年体育竞赛体系，搭建平台、拓宽渠道，助力青少年走向赛场。2022 年，全国线上线下相结合的比赛精彩纷呈，各地积极搭建青少年体育竞赛平台，在体教融合的推动下越来越多的体育项目走进校园，丰富了学校体育的内容。2022 年 6 月，教育部、国家体育总局、中国足协联合印发《中国青少年足球联赛赛事组织工作方案（2022—2024 年）》，首届中国青少年足球联赛正式落地。赛事面向全国青少年，在竞赛设计、竞赛组织等方面打破参赛壁垒，摒弃锦标主义，带动社会各界积极举办青少年体育赛事活动。同时，推动传统项目与新兴项目协调发展，促进竞技体育后备人才培养和青少年身心健康发展，充分发挥协会、社会组织与俱乐部的作用，满足更多青少年的参赛需求，让更多青少年得以同场竞技。

（三）改革创新提质升级

党的十八大以来，各地体育、教育等部门在探索体教融合方面形成了一系列新方案、新举措与新办法。2012 年，上海出台《关于深化上海市体教结合的意见》，提出了密切协同、突出普及、资源共享、提升素质、形成业余训练网络体系、活跃青少年体育赛事、加强领导明确责任等七项措施。国内其他省市和地区也相继推出了相应的政策措施。2017 年 11 月，国家体育总局、教育部联合印发了《关于加强竞技体育后备人才培养工作的指导意见》，进一步深化体教融合，指出促进青少年健康成长还需要突破难关、不断改革创新。2020 年 9 月，国家体育总局、教育部联合印发《关于深化体教融合 促进青少年健康发展的意见》，提出要加强学校体育工作、完善青少年体育赛事体系、加强体育传统特色学校和高校高水平运动队建设、深化体校改革、规范社会体育组织、大力培养体育教师和教练员队、强化政策保障，可加强深化有中国特色的体教融合发展，推动青少年文化学习和体育锻炼协调发展，促进青少年健康成长、锤炼意志、健全人格，实现德智体美劳全面发展。《关于全面加强和改进新时代学校体育工作的意见》提出，改善场地器材建设配套，研究制定国家学校体育卫生条件基本标准，建好满足课程教学和实践活动需求的场地设施与专用教室，加强各类学校体育场馆建设，鼓励有条件的高校与地方共建共享。随后出台的《户外运动产业发展规划（2022—2025 年）》也提出助力体教融合。

新时代全面推进体教融合，应坚持贯彻习近平总书记关于体育与教育工作的重要论述，以社会主义核心价值观为引领，创新落实学校体育工作要求，共建青少年赛事体系，实施青少年体育促进计划，走出一条具有中国特色的新时代体教融合发展之路。

第五节 体育产业不断升级

党的十八大以来，我国体育产业规模、水平不断提高，发展环境不断优化，市场潜力持续释放，体育产业对 GDP 的贡献度不断提高，形成了以竞赛表演、健身休闲为引领，体育场馆服务、体育培训、体育制造、体育传媒等协同发展的体育产业体系，在引导群众健康生活、扩大内需、拉动消费等方面做出了积极贡献，为我国经济社会高质量发展提供了强有力的新动能。

一、传统体育产业全面发展

随着我国经济社会的快速发展，传统体育产业也迎来了新的发展机遇。在新的体育产业政策的保障和支持下，传统的体育制造、体育培训、体彩行业等都实现了快速升级与发展。

（一）体育产业政策完善

党的十八大以来，中国体育产业迎来了前所未有的发展机遇，体育产业呈现持续良好发展态势，在国民经济和社会发展中发挥着日益重要的作用。国家出台了一系列政策，进一步确立了体育产业在国民经济和社会发展中的地位。《关于加快发展体育产业促进体育消费的若干意见》强调，发展体育事业和产业是提高中华民族身体素质和健康水平的必然要求，并明确了六个方面的任务，即创新体制机制、培育多元主体、改善产业布局和结构、促进融合发展、丰富市场供给、营造健身氛围。此外，还提出了七个方面的举措，即大力吸引社会投资、完善健身消费政策、完善税费价格政策、完善规划布局与土地政策、完善人才培养和就业政策、完善无形资产开发保护和创新驱动政策、优化市场环境，规划到 2025 年基本建立布局合理、功能完善、门类齐全的体育产业体系。[①]各地陆续发布加快发展健身休闲产业、竞赛表演业、支持社会力量举办体育赛事等方面的配套文件，为体育产业高质量发展营造了有利的政策环境。《关于加快发展健身休闲产业的指导意见》提出，到 2025 年基本形成布局合理、功能完善、门类齐全的健身休闲产业发展格局，产业结构日趋合理。[②]《关于加快发展体育竞赛表演产业的指导意见》提出，到 2025 年基本形成产品丰富、结构合理、基础扎实、发展均衡的体育竞赛表演产业体系。[③]《体育强国建设纲要》提出，"加快发展体育产业，培育经济发展新动能"是战略任务之一。[④] 在《"十四五"体育发展规划》中，体育产业发展的"5 万亿元"目标没有变，还提出体育产业增加值占国内生产总值的比重达到 2%，居民体育消费总规模超过 2.8 万亿元，从业人员超过 800 万人。[⑤] 国家体育总局、国家发展改革委等八部门联合出

① 《国务院关于加快发展体育产业促进体育消费的若干意见》，国家体育总局体育文化发展中心，https://www.sport.gov.cn/whzx/n5590/c904544/content.html。

② 《国务院办公厅关于加快发展健身休闲产业的指导意见》，国家体育总局经济司，https://www.sport.gov.cn/jjs/n5039/c774648/content.html。

③ 《国务院办公厅关于加快发展体育竞赛表演产业的指导意见》，国家体育总局体育文化发展中心，https://www.sport.gov.cn/whzx/n5590/c901248/content.html。

④ 《国务院办公厅关于印发体育强国建设纲要的通知》，中国政府网，https://www.gov.cn/gongbao/content/2019/content_5430499.htm。

⑤ 鲍明晓：《绘就新蓝图 奋进新征程——〈"十四五"体育发展规划〉总体发展内容解读》，《中国体育报》2021 年 10 月 27 日，第 5 版。

台《户外运动产业发展规划（2022—2025 年）》。同时，文旅部发布春节、国庆假期体育旅游精品线路、国家级滑雪旅游度假地、国家体育旅游示范基地，以激发体育消费潜力。① 《关于促进全民健身和体育消费推动体育产业高质量发展的意见》提出，强化体育产业要素，激发市场活力和消费热情，推动体育产业成为国民经济支柱性产业，积极实施全民健身行动。② 《关于加快发展体育产业促进体育消费的若干意见》和《关于体育助力稳经济促消费激活力工作方案》等政策的相继出台，一方面促进体育产业的发展与繁荣，另一方面切实推动了国务院稳经济一揽子政策与措施的有效落地。

（二）国产体育品牌崛起

党的十八大以来，国产体育品牌得益于全民健身的升温与国家体育产业政策红利的释放，在产品科技创新、销售渠道改革、品牌国际影响力提升等多方面共同发力之下，创造了一个又一个佳绩。安踏、李宁、特步、361 度等多家体育企业的业绩表现十分出色。乘着"国货腾飞"的风潮不断强化核心优势，摆脱"缺乏创新"与"设计老旧"等陈旧标签，从追大牌到抢国货，从"潮设计"到"潮科技"，国货日益成为青年一代热捧的新时尚。在北京冬奥会的推动下，国产运动品牌消费热度激增，中国体育产业发展迅猛，成为促进我国经济增长的重要内生力量。在国货崛起的背景下，中国体育品牌提出了更高的发展要求，努力赶超一线大牌，比肩国际品质，在产品专业化、时尚化、高端化上取得明显突破，持续在专业运动产品科技上进行研发与创新，为不同层级的

---

① 《体育总局　发展改革委　工业和信息化部　自然资源部　住房和城乡建设部　文化和旅游部　林草局　国铁集团　关于印发〈户外运动产业发展规划（2022—2025 年）〉的通知》，国家体育总局，https://www.sport.gov.cn/gdnps/content.jsp?id=24919504。

② 曹彧、冯蕾：《体育总局召开党组扩大会研究推动〈体育强国建设纲要〉任务落实》，《中国体育报》2023 年 2 月 2 日，第 1 版。

消费者提供最佳的产品需求，也为中国体育品牌的长远发展注入了信心与底气。

（三）体育培训蓬勃发展

体育是新时代最热门的朝阳行业之一，各类体育培训蓬勃发展。随着体育产业政策稳步推行与教育观念的更迭，尤其是北京冬奥会的成功举办与"双减"政策落地实施，健身与体育培训市场持续升温，行业规模稳健增长。体育作为素质教育不可或缺的部分，越来越受到家长的关注。特别是"双减"政策实施以来，投身学科类培训的机构、公司纷纷将业务向体育培训方向倾斜。体育开始回归教育的本质，体育培训作为学校教育的有益补充，是未来行业发展的一个趋势。青少年体育的范围较之于"学校体育"所涉范围有较大的延伸和扩展，开始从单一的学校主体模式走向校内、校外联动、"两大课堂"同行的体育教育模式。作为家庭体育消费支出重点的青少年体育培训，还具有巨大的带动效应。青少年体育俱乐部的蓬勃发展，不仅普及了体育项目文化，培育了体育人口和体育市场，也在专业竞技人才的培养、专业赛事体系的打造、解决退役运动员的就业和体育场馆的综合开发利用等方面，做出了重要贡献。

（四）体彩行业全面开花

党的十八大以来，中国体育彩票积极转型升级高质量发展。2017 年中国体育彩票对标世界标准，立足中国国情和彩票特点建立了中国体育彩票责任彩票管理体系。2018 年，《责任彩票建设三年纲要》出台。2021 年，《"十四五"体育彩票社会责任建设实施纲要》明确了未来五年责任彩票的建设目标及重点任务。2018 年，我国体育彩票市场份额首次超过福利彩票。截至 2021 年前三季度，全国体育彩票销售额为 1762.8 亿元，占总销售额的 63.3%；福利彩票销售额为 1022.5 亿元，占总销售额的 36.7%。体育彩票领先优势进一步扩大。

自 2018 年取得行业领先以来，中国体育彩票系统不断优化产品结构、丰富渠道功能、提升技术水平，推进供给侧结构性改革，积极推动创新探索和实践。截至 2022 年 12 月 7 日，体育彩票累计销售 2446.243 亿元，筹集公益金 595.66 亿元。[①] 中国体育彩票行业的迅速发展为社会公益事业和体育事业提供了更大的支持和保障，向党和人民交出了一份无愧使命的优秀答卷。

二、新兴体育产业亮点纷呈

体育产业作为一种新兴的幸福产业、朝阳产业与绿色产业，对挖掘和释放消费潜力、保障和改善民生、培育新的经济增长点、提升经济增长新动能具有十分重要的作用。党的十八大以来，随着国家体育产业政策的发展和人民体育需求的日益多样化，新兴体育产业亮点纷呈、蓬勃发展，逐渐成为经济转型发展的新动能。

（一）"体育＋旅游"悄然兴起

近年来，我国体育旅游产业悄然兴起，发展迅速。相关部门多次发文鼓励"体育＋旅游"融合发展。《关于进一步激发文化和旅游消费潜力的意见》指出，要大力发展体育旅游，推进幸福产业服务消费质量提升；《国务院关于发展体育产业促进体育消费的若干意见》中将"体育旅游博览会"作为打造体育贸易展示平台之一，将"体育旅游"作为积极拓展培育的新业态；《"十四五"旅游业发展规划》提出实施体育旅游精品示范工程，以北京冬奥会、冬残奥会等重大体育赛事为契机，打造一批有

---

① 《高志丹局长在 2022 年全国体育局局长会议上的讲话》，国家体育总局，https://www.sport.gov.cn/n4/n24972416/n24982659/n24982740/c25052288/content.html。

影响力的体育旅游精品线路、精品赛事和示范基地。[①] 随着我国居民收入水平提升和旅游消费升级，滑雪滑冰、户外运动、登山越野等体育活动受到越来越多人的喜爱，体验型旅游成为旅游市场的新亮点。体育文化与旅游产业的融合也成为一种新的发展趋势和潮流，体育休闲旅游日益成为 21 世纪旅游消费的新趋向。

（二）智慧健身带火消费

近年来，体育消费发展势头强劲。全国体育消费总规模达到 1.5 万亿元，人均体育消费支出占消费总支出的比重显著上升，体育消费结构更为合理。我国体育产业结构不断优化，尤其是体育服务业所占比重逐年上升，原因之一就是大众对健身与健康的需求不断高涨。我国健身行业快速发展，健身日益成为人们生活的重要组成部分，越来越多的人走进健身房，健身人数连续多年呈现增长态势。北京冬奥会、冬残奥会等重大体育赛事也极大地激发了公众参与运动健身的热情，为体育健身行业转型升级提供了新的机遇，健身智能化越来越受到人们广泛关注。

《关于促进全民健身和体育消费推动体育产业高质量发展的意见》《关于加强全民健身场地设施建设发展群众体育的意见》《"十四五"时期全民健身设施补短板工程实施方案》等政策的发布，也为行业高质量发展开辟了新的机遇与动力。在政策引领下，全民健身设施的智能化与智慧化升级取得了较为实质性的进展。健身产品智慧化转型带来了生产端智慧化升级，智能健身产品研发不断创新，室外多功能健身房、景观健身凉亭、智慧体育公园等不断涌现。智能化的升级让健身产品的功能更加丰富，越来越多的健身器材具备了"健身指导"功能，能够满足不同年龄段用户对运动强度的需求，聚焦亚健康人群、老年人群体的运动康复

---

① 王珂、周亚军、宋豪新:《"体育 + 旅游"融合发展加速》,《人民日报》2022年 7 月 13 日, 第 19 版。

相关产品也越来越丰富。①

（三）融入区域协调发展

根据"十四五"时期国家区域协调发展战略的新目标新要求，《"十四五"体育发展规划》明确了体育融入京津冀协同发展、粤港澳大湾区建设、长三角一体化发展等重大区域发展战略的路径和方法，提出了贯彻落实西部大开发、东北全面振兴、中部地区崛起、东部率先发展等区域协调发展战略，促进区域体育实现相对平衡的思路和举措。②具体而言，就是积极打造京津冀体育产品展示、体育产业交易、体育场地网络服务、体育产业创新创业孵化、健身休闲活动、体育产业投资大会六大平台，积极搭建长三角共建区域体育产业协作载体，以项目产业为龙头，促进粤港澳大湾区体育产业联动发展。在积极融入重大区域发展战略的过程中，努力使体育产业成为区域发展的新增长点和高质量发展动力源。

第六节　体育文化繁荣发展

体育文化建设是中国特色社会主义文化建设的重要组成部分，在建设体育强国的过程中为体育事业高质量发展提供了丰厚滋养和内生动力。党的十八大以来，体育文化的战略地位不断提高，如今，体育文化更具感召力、影响力与凝聚力，不断满足着人民日益增长的文化需求。以熠熠生辉的中华体育精神为内核的中国体育文化，在民族传统体育的传承发展、运动项目文化的不断丰富、体育文创的尝试和体育文化名城的建

①《2022年中国体育精彩纷呈光荣绽放》，《中国体育报》2022年12月30日，第1版。

② 王辉：《融入区域发展战略　体育产业紧抓机遇超前布局》，《中国体育报》2021年3月25日，第1版。

设等方面，不断丰富内容、扩大阵地、涌现精品。

一、中华体育精神熠熠生辉

伟大的事业孕育伟大的精神，伟大的精神推进伟大的事业。新时代中华体育精神时刻激励着中华儿女，在中华民族伟大复兴的历史进程中踔厉奋发、勇毅前行，积极为体育强国建设和中华民族伟大复兴贡献力量。党的十八大以来，体育领域先后凝练出"祖国至上、团结协作、顽强拼搏、永不言败"的新时代女排精神，"不畏艰险、顽强拼搏、团结协作、勇攀高峰"的登山精神，"胸怀大局、自信开放、迎难而上、追求卓越、共创未来"的北京冬奥精神等。这些体育精神来之不易，弥足珍贵，早已成为中华民族的宝贵精神财富，日益成为全党和全国各族人民实现中华民族伟大复兴的强大精神动力。在提高人们身体素质和健康水平、丰富人们精神文化生活、激励人们追求卓越、突破自我、促进人的全面发展等方面发挥着重要作用。理论之树常青，实践活水长流。在中华体育精神引领新时代中国特色社会主义体育文化建设的过程中，依然需要继承创新、深入挖掘、与时俱进地弘扬新时代女排精神、登山精神、奥林匹克精神、北京冬奥精神等体育领域的宝贵财富，将其融入社会主义核心价值观建设，不断满足人民群众日益增长的体育文化需求，进一步促进体育文化繁荣发展，不断增强中华民族的凝聚力、向心力和战斗力，为实现中国梦注入强大的精神力量。

二、民族传统体育文化传承发展

中华民族传统体育文化是我国特有的文化遗产，它既锻炼了国民体魄，又凝聚了国民的精神。新时代，保护和传承中华传统体育文化，对于维护中华文化的完整性，传承丰富的历史信息，体现独特的艺术价值、欣赏价值及科学价值等，具有重要的意义。实践中，对中华民族传统体育文化的传承和发扬也开始从多方面着手。

《体育强国建设纲要》提出，要传承中华传统体育文化，加强优秀民族体育、民间体育、民俗体育的保护、推广和创新，推进传统体育项目文化的挖掘和整理。《关于实施中华优秀传统文化传承发展工程的意见》提出，要保护传承文化遗产，推动民族传统体育项目的整理研究和保护传承。对于落实这些文件要求，一是充分吸取优秀传统体育文化的养分，加强民族体育、民间体育、民俗体育的保护和推广，重视对武术、气功、养生、龙舟、棋类等传统体育文化的挖掘和整理，积极传承优秀中华文化和文明成果。例如，在陕西举办的第十四届全国运动会中，增设包括中国式摔跤、龙舟、围棋、中国象棋等在内的中华传统体育项目，通过举办体育赛事的方式让更多人认识和了解，并传承和发扬民族传统体育文化。二是开展体育文物、档案、文献等的普查、收集、整理、保存和研究工作，传承优秀中华文化和文明成果，建立体育类非物质文化遗产保护名录，健全体育非遗档案整理与归档制度，支持各地举办民族传统体育项目运动会或邀请赛，推动传统项目保护与传承。三是开展传统体育类非物质文化遗产展示展演活动，推动传统体育类非物质文化遗产进校园、进社区等。四是在对传统体育文化进行现代化与世界化改造过程中，注重对优质资源进行提炼和整合并加以创新，让传统体育文化融入现代体育活动之中，进一步增添体育运动的文化内涵，激发人们的参与热情。

三、运动项目文化示范引领

党的十八大以来，我国不断挖掘运动项目文化的内涵，体育运动项目文化建设进一步加强。《"十四五"体育发展规划》提出，持续推动运动项目文化建设，打造重点运动项目文化建设示范工程，充分发挥具有良好社会形象与广泛社会影响力的明星运动员在运动项目文化建设中的榜样作用。一是注重挖掘体育运动项目的特色、文化特征、组织文化和团队精神，形成具有不同运动项目特点的精神气质和文化符号。要讲好以运动员为主体的运动项目文化故事，注重发挥体育明星的示范引领作用，传播运动项目文化，树立正面、积极、向上的社会形象，传播体育正能量。二是以各类赛事为平台，举办以运动项目为主要内容的文化活动与文化展示，营造体育赛事的文化氛围，推广运动项目文化。三是举办以青少年为主体的运动项目训练活动，让青少年掌握运动项目技能的同时，了解项目发展历史、文化内涵、优良传统和人物故事，激发青少年体育锻炼的兴趣，传播和弘扬中华体育精神。四是组织以运动项目历史、运动训练竞赛、群众健身活动为题材的文学、摄影与视频创作，推出一批群众喜闻乐见的运动项目文化产品。以科学健身知识大讲堂等公益活动为平台，普及推广民族传统体育项目，弘扬中华优秀传统文化。

四、"体育＋文创"全新尝试

体育文化创意产业作为一种新兴的绿色产业，日益成为推动体育产业发展的新增长点。近年来，我国大力发展体育文化创意产业，在以下方面进行探索与尝试：一是以精品赛事为主题开发赛事衍生品，引导新媒体参与体育赛事传播，形成具有知识产权的创意品牌；二是把科技元素融入体育用品生产，加快体育用品类的新产品、新材料与新工艺研发，大力开发体育产品，提高体育衍生品的创意和设计水平；三是举办体育文创与设计服务大赛，建立体育文化创意与设计基地，引导社会力量推动体育文创成果孵化；四是推动跨部门、跨地区与跨行业资源整合，推进体育与创意、旅游、会展、休闲娱乐、地域文化的融合发展，把文化、创意、科技等元素引入体育场馆和健身服务企业，促进传统体育产业转型升级，实现体育文创产业大规模提升；五是鼓励支持体育综合体、体育特色小镇设立体育文创工作室，完善产业结构，丰富服务内容；六是建立产学研一体化合作体系，推动智能制造产业与体育文化创意产业融合；七是加强体育知识产权的开发与保护，进一步完善体育知识产权保护的法律法规，加大体育知识产权保护的宣传力度；八是强化体育创意产业专业人才培养，激发学生对体育文化创意产业的浓厚兴趣，培养事业发展需要的复合型人才。

五、建设体育文化名城

现代社会"体育"与"城市"的联系更加紧密。城市发展与体育发展经常呈现十分明显的正相关关系，即如果城市整体情况发展良好，其体育发展也不会逊色。同样，体育崛起快、发展好的城市整体情况也会令人瞩目。因为城市的资源为体育发展提供了必要条件，体育发展也会有利于促进和带动城市的全面建设。一方面，城市的体育发展可以极大地丰富城市生活，通过强健体魄、愉悦身心，使市民增强幸福感、获得感；另一方面，城市体育发展在政治、经济、文化方面的衍生价值日益凸显，对于提高城市的竞争力，展示良好的城市形象意义重大。

进入 21 世纪，体育已成为衡量城市文明进步的重要标志，国家鼓励并支持各地以搞好体育事业或举办运动项目为主体，打造集体育人文精神、地域发展特点、城市文化特色于一体的体育文化名城，促进体育文化融入城市发展与文明创建之中。具体为：一是支持体育中心城市和世界体育名城建设，以大型赛事为契机推动体育"走出去、引进来"，举办奥林匹克文化节和体育文化主题交流活动，展示体育名城的自然人文精华，打造具有一定知名度的体育休闲旅游目的地；二是抓好传统体育项目的挖掘整理工作，例如，大力开展武术进校园、进社区活动，加强青少年武术运动员的选拔和特色人才的培训等；三是支持国际体育文化名城建设，培育一批高水平体育品牌赛事，挖掘保护一批具有文化特色的传统体育非遗项目，打造"假日体育"等全民健身品牌活动，探索建设多种形式的体育特色小镇，构建"十分钟体育休闲生活圈"；四是开展时尚体育户外运动节，组织生态运动论坛、体育夏令营、嘉年华，健全生态体育赛事体系等；五是实施体育文化创作精品工程，创作具有时代特征、体育内涵与中国特色的体育文化产品，鼓励开展体育影视、体育音乐、体育摄影、体育美术、体育动漫、体育收藏品的展示和评选活动，提升体育文化名城的魅力。

第七节　谱写文明互鉴新篇章

党的十八大以来，我国体育对外工作坚持以习近平外交思想为指导，主动服务国家外交大局，担当构建人类命运共同体的神圣使命，促进体育改革发展，日益在国家外交舞台上发挥重要作用，为促进中国特色的大国外交和体育强国建设做出了重要贡献。

一、开创交流互鉴新篇章

体育外交是我国体育事业、社会主义现代化建设和改革开放伟大进程的缩影，也是中华民族奋发图强、努力实现伟大复兴的精彩写照，对推动构建人类命运共同体，助力中华民族伟大复兴发挥着重要作用。体育对外交往是中国特色大国外交的重要的组成部分，提升了我国在全球体育治理格局中的参与度和美誉度。

（一）交流与合作不断深化

党的十八大以来，我国体育交流与合作不断深化，国际体坛的影响力和话语权不断提升，体育在服务国家外交大局方面发挥着越来越重要的作用。积极推动"一带一路"体育交流，广泛参与"金砖""上合"等多边国际合作，彰显了体育的独特作用和综合价值，拓展了双边体育交流与合作。通过体育援助开展国际合作充分展示负责任的大国形象，利用各种形式的体育载体为不同文明之间架起沟通的桥梁。通过民间渠道增进青年间的交流互动。近年来，民间体育交流以非凡的亲和力、感召力和影响力成为我国民间对外交流的重要载体，增进了同各国的友谊，在助力人类命运共同体建设方面发挥着重要作用。通过体育向世界展现中国的开放自信与友善包容，用体育谱写了中华文明与世界文明交流的新篇章。

（二）推动文明交流互鉴

文明因交流而多彩，文明因互鉴而丰富。体育早已超越国界和种族，成为全人类的共同语言。对外体育交流是展示国家形象、开拓国家外交局面、推动世界文明互鉴的重要方式。20世纪70年代的"乒乓外交"曾推动中美邦交正常化，为世界外交史翻开新的一页。近年来，我国积极参与国际体育赛事活动，成功举办了千余场国际体育赛事，中国体育外交的创举不断引爆"朋友圈"，在公共外交舞台上多次登台亮相，也在全球化进程中发挥着重要作用，展示了我国改革开放四十多年来的伟大成就，也向世界展现了一个负责任大国的良好形象。

具体表现如下：

一是加强与国际体育组织的交流与合作。在北京冬奥会、冬残奥会的申办、筹办和举办过程中，我国全面加强了与国际奥委会、亚奥理事会等重要国际体育组织的合作，积极参与国际体育事务，不断提升在国际组织的影响力和话语权，持续向世界展示中国的经济实力和文化成就，阐释中华传统体育文化，实现文明交流互鉴。

二是深化与亚洲各国尤其是周边国家的体育文化交流合作，推进与欧美发达国家的体育文化互惠互利，巩固和发展与非洲和拉美国家之间体育文化上的联系。引导、支持和鼓励体育类社会组织、体育明星、大众媒体、体育企业、海外华侨等在体育外交中发挥作用。

三是加强与重点国家和地区的体育文化交流合作。积极参与政府间的文化交流活动，扎实推进多边合作框架下的体育文化交流活动。积极搭建各类体育文化交流平台，鼓励丰富多样的民间体育文化交流，打造"精品体育旅游赛事和线路"。

四是借助重大国际赛事、活动与论坛，加强与国际单项体育组织的文化交流与合作。例如，邀请国际体育组织来华交流访问，打造体育文化交流合作平台等。注重发挥中华体育总会和单项运动协会的作用，鼓励各类体育协会参与国外友城的各类体育赛事。加强与"一带一路"国家和地区在群众体育、竞技体育、体育产业等领域的交流，积极参与体育援外工作，传扬中华优秀体育文化。

（三）体育"朋友圈"不断扩大

党的十八大以来，我国双边体育交流与合作得到了深入发展，体育领域的"朋友圈"不断扩大。目前，我国已与180多个国家和地区建立了体育友好关系，取得了丰硕成果。[①] 一是与周边体育交往更加活跃，尤其是深化了与欧美体育强国、北欧冬季运动强国和亚太周边国家（地区）的合作，服务体育工作，深化体育交流，为大国外交注入了新的活力。二是我国体育教育领域交流活动蓬勃开展，体育交流围绕服务中国特色大国外交和体育强国建设展开，并日益彰显出强大的生机和活力。三是拓展全球伙伴关系网络，彰显大国体育担当，以体育为纽带积极扩展朋友圈，共同推进国际体育的发展。从南京青奥会、北京国际田联世界田径锦标赛到武汉世界军人运动会，再到成都世界大学生夏季运动会、北京冬奥会和杭州亚运会等，我国通过大型国际赛事全方位拓展同世界的联系，向世界展示良好的国家形象，向世界展现开放、文明、富强的中国，积极承担国际责任，贡献中国智慧。四是加强对外体育援助，分享体育发展成果，通过援助器材、外派教练、来华训练等方式加大体育技术方面的深层次合作，与亚非拉国家和地区共享体育发展成果，推动体育事业的互联互通、共同发展。

新时代体育对外工作致力于完善更加健全的大协同机制，形成全方位、多层次、立体化的对外交往新格局，充分利用体育提升国际影响力和话语权，进一步发挥体育服务入国外交和强国建设的能力和作用，为全球治理贡献更多智慧和力量。

---

① 林剑:《体育对外交往为全球体育治理贡献更多智慧和力量》,《中国体育报》2022年9月26日, 第1版。

二、传播中华文化 讲好中国故事

党的二十大报告指出："增强中华文明传播力影响力。坚守中华文化立场，提炼展示中华文明的精神标识和文化精髓，加快构建中国话语和中国叙事体系，讲好中国故事、传播好中国声音，展现可信、可爱、可敬的中国形象。加强国际传播能力建设，全面提升国际传播效能，形成同我国综合国力和国际地位相匹配的国际话语权。深化文明交流互鉴，推动中华文化更好走向世界。"[①]体育文化在实现体育强国梦与中国梦的进程中，对凝聚民族力量、推进中华优秀文化走上国际舞台、讲好中国故事具有重要的促进作用。

（一）传播主体日益多元化

习近平总书记指出："讲好中国故事，传播好中国声音，展示真实、立体、全面的中国是加强我国国际传播能力建设的重要任务。"[②]体育界也对此进行了积极的探索。随着体育交流的日益活跃，体育文化传播主体更加多元化，不同的传播主体更注重推动中华优秀传统文化的创造性转化和创新性发展。全球许多孔子学院都开设了传统武术、太极拳等课程，向全世界传播了中华民族传统体育文化的精髓。近年来，我国也加大武术、龙舟、围棋、健身气功等优秀传统体育项目的国际推广，积极开展围棋文化国际交流，推动传统体育项目的文化传播。新冠肺炎疫情期间，以习练八段锦、五禽戏为代表的健身气功在全球化背景下发挥着

[①] 习近平：《高举中国特色社会主义伟大旗帜 为全面建设社会主义现代化国家而团结奋斗——在中国共产党第二十次全国代表大会上的报告》，人民出版社，2022，第45—46页。

[②]《习近平在中共中央政治局第三十次集体学习时强调 加强和改进国际传播工作 展示真实立体全面的中国》，《人民日报》2021年6月2日，第1版。

服务人类健康的重要使命。北京体育大学教授杨柏龙表示："在体育领域践行文化自信，我认为就是让包括健身气功在内的中华传统体育项目走出去，使其影响和价值创造性转化、创新性发展。作为健身气功人，我们责无旁贷，也坚信中华传统体育文化可以为全球经济社会发展做出更大贡献。"①

（二）"走出去"战略初见成效

近年来，我国加快了体育文化走出去的步伐，加强顶层设计，开展体育文化推广活动，多渠道推动传统体育文化走向世界展示魅力。"一带一路"倡议为"一带一路"合作伙伴的"教育、艺术、文化、旅游"等领域迎来新的发展机遇，促进不同地区和国家共同发展与文明交流互鉴，也为我国民族传统体育文化发展提供了新机遇，使民族传统体育文化"走出去"搭上顺风车。中国武术、气功、龙舟、风筝、围棋等一些民族体育项目多次参与国际比赛和交流大会，并建立了相关的洲际和国际组织。2018 年"上合组织青岛峰会"等一系列大型赛事活动上的武术表演，以独特的方式展现了中国传统体育浓厚的文化底蕴与内涵，形成了具有鲜明民族特色的体育节庆品牌，积极将我国民族传统体育文化推向世界。2020 年中国太极拳列入联合国教科文组织人类非物质文化遗产代表作名录，积极实施太极拳文化"走出去"战略。2022 年中国国际服务贸易交易会，这个国际性的盛会，有力推动了体育文化走出去，增强了我国体育文化的国际传播力。

（三）体育阵地讲述中国故事

体育文化阵地是展示传播体育文化、讲述中国故事的重要平台。中国体育博物馆、中国体育文化博览会等平台，发挥着体育文化传播阵地

---

① 林剑：《体育文化为体育强国建设凝心聚力》，《中国体育报》2022 年 9 月 27 日，第 3 版。

的重要作用。在国家体育博物馆建设的基础上，中国体育博物馆加快平台建设，深入挖掘体育文化价值，重视地区体育文化遗产保护，加快体育博物馆、体育名人堂、体育档案馆等阵地建设，鼓励各种社会力量兴办体育博物馆，加强科技支持，让群众融入体验，真切感受体育、科技和艺术相结合的魅力。通过展览展示、线上博物馆等形式充分展示现有藏品，注重采用新技术手段让藏品"活起来"，打造精品文化对外传播交流内容，展示我国体育历史和文化，讲好中国体育故事。中国体育文化博览会作为国家体育总局主办的展会，自开办以来，立足国家发展战略，面向国际市场，全方位构筑了国际化、专业化、市场化、高端化的体育文化、体育产业融合发展及展示交易平台，积极推进体育文化交流互鉴，促进体育文化对外传播。历经多年发展已成为备受社会各界关注的体育文化品牌，如今在招商运作、展览内容、论坛活动、推介交易等方面都实现了创新和拓展，取得了良好的社会效益和经济效益。

第八节　体育法治建设进入新阶段

党的十八大以来，我国体育事业取得了历史性成就、发生了历史性变革，体育事业融入新时代的伟大事业，为实现全面建成小康社会、建设富强民主文明和谐美丽的社会主义现代化国家的奋斗目标增添了动力、凝聚了力量。这些成绩的取得离不开习近平新时代中国特色社会主义思想的科学指引，也离不开我国体育政策法规的逐步健全。

一、体育法律规范体系不断完善

党的十八大以来，以习近平同志为核心的党中央高度重视体育工作，提出一系列新理念、新思想、新战略，为做好新时代体育工作提供了根本遵循，也为加强体育法治建设指明了方向。

（一）《中华人民共和国体育法》全面修订

2022 年 6 月 24 日，第十三届全国人民代表大会常务委员会第三十五次会议表决通过了新修订的《中华人民共和国体育法》（以下简称《体育法》），2023 年 1 月 1 日起施行。这是自 1995 年《体育法》颁布施行后，时隔近 27 年第一次进行全面系统的修订。这次修订幅度较大，由原来的 8 章、54 条增加到 12 章、122 条，重点补充了"总则""竞技体育""保障条件"等章节的内容，增设专门一章规定全民健身，将章名"学校体育"改为"青少年和学校体育"，将章名"体育社会团体"改为"体育组织"，另外增设章节分别对"反兴奋剂""体育产业""体育仲裁""监督管理"做出专门规定，构建了比较完善的体育法治基本框架。此次修订把完善保障人民群众参与体育活动的权利作为修订的重点，进一步突出体育法的社会法属性。新修订的《体育法》是深入贯彻习近平法治思想、习近平总书记关于体育的重要论述精神和党中央有关体育决策部署的必然要求，是全面总结我国体育事业发展系列改革经验成果的重要举措，是进一步推进体育领域治理体系和治理能力现代化的有力支撑，积极回应了人民群众的新要求新期待，系统总结我国体育事业发展经验，对体育领域重大的基础性、整体性问题进行顶层设计，为新时代体育事业高质量发展提供有力的法治保障。新修订的《体育法》，把党在新时期关于发展体育事业的既定方针政策及时转化为法律规定，聚焦解决体育领域的突出难题，着力破除束缚体育事业发展的障碍，将体育领域多年来的改革经验成果上升为法律制度，系统完善体育法律制度框架，全面开启了我国体育法治建设的新篇章，为进一步推动法治政府建设、"全面依法治体"、加快建设体育强国营造了良好的法治环境，在我国体育法治建设进程中具有里程碑意义。

（二）其他体育法律规范逐步完善

围绕《体育法》贯彻实施，我国全面开展体育法规、规章、规范性文件的立改废释工作。《2022 年全国体育政策法规规划工作要点》指出要完善体育法治建设，启动《体育赛事活动管理办法》《体育市场管理条例》《职业体育条例》《体育俱乐部条例》等研制工作，修订《反兴奋剂条例》，积极推动最高法、最高检修改与完善"妨害兴奋剂管理罪"相关司法解释。起草《体育运动项目认定管理办法》《高危险性体育赛事活动许可管理办法》《体育仲裁规则》，修订《高危险性体育项目许可管理办法》《体育总局规章和规范性文件制定程序规定》，印发《体育总局 2022 年度法规、规章和规范性文件制定计划》。组织中国法学会体育法学研究会 2022 年学术年会和专题研讨会，发挥中国法学会体育法学研究会的作用，组建法律服务专家库、体育法律援助中心，定期结集出版论文集、案例汇编，服务体育实践，委托中国法学会体育法学研究会对全国性单项体育协会的法治建设情况进行评估，指导完成《中国体育法治蓝皮书（2021）》的编写工作。

围绕体育重点领域，积极做好法律保障和服务。截至 2022 年 10 月，初步形成了包括 1 部法律、7 部行政法规、31 部部门规章、165 个规范性文件、269 个地方性法规和规范性文件的体育法律规范体系。① 新时代坚持以实际问题为导向，面向基层、面向一线、面向社会，增强问题意识，全面清理体育实践急需解决、社会各界普遍关注、人民群众急难愁盼、体育发展矛盾突出的问题，以新修订的《体育法》实施为契机，以法规建设为重点，持续推进体育立法、普法，积极推动依法治体有效开

---

① 高志丹:《奋力开创体育强国建设新局面》,《学习时报》2022 年 10 月 14 日,第 A1 版。

展，补齐体育赛事、体育仲裁、体育组织、体育市场、职业体育以及体育行风建设等方面的法规制度短板，不断健全完善体育法律规范体系。

二、赛风赛纪不断整肃

作风建设事关体育事业的持续健康发展与体育的社会形象，建设体育强国离不开风清气正、积极向上的发展环境。近年来，我国在体育文化、体育对外交往、体育教育科技、体育人才工作、赛风赛纪、作风建设、反兴奋剂斗争等领域均取得了新成绩。然而，在奥运备战、反兴奋剂、疫情防控、运动员保障、体育彩票等方面始终存在一定的隐患，体育行业中的不正之风仍时有发生，并在一定程度上困扰着体育事业的健康发展。因此，抓好赛风赛纪工作是体育事业健康有序发展的需要。

（一）推进反兴奋剂斗争

习近平总书记指出："要坚决推进反兴奋剂斗争，强化拿道德的金牌、风格的金牌、干净的金牌意识，坚决做到兴奋剂问题零容忍、零出现。"[①]这一理念与奥林匹克精神高度吻合，与中华体育精神一脉相承，符合反兴奋剂斗争和竞技体育发展的要求，为反兴奋剂斗争注入了强劲动力。《体育强国建设纲要》进一步明确了全面加强反兴奋剂斗争的战略任务，以深入开展赛风赛纪和反兴奋剂专项治理为政策保障，为实现"拿干净金牌"、兴奋剂问题"零容忍"的目标指明了方向。目前，我国已形成一套完善的反兴奋剂法治体系，《中华人民共和国体育法》《反兴奋剂条例》《反兴奋剂管理办法》《反兴奋剂规则》《兴奋剂违规责任追究办法》《中华人民共和国刑法修正案（十一）》《最高人民法院关于审理走私、非法

[①]　习近平：《在教育文化卫生体育领域专家代表座谈会上的讲话》，《人民日报》2020 年 9 月 23 日，第 2 版。

经营、非法使用兴奋剂刑事案件适用法律若干问题的解释》等法规政策相继出台，使反兴奋剂工作有法可依。

（二）坚守体育道德底线

坚守体育道德是中华体育精神的重要组成部分，是体育事业发展的基石，是体育行业作风的重要一环，也是体育运动必须坚守的底线，不容践踏。《"十四五"体育发展规划》指出："加强运动员、教练员等体育从业人员队伍建设，强化警示教育，严格思想道德行为规范""加强运动员和青少年体育道德教育""坚决推进反兴奋剂斗争，贯彻落实兴奋剂问题零出现、零容忍要求，强化拿道德的金牌、风格的金牌、干净的金牌意识。"[1] 我国加强了反兴奋剂知识教育培训，强化了运动员兴奋剂风险防范意识，提高了运动员日常生活、训练和比赛中兴奋剂风险防控能力，为运动员干干净净参加比赛提供保障。同时，提醒运动员牢记"严格责任"原则，提高体育道德水平，弘扬体育道德风尚，建设体育诚信规范，坚守体育道德底线，共同维护纯洁体育，全面弘扬中华体育精神。

（三）加强赛风赛纪管理

赛风赛纪是体育工作的生命线，抓好赛风赛纪工作是促进体育事业健康发展、推动体育强国建设的必然要求。近年来，全国各地深入学习贯彻习近平总书记关于弘扬中华体育精神的重要论述，加强赛风赛纪和反兴奋剂警示教育，从思想认识、制度建设、教育管理、责任落实等方面全面排查风险、整改隐患、堵塞漏洞，将赛风赛纪和反兴奋剂工作作为重要的政治任务和政治责任来抓。对赛事赛风赛纪和反兴奋剂工作风险开展自查自纠，坚持底线思维，加大反兴奋剂宣传教育，以"零容忍"的态度坚决刹住体育行业的歪风邪气，对赛风赛纪方面出现的违规违纪

---

① 《体育总局关于印发〈"十四五"体育发展规划〉的通知》，国家体育总局政策法规司，https://www.sport.gov.cn/zfs/n4977/c23655706/content.html。

行为，依规依纪依法严肃追责问责。教育引导青少年运动员以规则为准绳，做遵规守纪的表率。持续做好群众体育工作，进行赛事风险评估，加强赛事安全监管，主动采取预防性措施，完善应对预案，把矛盾和问题解决在萌芽状态。

《"十四五"体育发展规划》提出，"十四五"时期我国体育发展环境面临深刻复杂的变化，要加强体育行业的作风建设，营造风清气正的行业环境。[①] 为此，我国坚持加强体育政策配套、法治环境保障、道德诚信培养、全民健身制度建设，推进竞技体育改革创新、学校体育人才培养、体育产业高质量发展、场地设施建设、体育国际交流拓展、行业作风建设与服务质量提高等工作。为贯彻落实党的二十大报告提出的"加快建设体育强国"的要求，推动标本兼治，净化体育政治生态，以正风肃纪的实际行动着力营造风清气正的体育发展环境，这也是体育实现生态整体发展与体育强国建设的需要。

---

① 《体育总局关于印发〈"十四五"体育发展规划〉的通知》，国家体育总局政策法规司，https://www.sport.gov.cn/zfs/n4977/c23655706/content.html。

第四章　新时代体育发展的经验启示

新时代中国特色社会主义体育发展实践硕果累累。回顾历史，总结经验，方能展望未来。在新时代体育发展经验和启示中，最为重要的是坚持党在体育事业发展中的核心领导地位，坚持人民至上的体育价值观、坚持传承和发扬中华体育精神、坚持走中国特色社会主义的体育发展道路、坚持体育为党和国家中心任务服务、全面深化体育体制改革，将体育发展融入中国式现代化发展大局，奋力开创体育强国建设新局面。

第一节　坚持党在体育事业发展中的核心领导地位

新中国成立 70 多年来，体育事业的每一次进步与发展都离不开中国共产党的领导。在中国共产党的领导下，新时代的中国体育在改善国民体质、提高竞技体育水平、体育产业提质增效等方面绘就了一幅繁荣的发展"画卷"，为加快建设体育强国奠定了坚实的基础。

一、党历来高度重视体育工作

党和国家历来高度重视体育工作，把体育提升到了关乎国家前途命运、民族复兴的高度，推动着体育事业迈上新台阶。

新民主主义革命时期，在民族危亡的生死关头，中国共产党人通过发展"赤色体育"提升军事战斗力、使党同人民群众的情感联系更加密切、提高人民群众身体素质并丰富了革命斗争年代的娱乐生活。此时，中国共产党更多地发挥了体育增强军民体质、提高军队战斗力的军事价值。

社会主义革命和建设时期，中国共产党人广泛开展体育活动，通过发展体育事业，巩固新生国家政权、振奋民族精神、促进国家间的体育交流。此时，中国共产党既坚持了体育为人民服务的要义，又发挥了其在政治、经济、外交和国防建设等多个领域的重要作用。

改革开放新时期，中国共产党人把握世界局势，做出了"和平与发展是时代主题"的判断。在这样的发展阶段和时代背景下，中国共产党人再次发挥体育这一桥梁和纽带的作用，积极推动国际上的体育交流、交往与合作，将体育视为展示改革开放成就的一扇窗。

站在新时代的历史节点，中国共产党人更加侧重于利用体育发展使人民共享体育发展成果，凸显其体育价值观中人民至上的价值旨归。党的十八大以来，以习近平同志为核心的党中央把体育事业放在"五位一体"总体布局和"四个全面"战略布局中去谋划，全面推进群众体育、竞技体育、体育产业、体育文化等各方面协调发展，深入实施全民健身国家战略，提升公共服务水平，引领体育事业不断开创新局面。在党的领导下，人民群众的身体素质和生活品质不断提高，人民获得感和幸福感不断增强；竞技体育综合实力和国际竞争力提高，日益为中华民族伟大复兴凝心聚气提供强大的正能量；体育产业逐渐壮大，体育发展质量和效益得到提高，体育产业逐步成为我国经济转型升级的重要力量；国际体育交流合作日益频繁，世界各国人民友谊得以增进，中国体育不断走向世界。在不同的历史发展阶段，中国共产党人审时度势，对体育事业的发展给予高度重视，在体育事业发展的关键阶段及时调整政策、指明方向，在决定体育发展的关键问题上做出高屋建瓴的决策，使得体育的发展明确了定位，找到了前进动力。在党的领导下，我国体育管理体制改革深入推进，坚持问题导向，着力解决行政、事业、社团、企业四位一体的弊端，努力构建小政府、强社团、大社会的体育发展新格局。"放管服"改革全面深化，坚持开放办体育，进一步简政放权，放宽准入，优化服务，鼓励和引导社会力量参与体育事业发展，最大限度凝聚各方力量和资源。

二、党的领导是体育事业改革发展的保证

中国特色社会主义的本质特征是中国共产党领导，中国特色社会主义制度的最大优势是中国共产党领导。新中国成立70多年来的实践充分证明，党的领导是我国体育事业发展的最根本的经验，是我国体育事业发展的前提和保障。只有坚持党的领导，在决定体育发展的关键问题上加强顶层设计，才能保证体育改革与发展朝着正确的方向前进。

首先，这是由我国国情决定的。我国地域辽阔，人口众多，国情复杂。经过70多年的奋斗，我国体育事业发展取得了突出成就，已经成为名副其实的体育大国。然而，体育发展不平衡不充分的问题依然突出，需要一个坚强有力的领导核心整合各方资源和力量，推动体育事业协调

发展、共同进步。党在我国体育发展中统揽全局，对历史经验进行深刻总结，对现实情况和未来形势进行深入思考，保证了新时代体育事业的蓬勃发展。

其次，这是建设体育强国目标的需要。党的二十大提出加快建设体育强国的明确要求，需要牢牢把握加强党对体育事业全面领导的根本要求，始终坚持党管体育发展方向、管改革发展、管干部、管人才，把党的体育方针全面贯彻到体育工作的各个方面，使体育领域成为党领导的坚强阵地。

最后，这是助推中华民族伟大复兴的需要。体育已成为中华民族伟大复兴的标志性事业，在助推中华民族伟大复兴的进程中具有重要的时代价值。体育除了要发展自身，还要服务于全面建设社会主义现代化国家的各项事业。在中华民族伟大复兴的征程中，党对体育工作的领导，正是要发挥其在我国体育事业的发展过程中举旗定向、统揽全局的作用。历史实践充分证明，中国特色社会主义体育的建设与发展离不开党的集中统一领导。

三、毫不动摇地坚持和完善党对体育事业的领导

我国体育事业发展与百年中国"站起来""富起来""强起来"的发展进程同频共振，实现了由"东亚病夫"到"体育大国"再到"体育强国"的转变。新时代，人民群众的期待和国家的发展都对体育发展提出了更高的要求。因此，面对众多的挑战和问题，更需要毫不动摇地坚持和完善党对体育事业的领导，把党的路线方针政策贯彻落实到体育事业的各个领域、各个环节中去，全面贯彻党的基本理论、基本路线、基本方略和体育方针，把方向、谋大局、定政策、促改革，牢牢把握体育改

革发展政治方向，不断推进体育治理体系和治理能力现代化，坚定不移走中国特色社会主义体育发展道路，为推进体育强国建设提供根本政治保证。

坚持和完善党对体育事业的领导，必须坚持党的全面领导与全面加强党建相统一，以党的政治建设为统领，以坚定理想信念宗旨为根基，以调动全党积极性、主动性、创造性为着力点，全面推进党的政治建设、思想建设、组织建设、作风建设、纪律建设，深入推进反腐败斗争，不断提高党的建设质量，推动体育领域全面从严治党向纵深发展。

必须深刻领悟"两个确立"的决定性意义，增强"四个意识"、坚定"四个自信"、做到"两个维护"，自觉同以习近平同志为核心的党中央保持高度一致，思想上高度认同，政治上坚决维护、自觉服从，行动上紧紧跟随，以实际行动践行对党的忠诚，自觉在思想上、政治上、行动上同党中央保持高度一致，加强党对体育工作的领导尤其是政治领导，为体育事业改革发展提供坚实保障，凝聚强大力量。

必须自觉把体育事业放在中国特色社会主义伟大事业的全局中谋划和部署，担负加快建设体育强国的历史重任，确保党中央重大决策部署和党的体育方针政策得到有效贯彻落实。必须做到"六个坚持"，牢牢把握"五项重大原则"，深刻认识体育强国梦与中华民族伟大复兴中国梦息息相关的战略定位，积极响应党的伟大号召，锚定目标，踔厉奋发，勇毅前行，在新时代新征程中创造中国体育新的辉煌。

必须深刻领会坚定不移推进全面从严治党的政治要求，深入推进体育领域作风建设和反腐倡廉工作，提高防范化解体育领域政治风险和意识形态风险的能力。

新时代新征程，推动体育事业高质量发展与体育强国建设，要对标对表党的二十大部署，坚决维护党中央的权威和集中统一领导，把党的领导落实到体育事业各领域各方面各环节，立足改革创新，以奋发有为的文化自信，为建成体育强国做出更大贡献。

第二节　坚持人民至上的体育价值观

实践是理论创新的不竭源泉。党的二十大报告指出，必须坚持人民至上，人民性是马克思主义的本质属性，党的理论是来自人民、为了人民、造福人民的理论，人民的创造性实践是理论创新的不竭源泉。[①] 人民至上的理念贯穿于中国共产党体育事业的发展历程，中国共产党始终坚持人民至上的理念，领导体育工作为人民谋幸福、为民族谋复兴。党的十八大以来，体育事业坚持以人民为中心的发展理念，将全民健身上升为国家战略。

一、坚持发展以人民为中心的体育

党的十八大以来，以习近平同志为核心的党中央坚持以人民为中心的发展思想，坚持一切为了人民、一切依靠人民，始终把人民放在最高位置，把满足人民群众对美好生活的向往以及促进人的全面发展作为奋斗目标。推动改革发展成果更多更公平地惠及全体人民，助力实现中华民族伟大复兴的中国梦。体育承载着提高人民健康水平、满足人民群众对美好生活的向往、促进人的全面发展的重任。坚持一切以人民为中心是我国体育事业发展的根本立场。中国共产党人始终坚持一切体育工作

---

① 习近平：《高举中国特色社会主义伟大旗帜　为全面建设社会主义现代化国家而团结奋斗——在中国共产党第二十次全国代表大会上的报告》，人民出版社，2022，第19页。

以最广大人民群众的根本利益为基本价值取向，这也成为中国共产党破除一切困难与挑战，实现人民对美好生活的向往作为奋斗目标的逻辑起点和价值旨归。

体育是提高人民健康水平的重要途径。体育作为一种以改造人的"自身自然"为目的的社会实践活动，能够促进身体健康与心理健康，切实提高人民群众的健康水平。一个健全的人既要有丰富的文化知识，还要有健康的精神和强健的体魄，要通过发展体育运动不断提高全民族的身体素质与健康水平。体育运动作为健康生活方式的重要内容，能够促进人的身心健康，提高生活质量，预防各种亚健康疾病，是提高人民健康水平最有效、最经济的途径。要将体育运动打造成一种生活方式，提高人民的身体素质和健康水平，为人们追求个人幸福、提升生活质量奠定基础。

体育是满足人民群众对美好生活向往的重要手段。以人民群众为中心、以人民需求为导向、为人民谋幸福，坚持并巩固人民在体育事业发展中的主体地位，是我党带领中国人民实现体育强国梦的初心与使命。新时代，我国社会的主要矛盾已转化为人民日益增长的美好生活需要和不平衡不充分的发展之间的矛盾，但我们党的初心和使命未变，仍把满足人民需要作为推进体育事业发展的价值追求。

体育是促进人的全面发展的重要手段。人的全面发展是马克思主义追求的根本价值目标，是共产主义社会的根本特征，也是我国社会主义社会建设的目标追求。实现人的自由全面发展就需要将"以人民为中心"作为体育价值的根本遵循。以人民为中心是中国共产党领导体育事业发展，践行全心全意为人民服务的体育实践理路。我国是人民民主专政的社会主义国家，中国共产党的宗旨是全心全意为人民服务，这就决定了我国的体育是在党领导下的以人民为中心的体育，目的是为了增强全体人民的体质，最终促进人的全面发展。人民是体育事业物质财富和精神财富的所有者，人民享有参加体育活动、管理和监督我国体育发展的权利。所以，我国社会主义的体育能为人民的全面发展创造积极有利的条件。

百余年来，中国共产党领导的体育事业，始终站在以人民群众为核心的立场上认识体育功能、把握体育需求，把维护与保障最广大人民群众的利益作为体育工作的出发点和归宿，践行全心全意为人民服务的宗旨。中国共产党坚持以人民为中心的体育价值观，是在遇到或解决各种体育矛盾、难题、冲突、协调各种关系时持有的基本价值态度和基本价值取向。一切为了人民，是中国共产党体育价值观的基础与灵魂。无论是革命时期、建设时期还是改革时期，人民至上始终是中国共产党领导体育的核心价值。

二、坚持把人民作为体育发展的主体

人民群众的力量是中国体育事业发展的根本推动力量，是中国体育事业发展的前提和基础。要深刻理解人民群众是历史的创造者这一重要规律，紧紧依靠人民群众推进各项改革。中国共产党之所以能够成长为百年大党，一个重要原因就是坚持人民主体思想，坚持以人民为中心。"一切为了群众、一切依靠群众，从群众中来，到群众中去"，这是我们党一直以来所秉持的群众路线。体育事业作为我国经济社会发展的重要组成部分，同样离不开人民群众，必须要把人民群众作为体育事业发展的主体。

在体育改革发展过程中，人民是根基、是主人，也是加快推进体育强国建设的根本力量。"江山就是人民，人民就是江山。"① 要坚持把实现好、维护好、发展好最广大人民的根本利益作为推进改革的出发点和落脚点，让发展成果更多更公平地惠及全体人民。为了人民而改革，体育改革才有意义；依靠人民而改革，体育改革才有动力。纵观我国的历史，人民群众始终是推进体育事业不断深化发展的动力源泉。在新时代加快推进建设体育强国的实践中，更应坚持依靠人民群众，突出人民的实践主体地位，在实践中充分发挥所有体育参与者的积极性、主动性和创造性，尊重他们的权利和意愿，总结和推广他们创造的成功做法和经验，坚持在一切体育事务中问政于民、问需于民、问计于民，让人民群众在全面实践、全面参与中创新创造、共建共享，为体育强国建设提供坚实基础和有力支撑。

三、坚持人民共享体育发展成果

体育事业的发展为谁服务，这是我国体育改革和发展的核心之问。解决了这一问题，体育的发展就有了目标和方向。党的十八届五中全会提出，共享是中国特色社会主义的本质要求。必须坚持发展为了人民、发展依靠人民、发展成果由人民共享。共享的实质就是以人民为中心。对于体育事业的发展来说，坚持"以人民为中心"就是坚持体育的发展成果由人民共享。"以人民为中心"的体育价值取向在新时代我国体育深化发展的伟大实践中深刻回答了体育发展为了谁、发展成果由谁共享的根本问题，体现了党一切为了群众的工作路线与使命担当。

---

① 习近平:《高举中国特色社会主义伟大旗帜 为全面建设社会主义现代化国家而团结奋斗——在中国共产党第二十次全国代表大会上的报告》，人民出版社，2022，第 46 页。

我国体育工作的根本方针和任务就是发展体育运动，增强人民体质。全民健身是体育发展成果由人民共享的重要途径，在全民健身的过程中，能够提高人民群众身体素质和健康水平，促进人的全面发展；丰富人民群众精神文化生活，推动经济社会和谐发展；提升国家民族综合实力。为了让全体人民共享体育发展成果，国务院出台《全民健身计划（2016—2020年）》，实行促进全国城乡各地的全体人民，人人参与、人人健身、人人快乐，人人健康、人人幸福的重要战略。

坚持人民共享体育发展成果，要大力发展群众体育，把群众体育改革发展的成果体现在不断提高人民体育参与的水平和质量上，体现在不断提高人民生活质量和健康水平上，体现在充分保障人民享有的基本体育权益上。同时，要不断丰富体育服务和产品供给，为人民美好生活提供服务保障，完善全民健身公共服务体系，打造美好的体育环境，开发体育健身方式，为人民群众的健康保驾护航。

"人民至上"是我国体育事业发展的根本保证，也是中国特色社会主义制度在体育方面的体现。从国家层面谋划体育事业的未来发展，满足了人民的健身需求，也保障了人民的身体健康。"为政之道，以顺民心为本，以厚民生为本。"从"发展体育运动，增强人民体质"到"没有全民健康，就没有全面小康"，一切为了人民，一切围绕人民，"人民至上"始终是新中国体育事业的根本目标和价值追求。

第三节 坚持传承和发扬中华体育精神

新时代新征程上，我们要深入学习贯彻习近平总书记系列重要讲话精神，加强中华体育精神的传承与发展，为中华民族伟大复兴汇聚磅礴的精神力量。广大体育工作者在长期实践中总结出的以"为国争光、无私奉献、科学求实、遵纪守法、团结协作、顽强拼搏"为主要内容的中华体育精神来之不易,弥足珍贵,要继承创新、发扬光大。中华体育精神是对中华优秀传统文化的传承与发展,是在我国体育事业的发展过程中形成的。弘扬中华体育精神对于为加快推进体育强国建设、实现中华民族伟大复兴具有重要意义。

一、加强体育精神教育,培养合格时代新人

青少年的体育精神教育是学校教育的重要组成部分,但是当前我国的青少年体育精神教育并未形成常态,存在教育形式单一陈旧,甚至忽视体育精神教育的问题,中华体育精神在青少年成长过程中并未发挥应有的育人功能。因此,在学校教育中必须融入中华体育精神教育,从而培养合格的时代新人。

首先,通过科学设计和有序融入,推动体育精神教育与学校体育课程教学相结合,充分发挥体育精神的育人功能。在开展体育课程的过程中,不仅要教授体育专业知识、提高学生体能水平和身体素质,还要将体育精神教育同各类体育课程教学相结合,深入挖掘体育课程中蕴含的体育精神,把体育活动中所承载的中华体育精神对于个人成长成才和党和国家事业发展的意义传递给学生,确保体育精神教育的整体性、协同性。

其次,将中华体育精神教育融入学校思想政治教育当中。习近平总书记在学校思政课教师座谈会上的讲话中指出:"中华民族几千年来形成了博大精深的优秀传统文化,我们党带领人民在革命、建设、改革过程中锻造的革命文化和社会主义先进文化,为思政课建设提供了深厚力

量。"① 中华体育精神作为中华优秀传统文化的一部分，是中华民族精神和改革创新的时代精神在新时代的新呈现，是一份宝贵的思政教育资源。在思政课教学中，应该把传授知识、系统教学、理论武装、心理育人、实践育人，与研究、传承和弘扬中华体育精神结合起来，促进中华体育精神"进教材、进课堂、进头脑"，使学生将中华体育精神内化于心，外化于行。

最后，还要把中华体育精神融入青少年的社会实践当中，使他们在实践中切实体悟中华体育精神的内涵和意义。

二、讲好中国体育故事，创新宣传传播途径

中华体育精神作为一种强大的精神动力与思想源泉，其传承与发展对于我国体育事业发展繁荣具有重要的意义和价值。通过讲好中国体育故事，创新的宣传传播途径对于弘扬中华体育精神有着重要的意义。习近平总书记指出："要通过奥林匹克运动和文化传播，讲述中国体育故事、弘扬中华体育精神。"② 传承和发展中华体育精神，必须要讲好中国的体育故事。站在"两个一百年"奋斗目标的历史交汇点上，我们比以往任何时候都更需要讲好中国体育故事、弘扬中华体育精神。

面对新时代、新格局，针对中华体育精神的独特属性，要深刻挖掘其丰富的时代内涵。研究和创新体育文化，挖掘新时代体育运动项目的特色、组织文化和团队精神，讲好以优秀运动员为主体的体育文化故事，

---

① 《用新时代中国特色社会主义思想铸魂育人　贯彻党的教育方针落实立德树人根本任务》，《人民日报》2019 年 3 月 19 日，第 1 版。

② 《习近平致信祝贺中央广播电视总台央视奥林匹克频道及其数字平台开播上线强调　全面展示北京冬奥会冬残奥会精彩非凡卓越的奥林匹克新篇章　为推进中华体育强国建设做出贡献》，《人民日报》2021 年 10 月 26 日，第 1 版。

要充分发挥体育领域模范人物的示范引领作用，用其优秀事迹传承中华体育精神、激发人民的爱国情怀和奋斗精神。习近平在全国宣传思想工作会议上指出，完成新形势下宣传思想工作的使命任务，必须以习近平新时代中国特色社会主义思想和党的十九大精神为指导，增强"四个意识"、坚定"四个自信"、做到"两个维护"，自觉承担起举旗帜、聚民心、育新人、兴文化、展形象的使命任务。①中华体育精神的宣传传播要以之为遵循，紧扣时代脉搏，坚定文化自信，宣传体育精神的主旋律，为我国体育事业的发展营造良好的舆论氛围。同时，要在传播主体、传播媒介、资源挖掘、内容选择等方面进行创新，在人民群众当中形成"知体育、懂体育、爱体育"的社会风尚，让中华体育精神得以更好地传承和发展。

时代在发展，社会在进步，中华体育精神既有传统性又有创新性，推进新时代新征程上中华体育精神的传播，需要顺应时代的发展。善于运用信息革命带来的成果，加强体育同教育、文旅、艺术、互联网等各方面的融合渗透，在融合发展中传播中华体育精神，加快构建全方位、多角度的全媒体传播格局。

智能化是未来社会发展的趋势，要利用现代科技和文化产业创新体育精神的宣传形式，要发挥高科技、大数据等现代传播手段在中华体育精神传播上的优势，深度整合我国各种体育宣传内容和传播途径，坚持移动优先、融合发展的原则，构建体育文化宣传新格局，在中国式体育现代化之路上让中华体育精神绽放新的时代光芒。

---

① 《举旗帜聚民心育新人兴文化展形象 更好完成新形势下宣传思想工作使命任务》，《人民日报》2018年8月23日，第1版。

三、深化国际体育交流，展现新时代中国形象

体育承载着国家强盛、民族振兴的梦想。深化国际上的体育交流，能够有效地促进不同民族和文化进行交流与对话。习近平总书记指出："奥林匹克运动的目标是实现人的全面发展。要顺应时代潮流，坚守和平、发展、公平、正义、民主、自由的全人类共同价值，促进不同文明交流互鉴，共同构建人类命运共同体。"① 通过不同国家之间的体育文化交流，借助大型体育赛事弘扬中华体育精神，不仅增强民族凝聚力、向心力，还能够构建我国的大国形象，向世界展现一个更自信、更温暖、更开放的中国国家形象，彰显国际体育事务中的大国风范。

在经济全球化大背景下，中华体育精神也需要走出去与请进来，从而能够在新时代得到更好的传承与发展。

首先，以大型的国际体育赛事为契机，弘扬中华体育精神。近年来我国举办了北京冬奥会、冬残奥会以及世界大学生夏季运动会、杭州亚运会等，这些重大国际体育赛事都极大地促进了国际体育交流与交往，让不同的体育文化在中国这片土地上进行了碰撞与融合，各国的运动员在体育中享受乐趣、突破自我，一起面向未来。同时，也展现出新时代中国开放自信的大国担当，让世界对中国的未来充满期待。

其次，搭建更多的国际体育交流平台，促进不同体育文化间的对话。党的十八大以来，以习近平同志为核心的党中央高度重视体育的价值和作用，充分利用重大体育赛事展示大国形象，推动人文交流，支持体育发展。搭建多边合作框架的体育交流活动，积极推动"一带一路"体育

---

① 习近平：《在北京 2022 年冬奥会欢迎宴会上的致辞》，《人民日报》2022 年 2 月 6 日，第 2 版。

交流，促进了中华体育精神的传播与发展。

不忘本来方能开辟未来，善于继承才能更好创新，只有顺应历史潮流，积极应变，主动求变，才能与时代同行。弘扬中华体育精神，要继承与创新相结合。当今时代，国情世情都发生着深刻的变化，在学习借鉴外来体育文化的同时，要坚持以我为主的原则，古为今用、洋为中用，顺势而变，才能与时俱进。顺应新时代的呼唤，深入挖掘新时代中华体育精神内涵，创新中华体育精神理论，不断提炼和丰富体育的核心价值观，推动中华体育精神与时俱进，逐渐形成一个完整的体育价值体系。

第四节　坚持体育为党和国家的中心任务服务

体育是人类发展和社会进步的重要标志，也是我国综合国力的重要组成部分，在我国全面建设社会主义现代化国家中举足轻重。新时代我国体育事业的发展要坚持党的全面领导，把党的体育方针全面贯彻到体育工作的各个方面。坚持体育为党和国家的中心任务服务，自觉把体育事业放在"五位一体"总体布局去谋划，坚持促进体育与经济社会发展的密切结合，充分发挥体育在促进经济建设、政治建设、文化建设、社会建设、生态文明建设中的综合功能和独特作用。要在社会主义现代化建设大局中准确把握体育的定位，把体育发展融入党的建设和国家的中心任务中，推动中华民族的伟大复兴。

一、以体育产业为基础服务经济建设

体育产业是指生产或提供满足人们强身健体、休闲娱乐、体育竞赛、赛事转播、体育博彩等需要的体育服务产品，是我国经济发展的有生力

量，对经济社会的发展有着不可替代的作用。体育产业的发展可以直接为体育强国建设提供经济基础，也是体育强国建设的重要组成部分。党的十八大以来，我国体育产业规模不断扩大，已成为经济发展的新增长点。2019年国务院办公厅印发了《体育强国建设纲要》，提出打造现代体育产业体系，推动体育产业成为国民经济新支柱，实现"体育产业更大、更活、更优"的战略目标，对我国体育产业工作提出了更高的目标要求。

与体育相关的领域十分广泛。如果说，体育事业、体育文化是政治上层建筑的一部分，那么体育产业很显然是经济基础的重要组成部分，且两个方面相互促进、相互影响。新时代中国体育取得了辉煌成就，一方面来自于体育作为上层建筑的发展进步，把握体育产业发展方向，另一方面也来自于体育产业所提供的经济基础的支持，助力体育事业、体育文化更快更好地向前发展。党的十八大以来，人民生活水平不断提高，对消费水平和消费质量有了更高的要求，对体育健身、休闲、娱乐等方面的需求也在与日俱增。党和国家适时做出部署，着力制定全方位、多层次的体育产业发展政策，为体育产业的发展创造优良的环境；同时制定体育产业发展的实施细则，完善市场管理，从供给侧结构性改革的视角不断提供更高质量的体育产品、体育服务，提高体育产业的整体实力和核心竞争力，满足人民群众日益增长的体育消费需求，拉动体育消费，进而促进整个国家经济的大发展。通过举办大型国际体育赛事，我国体育产业已经与国际接轨，不断学习发达国家体育产业发展的经验，不断提高我国体育产业国际竞争力。

二、提高体育政治站位加强政治建设

从民主革命时期到新中国成立初期，到社会主义革命和社会主义全面建设时期，到改革开放新时期，再到中国特色社会主义进入新时代，中国体育一直肩负着特殊的历史使命，肩负着为人民谋幸福、为民族谋复兴的责任。20 世纪 70 年的"乒乓外交"以及新时代的体育促进健康中国建设都是最好的见证。新时代体育的综合价值在现代化建设中日益显著，体育的独特价值和特定内涵对政治建设有着极其重要的意义。

新时代体育要全方位为中国特色社会主义政治建设服务，全面反映中国特色社会主义的本质要求，满足人民日益增长的对美好生活的需要。在中国共产党全面领导的基础上，坚持以人民为中心，贯彻新发展理念，以"人民体育需求"为核心，顺应人民群众对于美好体育生活的需求。加强法治建设，不断完善保障人民群众参与体育活动权利的体制机制。同时要推进体育组织建设，增强体育治理体系和治理能力建设，坚持共建共治共享的逻辑，通过体育的改革创新，增强体育主体之间的良性互动。在外交方面，建构中国特色体育话语体系，通过多元化的体育外交向世界展现中国构建人类命运共同体的坚定信念，积极服务中国特色大国外交。

三、增强体育文化软实力引领文化建设

体育是中国特色社会主义事业的重要组成部分，与文化建设密切相关。作为中华民族优秀文化的载体，体育在构建中华民族的精神家园上发挥着不可或缺的作用，是社会主义文化繁荣的同行者。新时代，我国

体育改革发展要与社会主义文化建设建立良好的互动关系，为促进我国文化事业的繁荣发展贡献力量。体育能促进社会主义文化建设，这有着内在的逻辑基础。从理论上说，体育是社会主义文化建设的有机组成部分，人们在体育领域中所创造的物质财富和精神财富，构成了丰富多彩的社会文化，所以体育也是社会进步与文明发展的重要标志。从实践上看，体育是新时代社会主义文化繁荣的重要力量，它具有鲜明的实践性，能够汇聚起实现中国梦的强大精神力量，以自身的发展带动社会主义文化的发展繁荣。

当前，我国正处在中国特色社会主义进入新时代这一历史节点上，体育发展的空间和舞台更大了，也就要求体育承担更多的社会责任。如何更好地增强体育文化软实力，引领社会主义文化建设，这是我国体育改革发展的重大课题：从国家发展层面看，要提升我国体育的国际传播能力，增强体育国际话语权，从而拓展社会主义文化传播渠道，展现我国的大国担当与责任意识；从经济社会发展层面看，要弘扬中华体育精神，加强体育道德建设，促进社会主义精神文明建设和思想道德建设；从人的全面发展层面看，要坚持以人民为中心的体育观，促进体育与文化产业相融合发展，丰富文化产品市场，满足人民群众的精神文化生活需求。

四、补齐体育发展短板助力社会建设

随着人类社会的发展，体育所衍生的功能越来越丰富，并且渗透到经济、政治、文化、社会、生态等领域，已成为当今人类社会文明进步的重要标志，也是推动人类社会现代化进程的重要标志。在我国社会主义现代化建设的新征程中，要通过改革发展补齐体育发展的短板，更好地助力社会建设向更高水平、更高阶段迈进，完成好中国特色社会主义社会建设的目标与任务。体育之所以能助力社会主义社会建设，是因为二者有着高度的统一性。体育与社会建设的价值导向统一于公平正义，中国特色社会主义的内在要求是公平正义，而建立公平正义也是体育运动的灵魂和衡量标准。体育与社会建设的根本目的统一于增进民生福祉，我国当前社会的主要矛盾已经发生变化，对社会建设也提出了更高的要求，那就是要从更高层面上更好地增进民生福祉，满足人民群众日益增长的对美好生活的需求，而体育发展恰好能满足人民对于美好生活的需求，增进民生福祉的发展需求也能给体育的发展带来巨大空间。

体育助力社会建设，要结合当前我国体育发展现状，将体育领域中的短板与不足作为能够切实有所作为的切入点，体现出新时代体育在促进人的全面发展和社会进步的新价值与新功能。首先，要将体育融入民生保障体系，助力民生建设。通过健全全民健身公共服务体系、发展高质量的体育产业以及乡村体育的发展，促进健康中国建设与社会就业，实现共同富裕的目标。其次，激发社会活力，助力社会治理创新。充分发挥体育社会组织的作用，提升体育治理能力，进而开创社会治理的新格局，推进国家治理体系和治理能力的提升。再次，体育外防风险内促和谐，助力和谐社会建设。充分利用体育在社会互动方面的天然优势和其独特的精神文化属性，加深社会成员的认同感，增进民族凝聚力和向心力，促进社会和谐稳定。

五、遵循体育生态平衡推进生态文明建设

建设生态文明，关系人民福祉，关乎民族未来。生态文明建设是在正确处理人与自然的关系的基础上实现人与自然的和谐共生，而人与自

然和谐共生的现代化也是中国式现代化的重要组成部分。没有人与自然的和谐共生就没有中国式现代化。体育作为生态文明建设的践行者，必须积极地融入生态文明建设。中国特色体育事业的发展要以人与自然的和谐共生为前提，进生态文明建设，展现体育生态的价值与使命，这是中国体育现代化的应有之义。同时，体育融入生态文明建设中，也是破解资源环境难题和满足人民群众美好生活需要的实践走向。体育融入绿色发展理念，走上绿色发展道路，创造出更多更好的生态体育产品和服务，体现了体育发展与生态文明建设共同的价值追求。

生态文明包含了和谐可持续的自然之美和自由平等的人文之美，这是体育发展的目标追求。体育生态文明建设的目标就是实现美丽中国，这是实现中华民族伟大复兴中国梦的重要内容。因此，体育融入生态文明建设要以美丽中国建设为落脚点，通过体育改革促进生态文明建设。从发展路径来看，要创造和培育优质的体育生态产品和服务，满足人民群众日益增长的对优美生态环境的需要；从实践方式来看，要通过产业结构、能源结构和消费方式的绿色转型，实现体育生产方式和生活方式的绿色转型，进而助力生态文明建设；从群体意识来看，要增强体育生态意识、强化体育的生态功能，积极主动地参与生态环境保护。从制度建设来看，要建立符合国情、富有实效、独具特色的绿色体育制度，加强生态环境的监管考核。

坚持体育服务党和国家事业发展的中心任务，促进经济、政治、文化、社会和生态义明的建设与发展，发挥体育在提高人民健康水平、丰富人民精神文化生活、推动经济社会发展、健全发展体制机制等方面的作用，最终实现人的全面发展，建设新时代中国特色社会主义的体育强国。

第五节 坚持融入中国式现代化发展大局

二十大的胜利召开，开启了全面建成社会主义现代化强国、实现第二个百年奋斗目标，以中国式现代化全面推进中华民族伟大复兴的新征程。体育在实现中华民族伟大复兴过程中担负着重要使命。二十大报告中提出，广泛开展全民健身活动，加强青少年体育工作，促进群众体育和竞技体育全面发展，加快建设体育强国。这为中国式体育现代化建设指明了前进方向。中国式体育现代化是中国式现代化进程的有机组成部分，是中国式现代化在体育领域的出发点和落脚点，是在中国共产党领导下建设体育强国，使我国体育走上繁荣发展道路的新路径。在中国式现代化的视域下，体育走现代化的发展道路，对于建设体育强国，实现中华民族伟大复兴具有重要的现实意义。新时代体育发展要以中国式体育现代化为重要统领，在全面建设社会主义现代化强国中发挥应尽的责任。

一、中国式体育现代化是以马克思主义为指导思想的现代化

马克思指出，未来教育对所有已满一定年龄的儿童来说，就是生产劳动同智育和体育相结合，它不仅是提高社会生产的一种方法，而且是造就全面发展的人的唯一方法。[①] 矛盾具有特殊性，具体问题具体分析是马克思主义活的灵魂。在不同的历史时期，中国共产党人深刻地运用这一唯物辩证方法论，将马克思主义原理与中国体育发展的具体实际相结合，与中华优秀传统文化相结合，形成独特的体育思想。尽管所处的时

---

① 《马克思恩格斯文集》第 23 卷，人民出版社，2009，第 580 页。

代背景不同，产生了不同的体育理论，但都是在马克思主义思想的指导之下诞生的马克思主义中国化的体育思想。

中国式体育现代化思想同样也是马克思主义基本原理与新时代我国体育发展实际相结合的产物。中国式体育现代化是中国共产党领导下的带有中国特色的体育现代化，是对我国当前体育事业发展现状进行深入分析之后提出的体育现代化发展道路。当前，中国式体育现代化走的是一条可持续发展的道路。我国体育事业发展存在效率低下、内生动力不足、不能满足人民对体育产品和服务的需求等问题。针对当前存在的问题，我国实行了与社会主义市场机制相结合的新型体育发展举国体制，赋予了为国争光新的时代价值，积极探索适合新时代中国体育发展的道路。同时，国家重视群众体育的开展，倡导全民健身，大力发展社会体育组织，将体育融入人民群众的日常生活中，自下而上地实现体育的平衡发展。

二、中国式体育现代化是实现人民美好体育生活的现代化

党的十九大明确提出："我国社会主要矛盾已经转化为人民日益增长的美好生活需要和不平衡不充分的发展之间的矛盾。"[1]美好生活需要应该具备两个方面的特点：一是满足物质生活方面的需要；二是满足更高层次的精神需要、享受需要和发展需要。我国社会主要矛盾的新论断，对于推进我国体育现代化建设有着重要的指导意义。随着我国现代化进程的推进，体育被赋予了更加丰富的社会功能，对于满足人民群众高层次的需求和促进人的全面发展，其重要性日益凸显。体育不仅能满足人民

① 习近平：《决胜全面建成小康社会　夺取新时代中国特色社会主义伟大胜利——在中国共产党第十九次全国代表大会上的报告》，人民出版社，2017，第8页。

群众在休闲娱乐等方面高需求，还是提高健康水平、丰富精神文化生活、承载社会文明的必由之路。在我国社会发展新的历史方位，人民群众需要通过体育活动获得实实在在的幸福感，构建美好的体育生活。人民群众对体育的数量和质量也有了新的要求，体育参与和体育消费发生了结构性的变化，开始由"基础锻炼型"向"发展享受型"转变。

新时代，体育对于实现人民的美好生活需要上价值不断提升，承载了人民群众对美好生活的追求与向往。我们应该注重发挥中国特色社会主义体育独特的制度优势，结合体育实践性的特点，通过对体育的提质增效，逐步推进中国式体育现代化满足人民对美好生活的需要。中国式体育现代化的主体是人民群众，现代化体育的发展必须坚持以人民为中心的发展思想，坚持中国特色社会主义发展道路，充分发挥体育在满足人民美好生活需要方面的价值，让体育成为普通大众享有的生活必需品，通过体育改革来解决人民对美好生活需要与发展不平衡不充分矛盾，以不断满足人民的体育需要来促进人的全面发展。政府、市场、体育社会组织等多种主体力量要各司其职，不断创新体育高质量发展的新领域、新途径、新赛道、新内容，以中国式体育现代化满足人民群众对于美好体育生活的现实需要，开辟体育现代化的生活图景，进一步彰显社会主义国家在道路和制度方面的优势，引领世界体育发展潮流。

三、中国式体育现代化是实现体育产业高质量发展的现代化

党的二十大报告提出，以中国式现代化全面推进中华民族的伟大复兴，强调坚持以高质量发展为主题，加快建设现代产业体系。要实现体育的现代化就必须以体育产业作为支撑，辐射到其他体育领域实现体育全方位、多层次、全覆盖的现代化。体育产业是国民经济的重要组成部

分，也是未来经济发展的支柱产业，推动体育产业高质量发展对于实现体育现代化有着重要的意义。随着我国经济进入高质量发展阶段，体育产业也正处于高质量发展的关键转型期，要不断推进体育产业成为国民经济的支柱性产业，满足人民日益增长的体育参与和消费需求，持续深化体育改革发展，打开体育产业高质量发展的新局面。

当前，国内外环境正发生着快速的变化，全面推进体育产业高质量发展不能一蹴而就，而是一个深刻而复杂的过程。在推进体育产业高质量发展的过程中，要深刻认识到我国社会主要矛盾的变化，剖析错综复杂的国内外发展环境给体育产业高质量发展带来的新问题和新挑战，遵循高质量发展的战略定位。当前，社会各界对体育越来越重视，国家也先后实施了体育强国和健康中国战略，中国式现代化体育产业的高质量发展必然是未来相当长一段时间体育发展的重点和核心。完善着力推动高质量发展的制度安排，充分发挥市场在体育资源配置当中的决定性作用，合理优化体育产业结构，提高体育产品和体育服务的质量，促进消费新升级，升级体育消费新场景，丰富体育消费新内容，打造体育制造业和体育服务业统筹协调发展的现代化体育产业体系。体育产业高质量发展，还要加强人才队伍的建设，要着重加强体育领域"创新型、科研型、服务型"人才培养，打造一支高素质、高水平、高技能体育产业人才队伍。此外，要依托互联网和数字技术手段，注重技术突破，加快推进高质量的体育科技创新，促进现代化体育产业的转型升级，科学有序地提升体育产业的竞争力。

体育实现现代化既是社会进步的重要标志，也是中国式现代化的重要组成部分。体育现代化肩负着新时代中国特色社会主义现代化建设的新目标、新任务、新使命。当前，中国式体育现代化发展的机遇和挑战并存，我们要正视挑战，稳抓机遇，赢得未来。要立足于中国特色社会主义的新发展阶段,深入贯彻落实党的二十大精神,要以新发展理念为导向,构建中国式体育现代化的新发展格局,使体育在实现中华民族伟大复兴的中国梦中发挥更重要的作用。

参考文献

一、中文文献

（一）专著

《马克思恩格斯文集》第 23 卷，人民出版社，2009。

《邓小平文选》第 2 卷，人民出版社，1994。

习近平：《高举中国特色社会主义伟大旗帜 为全面建设社会主义现代化国家而团结奋斗——在中国共产党第二十次全国代表大会上的报告》，人民出版社，2022。

习近平：《决胜全面建成小康社会夺取新时代中国特色社会主义伟大胜利——在中国共产党第十九次全国代表大会上的报告》，人民出版社，2017。

国家体委政策研究室：《1978 年全国体育工作会议纪要、体育运动文件选编》，人民体育出版社，1982。

国家体育总局政策法规司编：《毛泽东邓小平江泽民论体育》，人民体育出版社，1998。

国家体委政策研究室：《体育改革文件选编（1992—1995）》，北京体育大学出版社，1996。

伍绍祖主编：《中华人民共和国体育史（1949—1998）综合卷》，中国书籍出版社，1999。

中央宣传部教育局与国家体育总局宣传司合编：《盛战雅典为国争光》，学习出版社，2004。

中共中央文献研究室编：《邓小平年谱（1981—1997）》第 5 卷，中央文献出版社，2019。

国家体育总局编写组：《深入学习习近平关于体育的重要论述》，人民出版社，2022。

阎学通：《国际政治与中国》，北京大学出版社，2005。

谭华：《体育史》，高等教育出版社，2005。

黄宏主编：《北京奥运精神》，人民出版社，2008。

许启贤、郑小九：《北京奥运之魂》，北京出版社，2005。

科技日报社主编：《走进科技奥运》，广西人民出版社，2006。

叶子主编：《光与火的撞击——百集广播故事〈科技奥运之光，燃亮百年梦想〉》，中国广播电视出版社，2008。

舒莉萍：《我在北京奥组委》，中国文联出版社，2008。

霍英东口述、冷夏执笔：《时局的生意 霍英东自述》，凤凰出版社，2013。

宋世雄：《宋世雄自述——我的体育故事与荧屏春秋》，作家出版社，1997。

张振亭：《中华体育精神》，北京体育大学出版社，1996。

体育概论编写组：《体育概论》，北京体育大学出版社，2013。

杨文轩、陈琦：《体育概论》（第三版），高等教育出版社，2019。

熊斗寅：《群众体育学》，人民体育出版社，2000。

全国体育学院教材委员会:《运动训练学》,人民体育出版社,1990。

孙汉超、秦椿林主编:《体育管理学》,人民体育出版社,1999。

赵致真:《科技与奥运》,湖北科学技术出版社,2018,第 1 页。

(二) 期刊

张发强:《对我国体育产业化的战略思考》,《体育文史》1997 年第 2 期。

左海燕:《2008 奥运理念对新时期高校体育教学改革的影响》,《甘肃科技》2010 年第 2 期。

钟秉枢、张建会、刘兰:《新时代中国体育外交面临的问题与对策》,《北京体育大学学报》2018 年第 4 期。

王莉:《新时期中国体育外交话语体系构建研究——基于传统文化视角》,《体育研究与教育》2021 年第 3 期。

邹月辉:《当代中国体育的国际角色与国际责任》,《武汉体育学院学报》2008 年第 10 期。

王家宏、鲍明晓等:《聚焦改革开放 40 年:中国体育改革与发展的思考》,《体育学研究》2018 年第 6 期。

马德浩、季浏:《新时期的三大改革对中国体育发展方式改革的影响》,《体育科学》2011 年第 5 期。

杨桦:《体育改革:成就、问题与突破》,《体育科学》2019 年第 1 期。

李克华:《社会主义市场经济与体育改革开放》,《中国体育科技》1994 第 4 期。

鲍明晓:《中国体育体制改革综述》,《北京体育师范学院学报》1997 年第 2 期。

郑宇:《新时期我国体育体制改革的现实冲突与路径选择》,《成都体育学院学报》2014 年第 8 期。

李敏华:《从足球体制改革分析我国体育管理体制改革的趋势》,《浙江体育科学》2006 第 4 期。

肖力:《竞技体育管理体制改革设想》,《山东体育科技》1993 年第 3 期。

龙斌、唐文进等:《我国竞技体育职业化"四步曲"——社会化、实体化、市场化与产业化的思辩》,《武汉体育学院学报》1999 年第 2 期。

梁晓龙:《我国体育职业化(市场化)改革中几个基本理论问题的思考》,《体育文化导刊》2005 年第 4 期。

唐炎、卢文云:《制约我国竞技体育职业化改革的相关问题探究》,《北京体育大学学报》2010 年第 3 期。

王莉、孟亚峥、黄亚玲等:《全民健身公共服务体系构成与标准化研究》,《北京体育大学学报》2015 年第 3 期。

谢雪玲、毛进红:《我国体育改革路径思考》,《体育文化导刊》2009 年第 3 期。

崔乐泉:《百年中国体育思想的演进及其特征》,《成都体育学院学报》2020 年第 1 期。

胡小明:《新世纪——中国体育的理论创新》,《体育文化导刊》2002 年第 1 期。

胡晓风:《人的全面而自由的发展是体育的根本目的》,《成都体院学报》1987 年第 1 期。

惠蜀:《体育活动是人类特有的一种改造自身的活动》,《成都体育学院学报》1992 年第 3 期。

裴立新:《"以人为本"——新世纪体育发展的基本理念》,《天津体育学院学报》2001 年第 1 期。

刘雁、刘锴:《体育价值观研究综述》,《搏击(体育论坛)》2011 年第 4 期。

陈琦、鲁长芬:《新时期体育价值观转变与体育本质、功能和目的》,《体育学刊》2006 年第 2 期。

胡小明:《体育精神与改革开放》,《华南师范大学学报（社会科学版）》2002 年第 3 期。

田野:《改革开放以来中国体育文化成就与发展战略》,《体育文化导刊》2019 年第 3 期。

刘大可:《论竞技体育与全民健身协调发展》,《体育文史》1997 年第 5 期。

王衡:《谈我国竞技体育发展的道路》,《辽宁体育》1988 年第 5 期。

孙葆丽、孙葆洁等:《80 年代以来中国奥林匹克运动的新发展》,《北京体育大学学报》2000 年第 3 期。

崔乐泉:《奥林匹克运动在中国的发展（一）》,《武汉体育学院学报》2007 年第 4 期。

古文东:《当下竞技体育中异化现象的致因探析》,《体育与科学》2011 第 1 期。

孙志:《我国竞技体育异化的致因及回归之路》,《成都体育学院学报》,2011 年第 9 期。

白喜林、左伟等:《新时期我国竞技体育人才培养模式探索》,《体育文化导刊》2013 年第 10 期。

张亚荣、张剑杰等:《我国竞技体育可持续发展分析》,《体育文化导刊》2010 年第 5 期。

常华、周国群:《我国群众体育的历程及发展走势》,《体育与科学》2009 年第 5 期。

李宁:《我国群众体育发展趋势研究——基于全国三次群众体育调查

结果的比较分析》,《体育学刊》2012 年第 1 期。

王智慧、丁学龙等:《群众体育发展对体育强国建设影响的研究》,《体育文化导刊》2012 年第 7 期。

严华:《当今群众体育发展的路径选择与战略取向》,《体育与科学》2011 年第 3 期。

闻涛:《我国群众体育发展策略研究》,《体育文化导刊》2010 年第 9 期。

刘纯献、刘盼盼:《学校体育改革的成就、问题与突破》,《北京体育大学学报》2020 年第 2 期。

刘宁、刘静民等:《改革开放以来我国学校体育政策、法规演变脉络之研究》,《体育科学》2009 年第 12 期。

王晓东:《师范类体育教育专业面临的问题及今后发展趋势研究》,《天津体育学院学报》2006 年第 1 期。

王树宏、李金龙:《社会体育专业发展速度、布局与规模态势及其存在问题的研究》,《北京体育大学学报》2006 年第 10 期。

包莺、刘海元:《我国体育教师队伍现状及加强建设对策》,《体育学刊》2009 年第 5 期。

胡笑寒、张志美:《北京市体育产业共生能力分析》,《西安体育学院学报》2012 年第 9 期。

韦华:《30 年来我国体育产业的发展及其相关理论研究》,《广州体育学院学报》2012 年第 5 期。

侯晋龙:《体育产业:概念及其构成的质疑与讨论》,《体育科技文献通报》2007 年第 1 期。

李松梅、李福泉:《试论中国体育产业发展(综述)》,《哈尔滨体育学院学报》2000 年第 2 期。

余兰:《改革开放 30 年来我国体育产业发展进程研究》,《北京体育大学学报》2008 年第 10 期。

马宇峰:《新形势下体育消费的战略思考》,《体育函授》1996 年第 3 期。

郑和明、赵轶龙:《改革开放 40 年我国体育消费研究:演进、成就、反思与展望》,《北京体育大学学报》2019 年第 3 期。

武学军:《中华体育精神的儒家文化溯源》,《河北北方学院学报(社会科学版)》2010 年第 1 期。

黄莉:《中华体育精神的文化内涵与思想来源》,《中国体育科技》2007 年第 5 期。

伍绍祖:《关于体育工作情况的报告:1996 年 12 月 28 日在第八届全国人民代表大会常务委员会第二十次会议上》,《中华人民共和国全国人民代表大会常务委员会公报》1996 年第 9 期。

谢琼桓:《中华体育精神是全民族的精神财富》,《求是》2000 年第 21 期。

王清芳、李成蹊等:《论体育精神对构建和谐社会的意义》,《成都体育学院学报》2007 年第 6 期。

赵高彩:《中华体育精神:高等体育院校弘扬和培育民族精神的切入点》,《武汉体育学院学报》2004 年第 1 期。

王寿文:《北京亚运精神与大学生思想政治工作》,《盐城师范学院学报(人文社会科学版)》1990 年第 4 期。

宗树:《亚运精神耀神州》,《道德与文明》1990 年第 6 期。

黄学荣:《亚运精神的哲学思考》,《学习与研究》1991 年第 1 期。

曹士云:《弘扬亚运精神 建设体育强国》,《黑龙江高教研究》,1990 年第 4 期。

吴潜涛、郑小九:《北京奥运会、残奥会的珍贵精神遗产》,《中国人民大学学报》2009 年第 2 期。

刘海燕:《北京奥运精神的研究》,《辽宁体育科技》2009 年第 5 期。

刘明辉、贺战冰:《诠释北京"科技奥运"》,《武汉体育学院学报》2005 年第 2 期。

紫晓:《从"东亚病夫"到东方巨人——写在第 11 届亚运会开幕之前》,《思想政治课教学》1990 年第 8 期。

苏杭:《苦练技战术 立志攀高峰》,《机关党建研究》2023 年第 8 期。

金占明:《我国体育产业的现状与发展前景》,《清华大学学报（哲社版）》1996 年第 3 期。

崔乐泉:《中国共产党体育实践的百年历程与经验启示》,《首都体育学院学报》2011 年第 2 期。

刘纯献、刘盼盼、苏亮:《中国式现代化进程中体育现代化的本质内涵、战略路径与价值意蕴》,《北京体育大学学报》2023 年第 1 期。

杨桦:《体育的概念、特征及功能——新时代体育学基本理论元问题新探》,《体育科学》2021 年第 12 期。

易剑东:《体育概念的梳理与厘清》,《成都体育学院学报》2019 年第 5 期。

张新、廖雪、周煜、李佳婕:《中国"体育"概念词汇的历史源流考析》,《上海体育学院学报》2022 年第 5 期。

胡科:《体育本质研究的迷思与转向》,《体育学刊》2015 年第 5 期。

韩鹏伟:《从体育构成要素论体育的本质》,《西安体育学院学报》2016 年第 5 期。

杨小永:《体育本质再认识应遵循的三大统一规律分析》,《体育科学研究》2023 年第 1 期。

高治、郑原、王岗：《"足球改革"对中国体育发展的启示》，《武汉体育学院学报》2017年第3期。

邹秀春、张龙：《"双奥之城"续写可持续发展新篇章》，《环境与生活》2022年第Z1期。

王广虎：《体育的概念认识与特征析取》，《成都体育学院学报》2019年第5期。

陈丛刊、王思贝：《新时代中国特色体育实践的特征、启示与发展展望》，《哈尔滨体育学院学报》2022年第6期。

崔乐泉、赵子建：《中国式现代化体育道路的出场逻辑、本质特征及世界意义》，《武汉体育学院学报》2023年第7期。

刘转青、刘积德：《我国体育分类刍议》，《体育学刊》2017年第1期。

崔乐泉：《中国式现代化与体育强国建设的中国模式》，《首都体育学院学报》2022年第6期。

鲍明晓：《全面建设体育强国的核心逻辑、战略要点和关键问题》，《北京体育大学学报》2023年第2期。

万炳军、曾肖肖、史岩、史兵：《"健康中国"视域下青少年体育使命及其研究维度的诠释》，《体育科学》2017年第10期。

毛振明、温君慧、张嫒嫒：《中国式体育现代化基本特征研究》，《天津体育学院学报》2022年第6期。

古柏：《20世纪最后十年中国体育改革回顾——伍绍祖同志采访记》，《体育学刊》2007年第1期。

崔乐泉、马学智：《中国式现代化体育发展道路的四次历史性跨越及其经验启示》，《北京体育大学学报》2023年第1期。

杨桦：《以高质量发展加快建设体育强国》，《武汉体育学院学报》2022年第12期。

付群、胡智婷、侯想：《新时代中国体育产业高质量发展的现实逻辑、内生动力和实践探索》，《天津体育学院学报》2023 年第 3 期。

戴红磊：《中国式现代化进程中体育产业高质量发展的现实挑战、原则遵循与实现路径》，《天津体育学院学报》2023 年第 4 期。

邹秀春、刘洋等：《全面依法治体与以德治体相融合的中华体育精神弘扬研究》，《中国体育科技》2022 年第 9 期。

赵麒：《符号和记忆：女排精神的内涵、特征及价值》，《体育文化导刊》2017 年第 8 期。

赵岑、郑国华：《新时代中国女排精神内涵与价值传承》，《体育文化导刊》2020 年第 9 期。

李慧、李红霞、杜雅、邹秀春、张凯：《女排精神的演进逻辑与价值意蕴》，《成都体育学院学报》2022 年第 5 期。

孔年欣、柳鸣毅、但艳芳、敬艳：《中国"女排精神"的发展历程、基本内涵与传承路径》，《成都体育学院学报》2022 年第 5 期。

聂晓梅、曲永鹏、易锋：《中华体育精神弘扬社会主义核心价值观的功效研究——以乒乓精神、珠峰登山精神和女排精神为例》，《南京体育学院学报》2021 年第 6 期。

陈晨、傅安洲、黄莉、李元：《中国登山精神的生成逻辑、深刻内涵与价值意蕴》，《武汉体育学院学报》2023 年第 5 期。

张艺博：《登山精神的历史回顾与时代镜鉴——基于 1960 珠峰北坡登顶》，《第十二届全国体育科学大会论文摘要汇编》2022 年 3 月。

王海燕、郭冠清：《论"乒乓精神"的文化内涵及其时代价值》，《体育科学进展》2022 年第 1 期。

陈天资、黄霞：《体育强国背景下女足精神的重塑与推广》，《2022 年第六届中国足球文化与校园足球发展大会摘要集》2022 年 9 月。

刘佩佩、王康锋:《弘扬中华体育精神——以中国女足为例》,《体育科技》2023 年第 2 期。

郝文鑫、刘波、郭振:《铿锵玫瑰隐喻的中国女足精神的内涵演化历程、时代意蕴与传承路径》,《首都体育学院学报》2023 年第 5 期。

刘丹璇:《中国共产党领导下北京冬奥精神生成的多维审视》,《山东体育学院学报》2022 年第 3 期。

张志丹、王恩祥:《北京冬奥精神的生成根据、内涵诠释与当代价值》,《学校党建与思想教育》2022 年第 12 期。

史家亮、马景瑞:《发扬北京冬奥精神的三个着力点》,《山东干部函授大学学报》2022 年第 4 期。

卢文云、陈佩杰:《全民健身与全民健康深度融合的内涵、路径与体制机制研究》,《体育科学》2018 年第 5 期。

李娟、刘紫薇:《全民健身与全民健康深度融合的内涵、现实困境与多维路径研究》,《沈阳体育学院学报》2021 年第 1 期。

陈丛刊、陈宁:《新时代全民健身的内涵特征、战略定位与实践指向》,《天津体育学院学报》2022 年第 6 期。

刘国永:《实施全民健身战略,推进健康中国建设》,《体育科学》2016 年第 12 期。

胡鞍钢、方旭东:《全民健身国家战略:内涵与发展思路》,《体育科学》2016 年第 3 期。

柳鸣毅:《健康中国背景下全民健身公共政策分析》,《中国体育科技》2017 年第 1 期。

卢文云、王志华:《多重需求叠加下我国全民健身发展战略思考》,《上海体育学院学报》2022 年第 1 期。

肖林鹏:《论全民健身服务体系的概念及其结构》,《西安体育学院学报》2008 年第 4 期。

汤际澜、徐坚、郭权:《全民健身公共体育服务均等化的模式选择和路径探索》,《南京体育学院学报(社会科学版)》2010 年第 5 期。

朱惠平:《"乒乓精神"的文化内涵》,《中国学校体育》2015 年第 9 期。

(三)学位论文

刘峥:《新中国体育发展战略的演变(1949—2008)》,北京体育大学博士学位论文,2011。

周婉滢:《从中国传统文化透视乒乓精神的时代特征》,武汉体育学院硕士学位论文,2012。

欢钰然:《"乒乓精神"产生的历史过程及核心内涵研究》,西北民族大学硕士学位论文,2021。

(四)报纸

汪大昭、许立群等:《总设计师的奥运情怀》,《人民日报》2008 年 7 月 14 日,第 5 版。

《胡锦涛主席接受外国媒体联合采访》,《光明日报》2008 年 8 月 2 日,第 8 版。

佚名:《BBC 民调:世界如何看中国》,《参考消息》2008 年 8 月 6 日。

刘鹏:《充分发挥体育在和谐社会建设中的作用》,《人民日报》2007 年 5 月 21 日,第 9 版。

孙大光:《中华体育精神与爱国主义》,《光明日报》2012 年 4 月 4 日,第 1 版。

扶满:《中国奥运的历史突破》,《解放军报》2018 年 6 月 20 日,第 9 版。

薛剑英、杨振武：《江泽民等中央领导亲切会见中国女足》，《人民日报》1999 年 7 月 14 日，第 1 版。

《从欲哭无泪到喜极难言 霍英东情系北京申奥》，《人民日报》2001 年 7 月 15 日，第 6 版。

葛华：《经济发展才能带动体育进步——访我国体育的支持者霍英东》，《人民日报》2004 年 9 月 6 日，第 12 版。

李中文、胡果等：《习近平在会见全国体育先进单位和先进个人代表等》，《人民日报》2017 年 8 月 28 日，第 1 版。

《发展体育运动 增强人民体质——纪念毛泽东同志题词 50 周年》，《人民日报》2002 年 6 月 10 日，第 1 版。

习近平：《在教育文化卫生体育领域专家代表座谈会上的讲话》，《人民日报》2020 年 9 月 23 日，第 2 版。

李斌、李铮：《习近平会见全国体育先进单位和先进个人代表等时强调 发展体育运动增强人民体质 促进群众体育和竞技体育全面发展》，《人民日报》2013 年 9 月 1 日，第 1 版。

《习近平会见国家足联主席》，《人民日报》2017 年 6 月 15 日，第 1 版。

《新时代体育事业发展的法治保障：体育总局政策法规司负责人解读新体育法》，《中国体育报》2022 年 6 月 25 日，第 3 版。

《胡锦涛电贺 2003 中国珠峰登山队成功登上珠峰》，《光明日报》2003 年 5 月 22 日，第 1 版。

吴国斌：《中国女足精神——高度团结、刻苦训练、摧坚决胜、永不放弃》，《中国体育报》2021 年 5 月 17 日，第 7 版。

姚远、王小婉：《用冬奥精神铸魂育人》，《中国民族报》2022 年 5 月 2 日。

张兴华：《北京冬奥精神是高校育人的宝贵资源》，《中国教育报》2022 年 4 月 15 日，第 2 版。

李名梁：《扎实上好北京冬奥这堂"大思政课"》，《中国教育报》2022 年 2 月 23 日，第 2 版。

卢元镇：《全民健身：健康中国的有力支撑》，《中国人口报》2016 年 10 月 31 日，第 3 版。

杜尚泽、王远：《习近平会见国际奥委会主席巴赫》，《人民日报》2017 年 1 月 19 日，第 1 版。

杜尚泽、李中文、马剑：《习近平亲切看望索契冬奥会中国体育代表团 代表祖国人民慰问中国奥运健儿，勉励他们顽强拼搏、为国争光，把个人梦和体育强国梦汇入到实现中国梦的伟大奋斗中》，《人民日报》2014 年 2 月 8 日，第 1 版。

《习近平在会见第 31 届奥运会中国体育代表团时表示 中国队加油！中国加油！》，《人民日报》2016 年 8 月 26 日，第 1 版。

杜尚泽、雷达：《习近平同国际奥委会主席巴赫交谈时强调 中国向体育强国目标迈进》，《人民日报》2014 年 2 月 8 日，第 1 版。

《习近平会见国际足联主席》，《人民日报》2017 年 6 月 15 日，第 1 版。

《中华人民共和国和俄罗斯联邦关于〈中俄睦邻友好合作条约〉签署二十周年的联合声明》，《人民日报》2021 年 6 月 29 日，第 1 版。

朱基钗：《习近平会见中国女排代表》，《人民日报》2019 年 10 月 1 日，第 1 版。

《习近平春节前夕在北京看望慰问基层干部群众 向广大干部群众致以美好的新春祝福 祝各族人民幸福安康祝伟大祖国繁荣吉祥》，《人民日报》2019 年 2 月 2 日，第 1 版。

《习近平会见塔吉克斯坦总统拉赫蒙》,《人民日报》2022 年 2 月 6 日,第 3 版。

《携手共命运 同心促发展——在二〇一八年中非合作论坛北京峰会开幕式上的主旨讲话》,《人民日报》2018 年 9 月 4 日,第 2 版。

《深化文明交流互鉴 共建亚洲命运共同体——在亚洲文明对话大会开幕式上的主旨演讲》,《人民日报》2019 年 5 月 16 日,第 2 版。

习近平:《习近平致申办冬奥会代表团的贺信》,《人民日报》2015 年 8 月 1 日,第 1 版。

《习近平在北京考察工作时强调 立足提高治理能力抓好城市规划建设 着眼精彩非凡卓越筹办好北京冬奥会》,《人民日报》2017 年 2 月 25 日,第 1 版。

高志丹:《奋力开创体育强国建设新局面》,《学习时报》2022 年 10 月 14 日,第 A1 版。

蒋效愚:《北京冬奥会成功举办的十大亮点》,《北京日报》2022 年 3 月 14 日,第 14 版。

扈建华:《国家体育总局及社会各界向中国女篮发来贺电》,《中国体育报》2022 年 10 月 1 日,第 1 版。

习近平:《在北京 2022 年冬奥会欢迎宴会上的致辞》,《人民日报》2022 年 2 月 6 日,第 2 版。

《2023 年全民健身线上运动会启动》,《人民日报》2023 年 4 月 21 日,第 14 版。

《"体卫融合"的日照路径——以运动处方为引领构建健康管理体系》,《中国体育报》2022 年 4 月 27 日,第 3 版。

《习近平在全国卫生与健康大会上强调 把人民健康放在优先发展战略地位 努力全方位全周期保障人民健康》,《人民日报》2016 年 8 月 21

日，第 1 版。

曹彧、冯蕾:《体育总局召开党组扩大会研究推动〈体育强国建设纲要〉任务落实》,《中国体育报》2023 年 2 月 2 日，第 1 版。

王珂、周亚军、宋豪新:《"体育＋旅游"融合发展加速》,《人民日报》2022 年 7 月 13 日，第 19 版。

《2022 年中国体育精彩纷呈光荣绽放》,《中国体育报》2022 年 12 月 30 日，第 1 版。

王辉:《融入区域发展战略 体育产业紧抓机遇超前布局》,《中国体育报》2021 年 3 月 25 日，第 1 版。

林剑:《体育对外交往为全球体育治理贡献更多智慧和力量》,《中国体育报》2022 年 9 月 26 日，第 1 版。

《习近平在中共中央政治局第三十次集体学习时强调 加强和改进国际传播工作 展示真实立体全面的中国》,《人民日报》2021 年 6 月 2 日，第 1 版。

林剑:《体育文化为体育强国建设凝心聚力》,《中国体育报》2022 年 9 月 27 日，第 3 版。

李中文、胡果、杜尚泽:《开创我国体育事业发展新局面 加快把我国建设成为体育强国》,《人民日报》2017 年 8 月 28 日，第 1 版。

杜尚泽、薛原、李中文:《点燃中国冰雪运动的火炬——习近平总书记关心北京冬奥会 5 个镜头》,《人民日报》2017 年 2 月 25 日，第 2 版。

《习近平看望南京青奥会中国体育代表团》,《人民日报》2014 年 8 月 16 日，第 1 版。

《用新时代中国特色社会主义思想铸魂育人 贯彻党的教育方针落实立德树人根本任务》,《人民日报》2019 年 3 月 19 日，第 1 版。

《习近平致信祝贺中央广播电视总台央视奥林匹克频道及其数字平台

开播上线强调 全面展示北京冬奥会冬残奥会精彩非凡卓越的奥林匹克新篇章为推进中华体育强国建设做出贡献》,《人民日报》2021 年 10 月 26 日,第 1 版。

《举旗帜聚民心育新人兴文化展形象 更好完成新形势下宣传思想工作使命任务》,《人民日报》2018 年 8 月 23 日,第 1 版。

邹秀春:《深刻理解北京冬奥精神的科学内涵》,《中国青年报》2022 年 4 月 19 日,第 10 版。

(五)网络文献

关蓓:《刘国梁曾获邓小平称赞 伟人指示乒乓球改革方案》,央视网,https://sports.cctv.com/20081219/101158.shtml。

《2022 年群众体育工作要点》,国家体育总局,https://www.sport.gov.cn/gdnps/content.jsp?id=24092687。

《中国女篮主帅:美国队很强,我们会全力去拼》,大众网,https://www.360kuai.com/pc/96c9e2fdf055024eb?cota=3&kuai_so=1&sign=360_57c3bbd1&refer_scene=so_1。

《中国队正式递补东京奥运会接力铜牌 苏炳添:这枚奖牌是属于大家的》,环球网,https://finance.sina.cn/2022-05-20/detail-imcwipik0961756.d.html。

《直面解决体育现实问题 新修订的〈体育法〉亮点有哪些?》,央视网,https://news.cctv.com/2022/06/25/ARTIEreqtfBkLzzvR3bCL3rE220625.shtml。

《国务院关于印发全民健身计划(2021—2025 年)的通知》,中国政府网,https://www.gov.cn/zhengce/content/2021-08-03/content_5629218.htm。

《国务院关于加快发展体育产业促进体育消费的若干意见》,国家体育总局体育文化发展中心,https://www.sport.gov.cn/whzx/n5590/c904544/

content.html。

《国务院办公厅关于加快发展健身休闲产业的指导意见》，国家体育总局经济司，https://www.sport.gov.cn/jjs/n5039/c774648/content.html。

《国务院办公厅关于加快发展体育竞赛表演产业的指导意见》，国家体育总局体育文化发展中心，https://www.sport.gov.cn/whzx/n5590/c901248/content.html。

《国务院办公厅关于印发体育强国建设纲要的通知》，中国政府网，https://www.gov.cn/gongbao/content/2019/content_5430499.htm。

《体育总局 发展改革委 工业和信息化部 自然资源部 住房和城乡建设部 文化和旅游部 林草局 国铁集团 关于印发〈户外运动产业发展规划（2022—2025 年）〉的通知》，国家体育总局，https://www.sport.gov.cn/gdnps/content.jsp?id=24919504。

《高志丹局长在 2022 年全国体育局局长会议上的讲话》，国家体育总局，https://www.sport.gov.cn/n4/n24972416/n24982659/n24982740/c25052288/content.html。

《体育总局关于印发〈"十四五"体育发展规划〉的通知》，国家体育总局政策法规司，https://www.sport.gov.cn/zfs/n4977/c23655706/content.html。

习近平：《科学制定规划集约利用资源高质量完成冬奥会筹办工作》，新华网，http://www.xinhuanet.com/politics/2017-01/23/c_1120370699.htm。

《中共中央 国务院印发〈"健康中国 2030"规划纲要〉》，新华网，http://www.xinhuanet.com/politics/2016-10/25/c_1119785867.htm。

《张小锋 李欢欢：善用北京冬奥精神培根铸魂育人》，人民论坛网，http://www.rmlt.com.cn/2022/0518/647335.shtml。

《非凡的冰雪盛会 精彩的中国答卷》，新华网，http://www.news.

cn/2022-02/21/c_1128401107.htm。

《科技部：2022 北京冬奥会有 200 多项科技成果得到应用》，光明网，http://news.enorth.com.cn/system/2022/02/25/052369778.shtml。

《中国女足改革方案发布 提出将积极申办 2031 年女足世界杯》，人民网，http://ent.people.com.cn/n1/2022/1025/c436801-32551251.html。

《国家体育总局公布公共体育场馆开放使用第一批典型案例名单》，新华网，http://www.news.cn/2023-05/06/c_1129595224.htm。

习近平:《健康是幸福生活最重要的指标》，人民网，http://jhsjk.people.cn/article/32059377。

二、外文文献

KyuTeak Lee，"Creating a harmonious society and continuously economic development of China"，*Journal of Sinology and China Studies*，Vol.44，2008.

강진석，A Study on the Cultural Geography of China after Beijing Olympic 2008，*Journal of Sinology and China Studies*，Vol.51，2011.

后 记

在中国共产党的领导下，中国体育事业经过了百余年的发展历程，形成了符合中国实际、具有中国特色的体育思想理论与实践。新时代，发展体育事业要坚持以习近平新时代中国特色社会主义思想为指导，深入学习习近平总书记关于加快建设体育强国的重要论述，全面学习贯彻党的二十大精神，加快建设体育强国，奋力谱写全面建设社会主义现代化国家体育新篇章。本书通过对我国不同时期体育发展历程的梳理，分改革开放新时期体育发展到新时代体育强国建设两个历史阶段，探讨了在中国共产党"为人民服务"宗旨指导下，中国体育事业取得的巨大成就和积累的丰富经验，并就在中国特色社会主义进入新时代后继续推进中国体育事业发展提出经验启示与有益指导。

《强国体育新征程》书稿的形成首先得益于 2021 年北京体育大学"百年大党的 100 个经典体育故事"活动的倡议，是整个活动团队历经三年多的努力合作而成。"百年大党的 100 个经典体育故事"活动领导小组总策划：付红星；负责人：邹秀春、陈世阳；教师团队：专业教师团队（周学政、刘玲、吴国斌、齐冰、李慧华、李慧、谢晓雪、李娟、罗士洞），辅导员团队（张瑞桓、马阔、张天歌、王馨莹、曹笑凡、丰华文、石阳君、李雅雅、李安琪）。活动的具体分组情况如下：中华人民共和国建立前的红色体育故事组教师：刘玲、罗士洞、张瑞桓、张天歌、曹笑凡；学生：王一凡、王茹、耿颐迪、赵筱煜、王晨、陈瑜、徐天天、朱家豪；社会主义革命和建设时期的红色体育故事组教师：吴国斌、齐冰、李慧、马阔、王馨莹；学生：付俊杰、房书帆、李智、田访雨、张妍、张海霞、高雨君、沈思雨；改革开放时期的红色体育故事组教师：邹秀春、付红星、李娟、丰华文、石阳君；学生：杨良子、涂先强、张宏治、李轶蔚、张宏旭、李雨锡、田宇佳、闫浩。中国特色社会主义新阶段的红色体育故事组教师：周学政、李慧华、谢晓雪、李雅雅、李安琪；学生：刘婷婷、姜雨锦、赵奕清、刘旭宸、郭爽、李硕、史凌维、朱怡澄。

《强国体育新征程》书稿的形成和策划还得益于《百年体育话征程》书稿的撰写者们，他们分别是："觉醒篇"的张天歌、张龙、芦建豪，"奠基篇"的吴思萦、曾达炜、韩雨彤、陆安苗等。

《强国体育新征程》书稿后期的整理、撰写、修改、完善的过程中，发展篇内容主要由邹秀春、叶李驰、于慕凡、马东华撰写；强国篇内容主要由肖焕云、马红梅、郭晓宇、赵厚望等撰写。由于水平和能力所限，加之波澜壮阔的体育生动实践浩如烟海，一些错误和疏漏在所难免，敬请同行专家多多斧正。

在写作过程中，参阅了不少专家学者关于中国体育思想研究的成果，特此说明并顺致谢意！在本书动议、编写、修改完善的过程中得到了北京体育大学马克思主义学院付红星书记、北京体育大学宣传部部长陈世阳等领导的大力支持，也得到了九州出版社编辑、北京体育大学出版社闫翔社长、赵海宁编审的鼎力支持，在此，一并表示最衷心感谢！

《强国体育新征程》编写组

2024 年 5 月于北京体育大学